西政文库·教授篇

中国碳捕获与封存立法研究

乔 刚 著

2019年·北京

图书在版编目(CIP)数据

中国碳捕获与封存立法研究 / 乔刚著. — 北京：商务印书馆，2019
（西政文库）
ISBN 978-7-100-17375-9

Ⅰ.①中… Ⅱ.①乔… Ⅲ.①二氧化碳－环境保护法－立法－研究－中国 Ⅳ.①D922.684

中国版本图书馆CIP数据核字（2019）第078400号

本书系作者主持的2013年国家社科基金一般项目"我国碳捕获与封存立法研究"（项目批准号：13BFX133）的优秀结项成果（成果证书号：20151705）

权利保留，侵权必究。

西政文库
中国碳捕获与封存立法研究
乔刚 著

商 务 印 书 馆 出 版
（北京王府井大街36号 邮政编码 100710）
商 务 印 书 馆 发 行
三河市尚艺印装有限公司印刷
ISBN 978-7-100-17375-9

2019年6月第1版	开本 680×960 1/16
2019年6月第1次印刷	印张 20

定价：68.00元

西政文库编委会

主　任：付子堂
副主任：唐　力　周尚君
委　员：（按姓氏笔画排序）

龙大轩　卢代富　付子堂　孙长永　李　珮
李雨峰　余劲松　邹东升　张永和　张晓君
陈　亮　岳彩申　周尚君　周祖成　周振超
胡尔贵　唐　力　梅传强　黄胜忠　盛学军
谭宗泽

总　序

"群山逶迤，两江回环；巍巍学府，屹立西南……"

2020年9月，西南政法大学将迎来建校七十周年华诞。孕育于烟雨山城的西政一路爬坡过坎，拾阶而上，演绎出而今的枝繁叶茂、欣欣向荣。

西政文库以集中出版的方式体现了我校学术的传承与创新。它既展示了西政从原来的法学单科性院校转型为"以法学为主，多学科协调发展"的大学后所积累的多元化学科成果，又反映了学有所成的西政校友心系天下、回馈母校的拳拳之心，还表达了承前启后、学以成人的年轻西政人对国家发展、社会进步、人民福祉的关切与探寻。

我们衷心地希望，西政文库的出版能够获得学术界对于西政学术研究的检视与指引，能够获得教育界对于西政人才培养的考评与建言，能够获得社会各界对于西政长期发展的关注与支持。

六十九年前，在重庆红岩村的一个大操场，西南人民革命大学的开学典礼隆重举行。西南人民革命大学是西政的前身，1950年在重庆红岩村八路军办事处旧址挂牌并开始招生，出生于重庆开州的西南军政委员会主席刘伯承兼任校长。1953年，以西南人民革命大学政法系为基础，在合并当时的四川大学法学院、贵州大学法律系、云南大学法律系、重庆大学法学院和重庆财经学院法律系的基础上，西南政法学院正式成立。中央任命抗日民族英雄、东北抗日联军第二路军总指挥、西南军政委员会政法委员会主任周保中将军为西南政法学院首任院长。1958年，中央公安学院重庆分院并入西南政法学院，使西政既会聚了法学名流，又吸纳了实务精英；既秉承了法学传统，又融入了公安特色。由此，学校获誉为新中国法学教育的"西南联大"。

20世纪60年代后期至70年代，西南政法学院于"文革"期间一度停办，老一辈西政人奔走呼号，反对撤校，为保留西政家园不屈斗争并终获胜利，为后来的"西政现象"奠定了基础。

20世纪70年代末，面对"文革"等带来的种种冲击与波折，西南政法学院全体师生和衷共济，逆境奋发。1977年，经中央批准，西南政法学院率先恢复招生。1978年，经国务院批准，西南政法学院成为全国重点大学，是司法部部属政法院校中唯一的重点大学。也是在70年代末，刚从"牛棚"返归讲坛不久的老师们，怀着对国家命运的忧患意识和对学术事业的执着虔诚，将只争朝夕的激情转化为传道授业的热心，学生们则为了弥补失去的青春，与时间赛跑，共同创造了"西政现象"。

20世纪80年代，中国的法制建设速度明显加快。在此背景下，满怀着憧憬和理想的西政师生励精图治，奋力推进第二次创业。学成于80年代的西政毕业生们成为今日我国法治建设的重要力量。

20世纪90年代，西南政法学院于1995年更名为西南政法大学，这标志着西政开始由单科性的政法院校逐步转型为"以法学为主，多学科协调发展"的大学。

21世纪的第一个十年，西政师生以渝北校区建设的第三次创业为契机，克服各种困难和不利因素，凝心聚力，与时俱进。2003年，西政获得全国首批法学一级学科博士学位授予权；同年，我校法学以外的所有学科全部获得硕士学位授予权。2004年，我校在西部地区首先设立法学博士后科研流动站。2005年，我校获得国家社科基金重大项目（A级）"改革发展成果分享法律机制研究"，成为重庆市第一所承担此类项目的高校。2007年，我校在教育部本科教学工作水平评估中获得"优秀"的成绩，办学成就和办学特色受到教育部专家的高度评价。2008年，学校成为教育部和重庆市重点建设高校。2010年，学校在"转型升格"中喜迎六十周年校庆，全面开启创建研究型高水平大学的新征程。

21世纪的第二个十年，西政人恪守"博学、笃行、厚德、重法"的西政校训，弘扬"心系天下，自强不息，和衷共济，严谨求实"的西政精神，坚持"教学立校，人才兴校，科研强校，依法治校"的办学理念，推进学校发展取得新成绩：学校成为重庆市第一所教育部和重庆市共建高校，入选首批卓越法律人才教育培养基地（2012年）；获批与英国考文垂大学合作举办法学专业本科教育项目，6门课程获评"国家级精品资源共享课"，两门课程获评"国家级精品视频公开课"（2014年）；入选国家"中西部高校基础能力建设工程"院校，与美国凯斯西储大学合作举办法律硕士研究生教育项目（2016年）；法学学科在全国第四轮学科评估中获评A级，新闻传播学一级学科喜获博士学位授权点，法律专业硕士学位授权点在全国首次专业学位水平评估中获评A级，经济法教师团队入选教育部"全国高校黄大年式教师团队"（2018年）；喜获第九届世界华语辩论锦标赛总冠军（2019年）……

不断变迁的西政发展历程，既是一部披荆斩棘、攻坚克难的拓荒史，也是一部百折不回、逆境崛起的励志片。历代西政人薪火相传，以昂扬的浩然正气和强烈的家国情怀，共同书写着中国高等教育史上的传奇篇章。

如果对西政发展至今的历史加以挖掘和梳理，不难发现，学校在教学、科研上的成绩源自西政精神。"心系天下，自强不息，和衷共济，严谨求实"的西政精神，是西政的文化内核，是西政的镇校之宝，是西政的核心竞争力；是西政人特有的文化品格，是西政人共同的价值选择，也是西政人分享的心灵密码！

西政精神，首重"心系天下"。所谓"天下"者，不仅是八荒六合、四海九州，更是一种情怀、一种气质、一种境界、一种使命、一种梦想。"心系天下"的西政人始终以有大担当、大眼界、大格局作为自己的人生坐标。在西南人民革命大学的开学典礼上，刘伯承校长曾对学子们寄予厚望，他说："我们打破旧世界之目的，就是要建设一个人民的新世界……"而后，从化龙桥披荆斩棘，到歌乐山破土开荒，再到渝北校区新建校园，几代西政人为推进国家的民主法治进程矢志前行。正是在不断的成长和发展过程中，西政见证了新中国法学教育的涅槃，有人因此称西政为"法学黄埔军校"。其实，这并非仅仅是一个称号，西政人之于共和国的法治建设，好比黄埔军人之于那场轰轰烈烈的北伐革命，这个美称更在于它恰如其分地描绘了西政为共和国的法治建设贡献了自己应尽的力量。岁月经年，西政人无论是位居"庙堂"，还是远遁"江湖"，无论是身在海外华都，还是立足塞外边关，都在用自己的豪气、勇气、锐气，立心修德，奋进争先。及至当下，正有愈来愈多的西政人，凭借家国情怀和全球视野，在国外高校的讲堂上，在外交事务的斡旋中，在国际经贸的商场上，在海外维和的军营里，实现着西政人胸怀世界的美好愿景，在各自的人生舞台上诠释着"心系天下"的西政精神。

西政精神，秉持"自强不息"。"自强不息"乃是西政精神的核心。西政师生从来不缺乏自强传统。在20世纪七八十年代，面对"文革"等带来的发展阻碍，西政人同心协力，战胜各种艰难困苦，玉汝于成，打造了响当当的"西政品牌"，这正是自强精神的展现。随着时代的变迁，西政精神中"自强不息"的内涵不断丰富：修身乃自强之本——

尽管地处西南，偏于一隅，西政人仍然脚踏实地，以埋头苦读、静心治学来消解地域因素对学校人才培养和科学研究带来的限制。西政人相信，"自强不息"会涵养我们的品性，锻造我们的风骨，是西政人安身立命、修身养德之本。坚持乃自强之基——在西政，常常可以遇见在校园里晨读的同学，也常常可以在学术报告厅里看到因没有座位而坐在地上或站在过道中专心听讲的学子；他们的身影折射出西政学子内心的坚守。西政人相信，"自强不息"是坚持的力量，任凭时光的冲刷，依然能聚合成巨大动能，所向披靡。担当乃自强之道——当今中国正处于一个深刻变革和快速转型的大时代，无论是在校期间的志愿扶贫，还是步入社会的承担重任，西政人都以强烈的责任感和实际的行动力一次次证明自身无愧于时代的期盼。西政人相信，"自强不息"是坚韧的种子，即使在坚硬贫瘠的岩石上，依然能生根发芽，绽放出倔强的花朵。

西政精神，倡导"和衷共济"。中国司法史上第一人，"上古四圣"之一的皋陶，最早提倡"和衷"，即有才者团结如钢；春秋时期以正直和才识见称于世的晋国大夫叔向，倾心砥砺"共济"，即有德者不离不弃。"和衷共济"的西政精神，指引我们与家人美美与共：西政人深知，大事业从小家起步，修身齐家，方可治国平天下。"和衷共济"的西政精神指引我们与团队甘苦与共：在身处困境时，西政举师生、校友之力，攻坚克难。"和衷共济"的西政精神指引我们与母校荣辱与共：沙坪坝校区历史厚重的壮志路、继业岛、东山大楼、七十二家，渝北校区郁郁葱葱的"七九香樟""八零花园""八一桂苑"，竞相争艳的"岭红樱""齐鲁丹若""豫园"月季，无不见证着西政的人和、心齐。"和衷共济"的西政精神指引我们与天下忧乐与共：西政人为实现中华民族伟大复兴的"中国梦"而万众一心；西政人身在大国，胸有大爱，遵循大道；西政人心系天下，志存高远，对国家、对社会、对民族始终怀着强烈的责任感和使命感。西政人将始终牢记：以"和衷共济"的人生态度，以人类命运共同体的思维高度，为民族复兴，为人类进步贡献西政人的智慧和力量。这是西政人应有的大格局。

西政精神，着力"严谨求实"。一切伟大的理想和高远的志向，都需要务实严谨、艰苦奋斗才能最终实现。东汉王符在《潜夫论》中写道："大人不华，君子务实。"就是说，卓越的人不追求虚有其表，有修养、有名望的人致力于实际。所谓"务实"，简而言之就是讲究实际，实事求是。它排斥虚妄，鄙视浮华。西政人历来保持着精思睿智、严谨求实的优良学风、教风。"严谨求实"的西政精神激励着西政人穷学术之浩瀚，致力于对知识掌握的弄通弄懂，致力于诚实、扎实的学术训练，致力于对学习、对生活的精益求精。"严谨求实"的西政精神提醒西政人在任何岗位上都秉持认真负责的耐劳态度，一丝不苟的耐烦性格，把每一件事都做精做细，在处理各种小事中练就干大事的本领，于精细之处见高水平，见大境界。"严谨求实"的西政精神，要求西政人厚爱、厚道、厚德、厚善，以严谨求实的生活态度助推严谨求实的生活实践。"严谨求实"的西政人以学业上的刻苦勤奋、学问中的厚积薄发、工作中的恪尽职守赢得了教育界、学术界和实务界的广泛好评。正是"严谨求实"的西政精神，感召着一代又一代西政人举大体不忘积微，务实效不图虚名，博学笃行，厚德重法，历经创业之艰辛，终成西政之美誉！

"心系天下，自强不息，和衷共济，严谨求实"的西政精神，乃是西政人文历史的积淀和凝练，见证着西政的春华秋实。西政精神，在西政人的血液里流淌，在西政人的骨子里生长，激励着一代代西政学子无问西东，勇敢前行。

西政文库的推出，寓意着对既往办学印记的总结，寓意着对可贵西政精神的阐释，而即将到来的下一个十年更蕴含着新的机遇、挑战和希望。当前，学校正处在改革发展的关键时期，学校将坚定不移地以教学为中心,以学科建设为龙头,以师资队伍建设为抓手,以"双一流"建设为契机,全面深化改革,促进学校内涵式发展。

世纪之交,中国法律法学界产生了一个特别的溢美之词——"西政现象"。应当讲,随着"西政精神"不断深入人心,这一现象的内涵正在不断得到丰富和完善;一代代西政校友,不断弘扬西政精神,传承西政文化,为经济社会发展,为法治中国建设,贡献出西政智慧。

是为序。

西南政法大学校长,教授、博士生导师
教育部高等学校法学类专业教学指导委员会副主任委员
2019 年 7 月 1 日

序

喜闻乔刚副教授专著即将刊印,欣喜之余不胜欣慰。在气候变化应对领域,碳捕获与封存(简称"CCS")作为减少温室气体排放和减缓气候变化的"三驾马车"之一,日渐成为各国应对气候变化的重要对策之一。尽管 CCS 技术在温室气体减排方面的巨大潜力不可小觑,但是由于 CCS 技术本身并没有减少环境中的二氧化碳,而只是将其与空气进行人为的隔离,因此 CCS 技术在能源利用上扮演着"过渡"的角色,加上其自身存在的技术不成熟、风险较大等特点,该技术在发展过程中仍然面临着诸多障碍,亟须通过立法予以回应。

本书直面前述问题,将 CCS 技术立法确立为研究对象,以 CCS 技术的发展历程为起点,围绕其发展运用过程中引发的法律问题展开,深入系统地分析了 CCS 技术法律规制的原理,全面翔实地考察了国际公约、国外立法及国内立法对 CCS 技术的立法规制现状,最终在贯彻 CCS 技术法律规制原理、借鉴国际及域外立法经验、反思我国现有立法实践的基础上,针对未来我国 CCS 技术立法规制的需求,清晰地描绘了未来我国 CCS 技术立法的实现路径。

CCS 技术的运用无疑将在温室气体减排中发挥积极的作用,然而 CCS 技术所固有的风险极大地限制了其在实践中的运用和发展。本书敏锐地捕捉到了 CCS 技术背后的风险样态。一方面,CCS 技术的运用和推广将不可避免地冲击现有法律框架体系内的利益格局。在国际法层面体现为，如何将 CCS 技术纳入既有的气候变化国际法框架之内，以协调和平衡世界各国之间的利益冲突。在国内法层面体现为，CCS 技术的应用意味着将传统能源生产结构"重新洗牌"，并且其推广和运用还需要耗费较高的技术成本和制度成本，这对现有法律框架下的利益格局提出了挑战。另一方面，CCS 技术的运用和推广，将同时伴生安全风险，现有法律制度难以对 CCS 技术的应用形成有效的管理，难以应对其背后的系统性风险。

面对 CCS 技术所蕴含的风险及其对现有法律框架所造成的冲击，本书在理论层面上，确立了法学视野下回应上述风险的理论支柱——利益平衡和风险预防，以回应 CCS 技术带来的对利益格局的冲击和环境安全的风险。并在此指导下，分析了国际法视野下的国际合作、环境法视野下的低碳经济与可持续发展以及经济法视野下的协同治理与效用分析等具体指导理念，进而明确相关理念在 CCS 技术立法规制中所发挥的不同作用。在实践层面上，一方面，立足全球视野，全面考察各类国际公约以及世界各国 CCS 技术立法的情况，镜鉴世界范围内通过法律实现对 CCS 技术予以规制的利弊得失；另一方面，深入国内实践，充分调研我国在研发应用 CCS 技术过程中，相关试点项目以及配套规范措施的实际运行状况，精准识别 CCS 技术运用过程中立法规制的"中国问题"。在制度层面上，作者有针对性地构建了我国未来 CCS 技术立法的实践方案，明确了"融入国际与中国国情"的宏观方向，"理念支撑与原则指引"的中观路径以及"制度建设与风险管理"的微观方案，最终形成了能够有效回应 CCS 技术固有风险的立法建议草案。整体而言，本书所包含的内容不仅在理论上建立了 CCS 技术立法规制的理论框架，同时形成了能够直接应用的制度方案，无疑具有极高的学理和应用价值，展现了乔刚副教授扎实的法学功底和极强的分析问题能力。

环境和气候变化问题本身就是人类发展历程中，伴随着科技的发展和运用，由科技自身蕴含的风险所引发的系统性问题。站在法学的视角审视、认识并理解科技，通过法律规范应对并控制与科技应用相伴相生的风险，进而实现人类的可持续发展，系环境法目的的重要组成，也是每一位环境法学者孜孜以求的奋斗目标。CCS立法问题不仅是一个贯穿国际法与国内法，横跨经济法与环境法之间的跨部门法的理论命题，更是沟通科技与法律，回应科技风险与制度应对之间关系的跨学科的理论命题。此命题的研究不仅要求研究者具备深厚的知识储备，更要求研究者心怀天下，勇于担当，乔刚副教授勇于挑战此颇具难度的命题，体现了一位青年环境法学者的时代担当。更难能可贵的是，本书系在2013年国家社科基金一般项目"我国碳捕获与封存立法研究"（项目批准号：13BFX133）获得"优秀"鉴定评价的研究报告的基础上，结合鉴定意见及最新实践动态，历时近三年修改完善后的成果。这背后足见乔刚副教授在当前浮躁学术氛围中，精益求精、近乎严苛的治学态度，也展现出他谦虚、严谨、沉稳、平和的学术品格。期待乔刚副教授能够继续保持自己的学术热情，践行自己的学术品格，秉承甘于平淡的学术定力，延伸自己的学术触角，使自己的学术生命更加绚丽多彩，为生态文明法治和美丽中国建设贡献自己的智慧。

是为序！

中国政法大学教授、博士生导师，
中国法学会环境资源法学研究会副会长
2018年12月16日

目 录

导论 我国CCS技术的立法背景与研究现状 1
 一、CCS技术的发展及其立法诉求 3
 二、CCS技术的研究现状及立法概况 8
 三、本书的研究路径和框架 16

第一章 对象诠释：CCS技术的概念及其机理 18
 第一节 CCS技术的内涵界定及其实践发展 18
  一、CCS的内涵界定 18
  二、CCS技术的实践与发展脉络 26
 第二节 CCS技术以及相关碳减排途径的优劣比较 32
  一、主要的碳减排途径以及优劣分析 32
  二、CCS技术在碳减排中的贡献度及其基本优势 34
  三、CCS技术的缺陷及其存在的风险 38
  四、CCS技术在现阶段的发展可行性 44
 第三节 CCS技术发展面临的主要法律问题 46
  一、与CCS技术相关的实体性问题 47
  二、与CCS技术相关的程序性问题 52

第二章　理论支撑：CCS 技术法律规制的原理诠释 55
第一节　法学视角：风险防范与利益平衡 55
一、CCS 技术产生的风险需要法律规制：风险预防理论 56
二、CCS 技术应用中的利益冲突需要法律制衡：利益平衡理论 59
第二节　国际法视野：气候变化与国际合作 63
一、气候变化以及能源变革的现实需求 63
二、碳减排的国际义务与合作要求加快 CCS 立法 65
第三节　环境法视角：低碳经济与可持续发展 66
一、可持续发展理念视域下平衡经济发展与能源消耗关系的必然要求 66
二、低碳经济理念下减少温室气体排放的必然选择 69
三、清洁生产理念下发展清洁能源的必经之道 72
第四节　经济法视角：协同治理与效用分析 75
一、政府与市场协同治理理论 75
二、公共产品理论与 CCS 技术的运用和发展 79
三、外部性理论与 CCS 技术的运用和发展 80
四、成本—收益分析理论 82

第三章　国际视角：国际法架构下 CCS 技术的立法考察 86
第一节　国际公约对 CCS 技术法律规制的基本概述 87
第二节　国际气候变化公约对 CCS 技术的法律规制 90
一、从理念到共识：气候变化治理框架的建立 91
二、CCS 技术：治理气候变化问题的重要选择 97
三、国际气候变化公约对 CCS 技术的法律规制 100
第三节　国际海洋公约对 CCS 技术的法律规制 104

一、对 CO_2 进行海底封存的可行性及其风险 104

　　二、对 CO_2 进行海底封存的争议 105

　　三、国际海洋公约对 CCS 技术的界定与规范 105

第四节　国际跨境环境公约对 CCS 技术的法律规制 114

　　一、《巴塞尔公约》《巴马科公约》对 CCS 技术的规制 114

　　二、《跨界国环境影响评价公约》对 CCS 技术的规制 116

第五节　IEA《CCS 示范法》对 CCS 技术的法律规制 117

　　一、封存地点的选择 119

　　二、监督与检查机制 121

　　三、矫正与补救措施 121

　　四、计划期间的责任归属 122

　　五、封存场址关闭的标准与授权 123

　　六、后封闭期间的责任归属 123

第六节　国际法架构下对相关公约的评析 125

　　一、国际法架构下对 CCS 立法聚焦的几个基本问题 126

　　二、进一步完善 CCS 国际法架构的相关建议 128

第四章　域外考察：国外 CCS 技术的立法实践 131

第一节　发达国家和地区 CCS 技术的立法发展及其制度评析 ...132

　　一、欧盟 CCS 立法的历史发展及其制度评析 132

　　二、英国 CCS 的立法发展与制度内容 140

　　三、德国 CCS 的立法发展与制度内容 145

　　四、美国 CCS 的立法发展与制度内容 148

　　五、澳大利亚 CCS 的立法发展与制度内容 157

　　六、加拿大 CCS 的立法发展与制度内容 163

　　七、挪威 CCS 的立法发展与制度设计 167

八、日本 CCS 的立法发展与制度内容 168

第二节　域外发展中国家 CCS 技术立法的现状考察及评析 169

一、巴西关于 CCS 的法律及制度发展 170

二、印度关于 CCS 的法律及制度发展 170

三、印度尼西亚关于 CCS 的法律及制度发展 171

四、马来西亚关于 CCS 的法律及制度发展 172

五、墨西哥关于 CCS 的法律及制度发展 172

六、南非关于 CCS 的法律及制度发展 173

第三节　CCS 技术在域外国家和地区的立法成效评析 174

一、域外国家和地区 CCS 法律与政策的主要特点
及其制度成效 175

二、域外国家和地区 CCS 法律与政策的缺陷分析 190

第五章　实践研究：我国 CCS 技术法律规制的基本现状和主要问题 196

第一节　我国发展 CCS 技术的背景与现状 196

一、分歧与权衡：我国发展 CCS 技术的观念评述 196

二、我国发展 CCS 的必要性及可行性考察 199

第二节　我国 CCS 技术法律规制的基本现状及其问题 214

一、我国有关 CCS 技术的环境政策规范及其问题 214

二、我国参与相关的 CCS 国际公约的现状及问题 219

三、我国涉及 CCS 技术的国内立法现状及问题 222

第三节　我国发展 CCS 技术的监管框架及问题评析 233

一、我国 CCS 技术的监管框架概况 233

二、我国 CCS 技术的监管框架及其问题 235

第六章 本土与移植：我国 CCS 技术的立法构想......238

第一节 我国 CCS 技术立法建制的宏观路径：融入国际与中国国情......238

一、国际法路径：CCS 立法与相关国际法内容的衔接......238

二、国内法路径：契合中国语境和范式的专门 CCS 立法......240

第二节 我国 CCS 技术立法建构的中观路径：理念支撑与原则指引......244

一、CCS 立法的理念支撑......244

二、CCS 立法的程序规范......246

三、CCS 立法的原则指引......247

四、CCS 的监管体制建构......250

第三节 我国 CCS 技术立法建制的微观路径：制度建设与风险管理......253

一、明确 CO_2 的法律定性......253

二、明确 CCR 作为实施 CCS 的预备性制度......254

三、完善 CCS 的安全管理法律制度......255

四、责任追究——明确 CCS 的责任约束......260

五、完善 CCS 的公众参与法律制度......261

六、多元化融资机制的建立......263

七、加强 CCS 与排污权交易等法律制度的衔接......265

结论及建议......267

《中国碳捕获与封存（CCS）技术促进法草案（征求意见稿）》......270

参考文献......277

后　记......293

导论　我国 CCS 技术的立法背景与研究现状

近年来，伴随着全球气候变暖速度的加快和极端恶劣天气的频发，世界各国纷纷采取全方位的温室气体减排与新能源开发技术措施。其中，碳捕获与封存技术（Carbon Capture and Storage，简称"CCS 技术"，又译作碳捕捉与埋存技术、碳捕集与封存技术等）作为减少温室气体排放和减缓气候变化的"三驾马车"之一，日渐成为各国应对气候变化的重要对策。与致力于减少碳排放的节能减排技术以及具有可替代性的再生资源的开发不同，CCS 技术是一种将 CO_2 进行"捕集"与"分离"的技术，它通过将 CO_2 与工业或相关能源产业的排放源相分离，输送到封存地点，使其长期与大气隔绝，避免其进入大气当中，从而缓解人类活动给大气造成的负面影响。关于 CCS 技术的应用原理，曾有科学家形象地比喻道："CCS 技术，就是把向天空喷吐烟雾的工业烟囱倒过来，把烟埋到地底下去。"由于 CCS 技术的运用具有能源资源条件约束较小、碳减排总成本偏低、减排效率高、持续时间较长等特点，它被认为是未来大规模减少温室气体排放、减缓全球变暖的一种经济可行的方法，具有巨大的减少碳排放的发展潜力。根据国际能源署（International Energy Agency，简称"IEA"）的估测，在 2005 年至 2050 年期间，CO_2 的减量需求将日趋加大，至 2080 年减排需求总量将达到 480 亿吨，这必将要求各国采取更为积极的碳减量行动。在各类低碳技术中，由于 CCS 技术具有巨大的减排潜力，能够有效填补能效和可再生能源技术的减排"空窗",并为其成熟应用赢取发展的空间,因此被世界各国寄予厚望,逐步由 CCS 的示范阶段推广至实践运用。然而,CCS 并非万能,各国在使用 CCS 进行碳减排的同时也面临着严峻的技术考验,这种考验不仅来源于 CCS 技术本身的效率问题,还来自于它较为高昂的成本,以及可能带来的环境影响、健康危害和安全风险等诸多方面。有鉴于此,各国在 CCS 的技术发展及其实践运用的过程中相继制定了预防为主、过程监管、权责分明的 CCS 安全法律法规,通过明晰的责任规制、严谨的审核流程、完善的监测机制等法律规则弥补 CCS 法律法规的空白,旨在有效降低 CCS 项目对环境和人体健康的威胁,增强公众对 CCS 推广的支持,消除企业的顾虑,促使 CCS 成为真正对环境有益的、安全、可靠的减排手段。

作为一项既关乎国家减排责任、能源安全,又关乎碳减排市场发展前景以及一国企业国际竞争力的技术,CCS 技术在国际社会中的地位日渐提升,人们对 CCS 技术的呼声也日渐高涨。以欧盟、美国、澳大利亚、英国、挪威为代表的发达国家和地区早已投入 CCS 示范项目的建设,并制定了明确的 CCS 技术发展战略和较为完善的法律制度。在应对气候变化的大背景下,以煤为主要能源的我国,亟须 CCS 技术在碳减排的道路上担负使命,发展并大规模地推广 CCS 技术。当前,我国无论是在 CCS 的技术研发还是项目示范上均取得了初步成效,一旦 CCS 在国际上开始大规模应用,它的推广也将在我国形成较大的发展市场。但由于 CCS 在我国出现的时间较短,技术成熟度及经济可行性方面与其他碳减排技术相比并不具有明显的优势。在这样的背景下,中国应该如何看待 CCS?如何正确理解 CCS 的发展趋势?国家宏观政策和法律法规的制定应当在 CCS 的发展中扮演什么样的角色?这些都需要我国在大规模推广 CCS 技术的过程中予以解答。遗憾的是,目前我国还未能制定明确的关于 CCS 的发展战略,在 CCS 的立法规制方面，我国也缺乏专门的 CCS 立法来对其性质定位、技术风险、利益平衡、公众参与、国际合作等方面进行有效调整，这在一定程度上降低了 CCS 在经济上的吸引力，也无法在企业之间形成有效的激励机制，阻碍了 CCS 的风险防控和推广运用。

基于上述考虑，本书通过对国内外 CCS 的技术、法规和资金问题的深度调研，旨在了解国内外 CCS 发展的趋势和异同，并着重研究我国视野下 CCS 发展面临的机遇和挑战，试图在总结国际实践经验、结合中国实际情况的基础上，指出我国发展 CCS 的关键问题，为我国在政策框架、法律法规和投融资机制的建设方面提供可靠的依据，以有效解决 CCS 在实践运用中所面临的问题。本书研究认为，CCS 作为一项至关重要的过渡性减排技术，其减排潜力巨大，长期减排成本低廉，能够有效缓解全球气候变暖的压力。但 CCS 的发展必须建立在完善的法律制度、明朗的气候政策以及有效的国际合作的基础之上。因此，必须全方位推动 CCS 的法律制度建设，为 CCS 的规范发展保驾护航。

一、CCS 技术的发展及其立法诉求

（一）全球气候变化中 CCS 技术的兴起与发展

国际社会对气候变化的普遍关注催生了 1992 年《联合国气候变化框架公约》（UNFCCC，以下简称《框架公约》），该公约所要实现的最终目标是"将大气中温室气体的浓度稳定在一个能够防止气候系统受到危险的人为干扰的水平上"。在应对气候变化的这场全球性的行动当中，如何有效实现能源消耗的"减碳化"或"去碳化"[①]，成为一个国际普遍关注的课题。事实上，在碳减排这场战役当中，仅仅依靠某种单

---

① GCCSI, "The Global Status of CCS: 2012", https://hub.globalccsinstitute.com/sites/default/files/publications/47936/global-status-ccs-2012.pdf.

一的技术，抑或凭借某一类技术并不能全面实现这一目标。政府间气候变化专门委员会（Intergovernmental Panel on Climate Change，简称"IPCC"）[①]于 2005 年做出的第三次评估认为，温室气体减排是一系列技术方案的组合，其中可供选择的技术方案包括：（1）提高能源转化率或设备利用的效率以降低对能源的需求；（2）采用新能源或替代能源方式以促进脱碳能源的供应；（3）利用生物固化的方式形成"自然汇"，把 CO_2 变为固碳；（4）减少 CO_2 等温室气体的排放。[②] 该项评估指出，提高能效、发展替代资源（包括可再生资源和核能）以及 CCS 技术是最为重要的三种减排手段。然而在 21 世纪，化石燃料依然是主要的能源供给，CO_2 的排放仍将有实质性增加。在这个前提下，通过 CCS 技术来缓解 CO_2 的减排压力，是一项最有助于将 CO_2 的浓度稳定在使气候系统免遭破坏的水平上的措施。[③] 随着各国温室气体减排压力日渐增大，国际上开始呼吁将 CCS 纳入现有清洁发展机制（Clean Development Mechanism，简称"CDM"）和碳交易排放体系当中，发达国家对 CCS 技术的研发和应用也逐渐加速，并开始推动该项技术的商业化利用。

事实上，就历史的发展来看，CCS 技术的雏形是在 20 世纪 70 年代的美国产生的。当时的 CCS 技术主要用于将捕获到的 CO_2 用于驱油以提高石油的采集效率，因此又被称为 EOR（Enhanced Oil

---

① IPCC 已分别在 1990、1995、2001 及 2007 年发表四次正式的《气候变化评估报告》，2014 年发布了第五次评估报告，IPCC 秘书处将组织编写第六次科学评估报告（AR6）并将于 2022 年完成。

② Bert Metz etc., *IPCC Special Report on Carbon Dioxide Capture and Storage*, Cambridge University Press, 2005.

③ 人类应该将 CO_2 的浓度控制在何种标准以使气候系统免遭人类的破坏，目前大体有二种观点，其中一个以 IPCC 报告为理论基础而定的目标是 450ppm（1ppm 为百万分之一），国际社会的减排方案也以此为根据。全球温室气体的排放仍然处于不断上升的趋势，根据美国斯克里普斯海洋研究所 2014 年 5 月 8 日公布的数据，大气中 CO_2 浓度月均值在 2014 年 4 月已超过 400ppm，打破了历史最高纪录。参见郭爽：《大气二氧化碳浓度月均值破历史最高纪录》，《科技日报》2014 年 5 月 10 日。

Recovery）。经过近 40 年的发展变化，CCS 技术逐渐发展演化成为气候变化背景下控制温室气体排放的主要手段，开始作为一项用于碳减排的重点技术措施和制度在历史舞台上发挥作用。IEA 于 2005 年的一项研究表明，CCS 作为一项将 CO_2 从相关工业或能源产业的排放源中分离出来，运输到一定地点并进行封存，使其与大气隔绝的技术，能够有效地减少从发电厂、钢铁厂及化工厂等排放源当中产生的 CO_2 进入大气。[①] 2010 年，《框架公约》的 16 个缔约方会议达成了一个没有法律约束力的决定，以限制全球的平均温度比工业化时代之前的水平不高出 2℃。对此，IEA 的研究认为，为了实现这一减排目标，必须严格控制 CO_2 的排放量。其中，CCS 技术作为一项碳减排措施，能够以最低成本方案的形式贡献 2050 年所要求达到的 420 亿吨碳减排量中的 70 亿吨，进而实现气候变化的平稳过渡。据 IEA 估计，倘若排除这样一项技术选择，各国达到 2050 年 50% 的减排量目标所需的成本比推广 CCS 技术要高出 70 个百分点。[②] 就此而言，在世界多数国家依然是以煤炭为主要能源的大背景下，CCS 作为一项致力于碳回收和减排的技术变得极具吸引力。

（二）CCS 技术发展中的立法诉求

由于 CCS 技术能够从能源领域和其他行业有效减少 CO_2 的排放，有效缓解全球气候变暖的压力，目前该技术已经成为全球低碳技术组合拳当中不可或缺的一个重要组成部分。然而，作为一项风险较大、尚处于验证阶段的技术活动，CCS 的应用不仅需要技术上的后续研发和支撑，更需要从法律的视角寻找它的发展广度。就 CCS 制度本身而

[①] 区建升、曾静静：《国际 CO_2 捕集与封存法规体系建设的重点与发展方向》，《科学研究动态监测快报》2007 年第 16 期。

[②] GCCSI, "The Global Status of CCS: 2011", https://hub.globalccsinstitute.com/sites/default/files/publications/22562/global-status-ccs-2011.pdf.

言，由于CCS是一项风险犹存的技术，为了对其实行有效的监管，避免CO_2对地质环境造成影响，就需要强有效的法律机制建设。无论从国际层面还是各国国内层面来看，CCS所提出的法制课题都是全新的。就国际层面而言，CCS作为一项应对气候变化的战略性技术，它的运用必将给当下的全球气候变化立法框架注入新的血液，各国作为国际社会的重要参与者，应当如何对国际气候变化立法的变化做出回应至关重要。就此而言，建构CCS技术发展的法律框架，是国际正在努力的方向。例如，在IEA的相关文件当中，建立法律规制体系被列为发展CCS技术的八大建议方针之一[①]。IEA还于2006年专门成立了CCS的监管沟通平台（CCS Regulators' Network）。[②] 而就各国国内的法制环境来看，CCS活动也将不可避免地给各国现有的环境标准体系、环境评估制度、污染防治体系、应急事故处理制度、环境监管制度、环境项目融资以及环境税费体系等方面带来新问题，这些问题的解答皆与法律机制的建设息息相关。因此，各国在推广CCS的同时，也逐步加紧了对CCS的立法研究，立法的重点不仅强调从制度上激励CCS的推广，而且注重对CCS进行有效的风险监管。目前，通过法律手段促进CCS的快速有序发展已成为各国立法中的主要内容。

就中国而言，伴随着我国工业化生产中对清洁能源技术的需求日趋增大，加强CCS的商业化应用也成为一项极为紧迫的任务。诚如IEA在《能源技术展望2017》中指出的那样，"煤炭的主导地位决定了中国必须加大对洁净煤技术的投资，通过诸如CCS这样的技术来

---

① IEA的八大建议方针为：第一，进行CCS的示范计划；第二，采取相关的国际层次行动；第三，为CCS发展提供资金；第四，创造CO_2的价值，以支持CCS进一步商业化；第五，建立CCS的法律监管框架；第六，发展社会公众充分参与的CCS；第七，兴建与CCS相关的基础设施；第八，将既有电厂设施整合进入CCS技术。参见IEA/CSLF, "Report to the Muskoka 2010 G8 Summit Carbon and Capture and Storage Progress and Next Steps", http://www.iea.org/media/workshops/2011/wpffbeijing/04_diczfalusy.pdf。

② 参见IEA, "The International CCS Regulators, Network", https://www.iea.org/topics/ccsarchive/。

提高煤炭在发电和工业中的使用效率,有几项关键策略可以使工业部门的能源消费和 CO_2 排放减少:材料效率、能效和使用最先进的技术、燃料和原料替代,以及包括 CCS 在内的创新性技术"。在实践运用中,中国 CCS 示范工程的相继落地也开启了 CCS 项目在我国的应用旅程①,中国在清洁能源生产的道路上正在不断尝试通过 CCS 来寻求技术突破和创新。与此同时,法制文明的建设必须紧跟科技文明的发展步伐。我国在推广 CCS 使用的同时,也应当吸取各国在 CCS 立法当中的经验,尽早出台 CCS 的相关立法。我国已于 2011 年 9 月 21 日出台了首个关于碳捕集、利用及地质封存(Carbon Capture, Utilization and Storage,简称"CCUS")监管的技术和实施指南——《二氧化碳捕集和封存技术与实施指南》,为在技术、环境和社会层面监管碳捕获、利用和地质封存提供了较为详细的参考。但是,我们认为,在整个 CCS 技术的发展过程中,还需要更多的法律和政策支持,而总体上我国有关 CCS 的政策法规依然处于匮乏状态,尤其是,中国在 CCS 发展的不同时期所面临的立法诉求是不一样的:其一,在 CCS 发展之初,制定相关 CCS 的技术路线图,将 CCS 纳入到我国法律规范体系中是首要的步骤;其二,随着 CCS 步入示范准备阶段,则应制定有关 CCS 的能源示范法,推动工业、能源部门对 CCS 的应用做准备;其三,一旦 CCS 发展到商业化市场推广阶段,则需制定专门的 CCS 技术法律,立足能源结构及科技战略的整体角度,全面规划 CCS 的未来发展图景。就此而言,如何准确回应 CCS 在中国的发展所产生的立法诉求是本书研究的重点和难点内容。本书旨在通过有关 CCS 的基础理论研究,探讨 CCS 立法的必要性和可行性,厘清国际上各个国家及地区

---

① 2008 年 7 月,中国建成首个燃煤电厂烟气 CO_2 捕获示范工程——华能北京热电厂 CO_2 捕获示范工程。2010 年 1 月,中国在重庆建立的首个万吨级碳捕获装置正式投产运行。2010 年 12 月,中国神华集团首个碳捕获与封存全流程项目正式投产,它是世界上第一个进行碳捕获与封存技术全流程的项目。

现有关于 CCS 的内容框架和制度体系，探寻可能存在的 CCS 活动与现有法律规范体系产生的冲突与难题，并对 CCS 在我国的政策和立法发展提出基本的建议和思路。

二、CCS 技术的研究现状及立法概况

（一）域外国家和地区有关 CCS 技术的研究现状及立法概况

作为一种新兴的能源技术，CCS 不仅为技术领域的研究提供了丰富的原料，也为法学领域的研究开辟了全新的视野。就国际视野来看，域外国家和地区有关 CCS 的研究始于 20 世纪 80 年代末 90 年代初。近年来，随着 CCS 逐渐进入研发示范阶段，国际上有关 CCS 的研究论文及报告数量也呈逐年增长趋势。以 2001 年为分水岭，我们可以将 CCS 的研究状况大致划分为两个阶段：第一阶段是 1991—2000 年。该时期的 CCS 技术刚刚起步，与之相关的论文数量较少，论文数量在 10—20 篇的范围内。第二阶段为 2001 年至今。进入 21 世纪以来，随着全球气候变化的加剧，CCS 备受世界各国的关注和重视，有关 CCS 的研究热潮也随之到来，并在 2013—2018 年期间达到研究的高峰。[①]

值得关注的是，目前各国政府和研究机构在 CCS 领域的研究热情似乎更胜于学术界，许多国家的政府和行业组织已经开始对 CCS 开展独立研究，并形成了一系列具有参考价值的研究报告。代表性成果主要包括国际能源署、世界能源理事会、全球碳捕集与封存研究院（Global Carbon Capture and Storge Institute，简称"GCCSI"）[②]、

[①] 中国 21 世纪议程管理中心：《碳捕集、利用与封存技术进展与展望》，科学出版社 2012 年版，第 48—49 页。

[②] 全球碳捕集与封闭研究所是一个独立的、非营利机构，它致力于建立及共享必要的专业技能以确保碳捕集及封存可以对世界温室气体减排产生重要影响。该研究所创立于 2009 年，其目标是加快 CCS 的发展与应用，以提供有效的应对气候变化的技术。

美国世界资源研究院、加拿大全球 CCS 研究院等机构的系列研究报告。[①] 相关学者的代表性论文如：Victor B. Flatt, "Paving the Legal Path for Carbon Sequestration from Coal", Duke Environmental Law & Policy Forum, 2009；Tim Dixon, "International Marine Regulation of CO_2 Geological Storage: Developments and Implications of Londan and OSPAR", Energy Procedia, 2009。这些研究都旨在通过对 CCS 技术发展现状的描述来推进 CCS 技术的全球化发展，其中很多研究报告都对 CCS 技术发展对全球气候变化带来的影响抱有极大的期待。GCCSI 通过 2013 至 2018 年的研究报告对世界范围内的 CCS 技术和项目开发所采取的行动以及各国的立法和监管动态进行了全面细致的介绍，揭示了各国在有关 CCS 技术立法规制上的发展概貌。IEA 也是研究 CCS 制度发展的重要组织，该组织在《2013 年世界能源展望》中认为："CCS 技术已被确认为是满足国际商定的限制全球气温上升 2℃目标的关键技术。有效利用 CCS 技术，并为化石燃料发电厂配备 CCS，可避免此类发电厂的过早淘汰，这有助于提高实现气候目标的经济可行性。"欧盟委员会（European Commission，简称"EC"）在《2020 年至 2030 年间气候和能源政策框架》中强调了 CCS 的重要性，并指出："从长远来看，CCS 可能是大规模从工业过程中减少 CO_2 直接排放需要的唯一可用选择。"作为欧盟成员国的英国[②]，也由其气候变化独立委员会总

[①] 如 IEA, "Carbon Capture and Storage: Model Regulatory Framework", https://www.iea.org/publications/freepublications/publication/model_framework.pdf; GCCSI, "The Global Status of CCS: 2010", https://www.globalccsinstitute.com/publications/global-status-ccs-2010; GCCSI, "The Global Status of CCS: 2011", http://www.globalccsinstitute.com/publications/global-status-ccs-2011; GCCSI, "The Global Status of CCS: 2012", https://www.globalccsinstitute.com/publications/global-status-ccs-2012; GCCSI, "The Global Status of CCS: 2013", https://www.globalccsinstitute.com/publications/global-status-ccs-2013; GCCSI, "The Global Status of CCS: 2014", https://www.globalccsinstitute.com/publications/global-status-ccs-2014。

[②] 2019 年 1 月 15 日，英国议会下院投票否决了英国政府此前与欧盟达成的脱欧协议。未来英国脱欧进程仍带有不确定性，笔者写作本书时，英国在制度上依然因循欧盟体制。

结了有效扩大减排潜力的最新证据，并认为："在 21 世纪 20 年代乃至以后，海上风能和碳捕集与封存技术更符合成本利益，这也使得减排大幅降低成本犹有余地。从长远来看，这些技术有潜在的重要性，推广 CCS 驱动成本降低的建议是令人满意的。"美国也在《美国 2014 年气候行动报告》中强调了 CCS 的研发重点，并声明"当转换的 CCS 技术出现时，一个相对温和的'CO_2 价格'对于没有 CO_2 利用的 CCS 变得经济有效应该是足够的"，以此证明 CCS 技术的可行性。此外，加拿大、挪威、澳大利亚、荷兰、法国、日本和德国等国家在 CCS 的研究上也日渐增强，为我们进一步探讨 CCS 法律问题提供了丰厚的理论支撑。

目前，国外有关 CCS 的政策和法律制定的研究已经起步，上述报告中不乏对各国正在推动的 CCS 立法或有关 CCS 法律问题的评述。主要体现为：第一，CCS 法律监管重要性的分析。《全球 CCS 状况：2010 年》研究表明，政府正致力于推动制定有关 CCS 的法律及制度框架，旨在加速 CCS 技术的创新与发展，使 CCS 项目在交给市场之前成为一个可操作的、经济可行的技术。[①]《全球 CCS 状况：2011 年》研究认为，自 2010 年开始，一些政府和地区正在完成 CCS 的法律架构并开始进行二级法规和指引政策的实施，这样一种建立在国家层面之上的有效监管机制对全球 CCS 项目开发起到了重要作用。[②] 第二，CCS 法律制度所遇到的问题与挑战的分析。Avelien Haan-Kamminga、Martha Roggenkan 和 Edwin Woerdman 指出，CCS 所涉及的法律领域极为广泛，它存在各式各样的未知法律事项，国际法、欧盟法以及欧盟成员国的国内法都有对其调整的空间。因此，为了激励 CCS 项目的

---

① GCCSI, "The Global Status of CCS: 2010", https://hub.globalccsinstitute.com/sites/default/files/publications/12776/global-status-ccs-2010.pdf.

② GCCSI, "The Global Status of CCS: 2011", https://hub.globalccsinstitute.com/sites/default/files/publications/22562/global-status-ccs-2011.pdf.

投资行为，必须进一步消除 CCS 的发展存在的法律障碍。[①] 当前，欧盟《CCS 指令》的出台已经为 CO_2 的地质储存提供了法律框架，但却未能涵盖所有的法律规范，应加强 CCS 领域的法律制度研究。第三，CCS 的风险控制和责任制度研究。Sven Bode 和 Martina Jung 认为，由于 CO_2 注入地下封存地点后，极有可能发生泄漏进而重新进入大气形成污染，因此有必要加强对 CCS 长期责任制度的研究，制定 CCS 可能发生的非持久性的保证责任制度。[②]Alexandra B. Klass 和 Elizabeth J. Wilson 认为，CCS 的责任是短期法律责任与长期法律责任、环境法律责任与侵权法律责任、私人主体责任与政府主体责任的结合，应对 CCS 的法律责任予以合理设计，以防止可能发生的 CO_2 泄漏事件。[③]第四，CCS 项目的产权制度研究。学者 Elizabeth J. Wilson 等专门对 CCS 的相关产权问题进行了研究，如 CO_2 地下封存场所的所有权、产权补偿法律制度等内容，并提出应以美国《天然气政策法》为基础建立有关 CCS 项目的产权确定法律制度框架。[④] 第五，CCS 与国际公约框架下其他机制的关系研究。Anatole Boute 指出，CCS 可以在清洁生产的机制下寻求必要的经济激励，但目前在 CDM 的机制下 CCS 面临着规则与监管的挑战，因此需要制定科学的方法和指南，使 CCS 融入 CDM 的发展框架之下。[⑤] 此外，有关 CCS 法律问题研究的专门性报告

[①] Avelien Haan-Kamminga, Martha Roggenkamp and Edwin Woerdman, "Legal Uncertainties of Carbon Capture and Storage in the EU: The Netherlands as an Example", *Carbon and Climate Law Review*, vol. 4, no. 3, 2010, pp. 240-249.

[②] Sven Bode and Martina Jung, "Carbon Dioxide Capture and Storage (CCS) -Liability for Non-permanence under the UNFCCC", *HWWA Discussion Paper*, no. 325, Aug 2005, pp. 1-18.

[③] Alexandra B. Klass and Elizabeth J. Wilson, "Climate Change and Carbon Sequestration: Assessing a Liability Regime for Long-Term Storage of Carbon Dioxide", 58 Emory L. J. 103, 2008, https://scholarship.law.umn.edu/cgi/viewcontent.cgi?article=1040&context=faculty_articles.

[④] Elizabeth J. Wilson and Alexandra B. Klass, "Climate Change, Carbon Sequestration, and Property Rights", *University of Illinois Law Review*, vol. 2010, Minnesota Legal Studies Research Paper, no. 09-15, April 1, 2009.

[⑤] A. Boute, "Carbon Capture and Storage under the Clean Development Mechanism — An Overview of Regulatory Challenges", *Carbon & Climate Law Review*, vol. 2, issue 4, 2008.

也已陆续出台，IEA 2007 年的"Legal Aspects of Storing CO_2"、2011 年的"Carbon Capture and Storage: Legal and Regulatory Review"即为对 CCS 法律问题的专门研究。

而从实践的角度来看，CCS 要实现产业化发展，就需要从国际、国家和行业的法律与规范角度，对 CCS 的法律地位、技术规范、减排效益评价等方面进行规范，以促使 CCS 技术在世界范围内得到普遍认同。从主要国家及地区 CCS 的立法总体情况与进展来看，大部分国家已经将 CCS 作为应对全球气候变暖的重要减缓技术措施之一，并初步形成了"地区—国家—地方"的立法结构。EC 已经为 CCS 在欧盟地区的发展建立了相应的法律框架与激励政策。2009 年 4 月，欧盟通过并发布了《CCS 指令》，为欧盟范围内开展 CO_2 地理封存的地域选择、许可申请、运行监测以及监督管理制定了详细的法律规范，成为欧盟各成员国规范 CCS 工作的法律基础。而就欧盟内部成员国而言，英国、荷兰、德国等国家在推动 CCS 的管理立法方面也走在了世界前列。英国于 2008 年的《能源条例》中正式引入《二氧化碳地质存储国家管理办法》，该条例于 2009 年 12 月正式生效。随后，英国又于 2009 年 12 月起草了《二氧化碳运输第三方管理办法》，并将《二氧化碳地理封存管理办法》《二氧化碳地理封存许可制度》以及《二氧化碳运输管理办法》列入之后的政府计划当中。[①] 荷兰则根据《欧洲议会关于二氧化碳地理封存的指令（2009/31/EC）》（简称《2009/31/IEC 指令》）修改了采矿法议案。德国也在欧盟指令的推动下于 2009 年 4 月起草了《联邦德国碳捕获与封存法草案》，该草案旨在提高 CCS 的环境安全性、产业投资的积极性以及平衡环境和经济利益，但由于 CCS 技术成熟度、经费来源和公众接受度等因素的限制，该草案也一度难

---

① 王志强：《欧盟和德国碳捕获与封存技术发展现状及展望》，《全球科技经济瞭望》2010 年第 10 期。

产。这些国家和研究机构在研究 CCS 法律制度方面的启示为我们更为全面、客观地分析 CCS 所涉及的法律问题提供了有益参考。

综上可知，国外有关 CCS 的立法研究已经起步，这些研究既涉及 CCS 活动的国内法研究，也涉及 CCS 的国际法介绍，研究方法上也结合了规范研究和实证研究的方法，且部分国家和地区的 CCS 法律规定也已付诸实施。这些相对完善的立法研究和实践运用为我们继续推动 CCS 的立法研究提供了有利的素材。然而，CCS 的法律问题是一个庞大的体系，国外研究中有关财产权、环境影响评价、信息公开、公众参与等问题也才刚刚展开，需要我们进一步深入研究和探讨。

（二）国内有关 CCS 技术的研究现状与立法概况

就我国而言，有关 CCS 技术研究主要集中于 2008 年之后。据我们从"中国知网"上的不完全统计，截至 2013 年，与 CCS 技术研究相关的文献共计 1932 条，专门以 CCS 为题研究的研究文献已逾 100 篇；2013 年至今，与 CCS 技术研究相关的文献共计 6558 条，以 CCS 为题的研究文献已逾 1000 篇。随着气候问题的日益加剧，CCS 技术在国内备受关注，但大部分论文偏重于对 CCS 的技术研究，与 CCS 的法律问题及立法建制相关的论文屈指可数。整体地看，目前我国 CCS 的相关立法研究略显薄弱。涉及与 CCS 技术相关的著作主要有：绿色煤电有限公司编著：《挑战全球气候变化——二氧化碳捕集与封存》，中国水利水电出版社 2008 年版；能源与环境政策研究中心译：《能源技术分析·二氧化碳捕集与封存：碳减排的关键选择》，中国环境科学出版社 2010 年版；中国 21 世纪议程管理中心编著：《碳捕集利用与封存技术——进展与展望》，科学出版社 2012 年版；科学技术部社会发展科技司编著：《中国碳捕集利用与封存技术发展路线图研究》，科学出版社 2012 年版；吴秀章主编：《中国二氧化碳捕集与地质封存首次规模化探索》，科学出版社 2013 年版；王献红主编：《二氧化碳捕集和利用》，化学工业出版社 2016 年版；科学技术部社会发展科技司、中国 21 世纪议程管理中心编著：《中国碳捕集利用与封存技术发展路线图研究》，科学出版社 2017 年版。这些著作主要偏向技术层面，相关立法研究集中在对域外立法的通识性介绍层面。而从相关论文来看，专门针对法律问题进行研究的文章也较为少见，代表性的论文主要有：王慧：《近海碳捕获和封存的法律问题研究》，《中州学刊》，2010（1）；秦天宝、成邯：《碳捕获与封存技术应用中的国际法问题初探》，《中国地质大学学报》，2010（5）；苏小云：《"碳捕捉与封存"（CCS）法律问题研究》，《中国社会科学学报》，2011（4）；彭峰：《碳捕捉与封存技术（CCS）利用监管法律问题研究》，《政治与法律》，2011（11）；何璇、黄莹、廖翠萍：《国外 CCS 政策法规体系的形成及对我国的启示》，《新能源进展》，2014（2）；魏圣香、王慧：《欧盟的碳捕获与封存立法及其启示》，《江苏大学学报（社会科学版）》，2014（2）；黄亮：《碳捕获与封存（CCS）技术的法律制度构建探析》，《政法学刊》，2014（4）；赵鑫鑫：《CCS 技术应用的环境侵权责任问题研究》，《重庆大学学报（社会科学版）》，2015（5）；李丽红、杨博文：《我国碳捕获与储存技术（CCS）二维监管法律制度研究》，《科技管理研究》，2016（23）；等等。

  从现有文献对 CCS 法律问题的关注来看，国内 CCS 立法研究主要从以下几个方面给了了关注：一是对将 CCS 纳入法律监管体系的必要性认识。如焦艳鹏认为，由于碳泄漏将带来人们在人身、财产等传统法益的侵害或侵害威胁，甚至可能带来生态系统的危机，应将其纳入法律的防范和监管系统。① 相震认为，目前 CCS 在技术、法律、经济以及社会公众接受度等方面都存在障碍。无论是联合国有关组织，抑或是各国政府，均认为有必要建立明确的法律和政策规范体系来助

---

① 焦艳鹏：《将碳捕获和封存管理纳入法律系统》，《中国社会科学报》2013 年 5 月 22 日。

力 CCS 技术的发展。① 二是对 CCS 与国际法律制度的分析。王慧认为，如何将 CCS 技术和温室气体减排机制有效衔接，是各国发展 CCS 技术和实现对其有效监管所普遍面临的难题。因此，CCS 法律机制的建设应在《框架公约》《京都议定书》中予以明确，但遗憾的是，现有的国际公约当中对此都没有明确的定位。② 吴益民指出，CCS 技术的应用对传统国际法领域造成了一定程度的冲击，应当考虑对《框架公约》和《京都议定书》中的减排机制条款进行宽泛解释，将 CCS 技术的相关法律问题纳入国际法的调整框架。③ 三是对国外 CCS 立法制度的现状考察与比较。如王慧、魏圣香④、王志强⑤和王仲成、宋波⑥分别对欧盟、澳大利亚、美国、日本等国的 CCS 立法进行了研究，并为我国进行 CCS 的监管立法提供了有益启示。四是对中国 CCS 技术实际利用中的立法研究。目前学者均认识到，法律规范的缺失已成为制约我国 CCS 推广与发展的主要障碍。刘奂成⑦认为，我国缺少关于 CCS 的有效政策与法律框架，难以确保 CCS 项目的统一运行和责任承担，应不断加快立法进程，借鉴国外在 CCS 发展中的立法经验，尽快完善相关法律法规。而在有关法律制度的建设方面，亦有学者对我国开展 CCS 立法提出了方向性的建设意见，王慧、魏圣香两位学者认为，根据国外陆上 CCS 技术的立法经验以及我国现行的相关法律法规，我国在推

---

① 相震：《碳封存发展及有待解决的问题研究》，《环境科技》2010 年第 2 期。
② 王慧：《碳捕获和封存技术与 UNFCCC 和〈京都议定书〉的关系》，《资源与人居环境》2010 年第 17 期。
③ 吴益民：《论碳捕捉与储存技术对气候变化国际公约的影响》，《企业经济》2011 年第 7 期。
④ 王慧、魏圣香：《国外陆上碳捕获和封存的立法及其启示》，《气候变化研究进展》2012 年第 8 期。
⑤ 王志强：《欧盟和德国碳捕获与封存技术发展现状及展望》，《全球科技经济瞭望》2010 年第 10 期。
⑥ 王仲成、宋波：《英国发展 CCS 战略及加强与中国合作的原因简析》，《北京大学学报（自然科学版）》2011 年第 5 期。
⑦ 刘奂成：《低碳经济视阈下我国利用碳捕获与封存技术的对策分析》，《南华大学学报（自然科学版）》2013 年第 10 期。

动陆上 CCS 的立法方面应着重构建注重监管的公法体系和注重救济的私法体系。学者黄亮则提出了有关 CCS 立法的建构建议，他认为，我国 CCS 法律制度应从宏观和微观两个层面进行构建：宏观层面上，不仅应当制定专门的 CCS 法律，而且应当明确 CCS 的监管体制；微观层面上，可以从事前路径和事后路径两个方面对具体的 CCS 技术进行法律规制，并建立相应的法律制度体系。[①] 五是对有关 CCS 与相关法律制度进行的专门性研究。在 CCS 技术的环境影响监管法律制度方面，刘兰翠等人指出了 CCS 技术可能带来的潜在环境影响，分析了发达国家在 CCS 技术的监管方面采取的措施，并对我国未来的 CCS 环境监管提出了对策建议。[②]

总体而言，我国有关 CCS 立法的专门性研究仍处于起步阶段，现有的研究主要停留在对国外立法信息的初步介绍，而未对各国立法进行详细考察，有关中国 CCS 技术实际利用中的立法研究更为稀少，难以为 CCS 在我国的推广提供有力的法律和政策支持。而从实践的角度来看，目前法律对于 CCS 技术仍然缺乏清晰的、明确的法律制度规制，在有关碳泄漏、永久性、产权边界、责任分配等问题方面的法律制度尚付阙如，CCS 的技术发展依旧面临全方位的法律障碍和难题。因此，加快 CCS 的立法研究是当前乃至今后相当长的一段时期内我国碳减排战略实施过程中的重要内容。

三、本书的研究路径和框架

本书的研究总体遵循"理论探源—实证考察—本土分析—制度构建"这一路径，在比较和借鉴各国在 CCS 立法层面的研究成果和

[①] 黄亮：《碳捕获与封存（CCS）技术的法律制度构建探析》，《政法学刊》2014 年第 4 期。
[②] 刘兰翠、曹东、王金南：《碳捕获与封存技术潜在的环境影响及对策建议》，《气候变化研究进展》2010 年第 4 期。

实践经验的基础上，结合国际上和中国现行的环境法律规范体系以及CCS活动的实践情况，分析CCS活动对中国法律规范体系可能产生的影响，最终提出应对的基本思路。

就研究的内容框架而言，本书的研究共分为六个部分。第一部分为对象诠释：碳捕获与封存的基本界定及风险评估，主要介绍CCS在国内外的发展状况及其基本的制度特点，在此基础上揭示CCS本身存在的风险。第二部分为理论支撑：碳捕获与封存法律规范建构的正当性基础，主要站在法学视角、环境法视角以及经济法视角探讨CCS法律制度生成的理论基础。第三部分为国际法架构下CCS的立法考察及其评析，主要站在国际法的视角来探讨后京都时代国际气候法的发展趋势以及在此背景下CCS在国际公约中的立法情况。第四部分为域外国家和地区的CCS立法比较及分析，该部分主要考察欧盟国家、美国、澳大利亚、加拿大等国在CCS领域所采取的国家策略、法律规范的基本现状，并在此基础上总结域外国家CCS立法对我国的启示。第五部分为实践研究：碳捕获与封存法律规制的现状及问题评析，该部分整体介绍了我国与CCS发展相关的政策与法律的基本现状，并对我国在CCS立法规制层面存在的短板及缺陷进行了深入探讨和评析。第六部分为本土与移植：我国CCS立法的建构与完善，该部分主要探讨了我国CCS立法的基本思路，在此基础上本书从宏观、中观和微观三个层面提出了我国CCS法律制度建构的具体路径。结论部分试图对我国碳捕获与封存立法条文进行具体设计，初步搭建起我国CCS立法的骨骼和框架。

第一章　对象诠释：CCS 技术的概念及其机理

第一节　CCS 技术的内涵界定及其实践发展

一、CCS 的内涵界定

（一）CCS 的概念诠释

碳捕获与封存，其英文全称为 Carbon Capture and Storage，简称为"CCS"，其中文译名是"碳捕获（捉）与碳封存"。在我国台湾地区和香港地区，对于 CCS 又有不同的称谓，台湾地区将其称为"碳搜集与贮存"，香港地区将其称为"截住同储埋"，简称为"碳截储"。

对于 CCS 应该如何释义，不同的国际研究机构及各国政府研究机构给出了不同的解释。IPCC 的《气候变化 2007 综合报告》指出，所谓 CCS，就是将 CO_2 从工业或相关能源产业的排放源中分离出来，输送并封存在地质构造中，使之长期与大气隔绝的一个过程。[①] GCCSI 认为，CCS 是一种温室气体减排选择，它集合了 CO_2 的捕集、运输和长期封存三个环节，是对使用化石燃料产生的 CO_2 进行捕集，然后将其长期封存

---

① IPCC：《气候变化 2007 综合报告》，https://www.ipcc.ch/site/assets/uploads/2018/02/ar4_syr_full_report.pdf。

在枯竭的天然气田、深层盐水层和无法开采的煤层的全过程。[①] 英国的能源与气候变化部主张，CCS 是将 CO_2 从化石燃料电厂或工业设施中捕集，通过管道运输，然后安全封存在离岸的地质构造（如已经开发的油气田和深层盐水层等地点）中的技术。[②] 在美国，CCS 又被称为 Carbon Sequestration and Storage。美国能源部认为，CCS 是将 CO_2 从排放烟气中分离并压缩，然后运输到一个注入地点将其永久封存在地底的过程。[③] 从上述定义中可以看到，尽管各研究机构定义 CCS 的角度不同，但他们对 CCS 定义中基本要素大体相同，将 CO_2 从大型排放源分离出来，经过安全的运输，最终实现长期地质封存是 CCS 的基本和关键要素。就此而言，本书采用目前国际上广泛接受的定义，认为 CCS 是指能够将 CO_2 从能源、产品生产或其他工业排放源中分离出来，经过捕集、压缩后，将其运输到特定地点进行安全封存，并与大气长期分离的技术。

通常认为，CCS 并非一项单一的技术，而是将 CO_2 进行分离、纯化、压缩、运输和封存等一系列技术的总和。但需要说明的是，由于实现 CCS 的整体成本较高，因此各国在进行碳封存之前，往往还在 CCS 的技术环节中加入了"利用"的步骤。对此，我国也结合实际情况提出了 CCUS 的概念，即在原有 CCS 技术的三环节基础上增加了利用环节，其方式包括 EOR、ECBM（提高煤层气采收率）、食品级 CO_2 精制以及其他工业利用方式。[④] 目前，就世界范围而言，CCUS 的概念

[①] 参见 GCCSI 的网站：http://www.globalccsinstitute.com/ccs/what-is-ccs，2014-06-04。GCCSI 是一家在 2008 年 9 月由澳大利亚政府宣布组建，并于 2009 年 4 月正式成立的一家非营利机构。在成立之初，澳大利亚政府承诺向其提供为期 4 年、每年 1 亿澳元的资金支持。GCCSI 致力于通过知识分享和项目支持等途径促进 CCS 项目在全球范围内的开展。

[②] https://www.gov.uk/government/organisations/department-of-energy-climate-change，2011-01-15。英国"能源与气候变化部"于 2016 年 7 月解散，其应对气候变化的任务移交给了新成立的"商务、能源与工业战略部"。

[③] https://www.energy.gov，2011 年 2 月 9 日。

[④] 气候组织（The Climate Group）：《CCUS 在中国：18 个热点问题》，https://www.theclimategroup.org/what-we-do/news-and-blogs/Report---CCUS-in-China-18-Key-Issues，2011-04。

已受到各国的普遍重视，对 CO_2 进行广泛利用也成为各国 CCS 项目的重要工程。但由于 CCS 概念提出相对较早，并且已经在国际上被普遍通用，因此如未特别说明，本书在相关法规介绍和问题的评析时仍然使用 CCS 概念。

（二）CCS 的技术构成

CCS 技术大体由捕获、运输与封存（利用）三大环节（如图 1 所示）组成，在能源生产和使用的过程中，利用它能够将 CO_2 从排放源当中分离出来，经过浓缩、压缩后运输至地下进行封存。整体而言，CCS 的应用大致涵盖以下几个方面的内容。

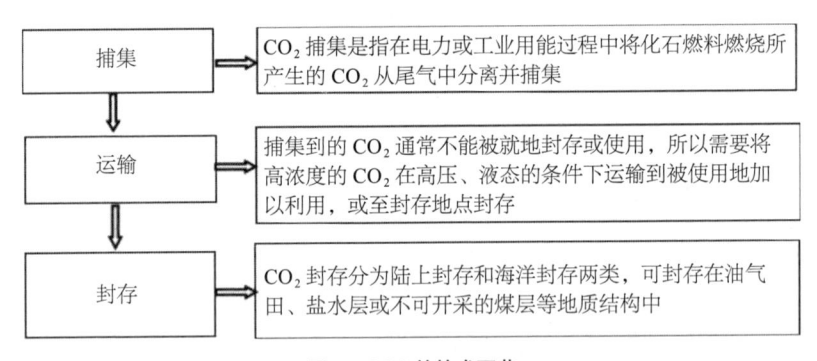

环节	说明
捕集	CO_2 捕集是指在电力或工业用能过程中将化石燃料燃烧所产生的 CO_2 从尾气中分离并捕集
运输	捕集到的 CO_2 通常不能被就地封存或使用，所以需要将高浓度的 CO_2 在高压、液态的条件下运输到被使用地加以利用，或至封存地点封存
封存	CO_2 封存分为陆上封存和海洋封存两类，可封存在油气田、盐水层或不可开采的煤层等地质结构中

图 1　CCS 的技术环节

资料来源：气候组织于 2010 年 7 月 22 日发布的《CCS 在中国：现状、挑战和机遇》

1. 碳的捕集

碳捕集是 CCS 的第一步骤。CO_2 在运输和储存时均需以较高纯度存在，但在多数情况下，工业尾气中的 CO_2 浓度不能达标，因此必须将 CO_2 从尾气中分离，这一过程被称为 CO_2 的捕集。对 CO_2 进行分离、捕获的目的是使其高度浓缩，为将其运输到封存地点奠定基础。在此方面，火力发电、钢铁、水泥、炼油和石化行业成为 CO_2 捕集的重点对象。

根据化石能源生命周期各过程中捕集 CO_2 的位置不同，可将电厂的捕集技术分为"燃烧后捕集""燃烧前捕集"和"富氧燃烧"三种。所谓燃烧后捕集，是指从燃料设备（锅炉、燃气轮机等）的烟气中捕集 CO_2 的过程。但是，这种技术存在缺陷，由于电厂尾气中 CO_2 浓度通常介于 3%—13% 之间，而适合低浓度 CO_2 分离的化学吸收工艺通常需要消耗较多中低温饱和蒸汽以用于吸收剂再生，进而带来系统效率的减损。[1]与之不同，燃烧前捕集则是指利用煤气化或天然气重整可以将化石燃料转化为 CO 和 H_2 的合成气体，然后在第二个反应器内通过 CO 和蒸汽反应转化为 CO_2 和 H_2，再将 CO_2 分离出来的捕集方式。针对常规空气中燃烧会稀释 CO_2 浓度的缺陷，一些学者提出了"富氧燃烧"概念，即将纯氧作为氧化剂应用在 O_2—CO_2 的循环过程中，它的产物主要是 CO_2 和 H_2O，CO_2 和 H_2O 经透平膨胀和余热锅炉放热后剩余的 CO_2 浓度约为 80%，易于分离。[2]

2. 碳的运输

碳运输是连接 CO_2 排放源和封存地（利用地）的纽带，在 CCS 三大环节中，除非碳捕获源直接位于封存地上部，否则必须将前一阶段收集到的 CO_2 输送到合适的场所进行封存。CO_2 的运输方式主要有罐车运输、管道运输和船舶运输三种，其中罐车运输又分为公路罐车运输和铁路罐车运输。通常而言，公路罐车运输的特点是小批量、非连续性。它的投资少、风险低且运输方式灵活便利，因此较适合运输量小、距离短的项目。相比之下，铁路罐车运输的批量较大且适合长途运输，但由于铁路运输受到铁轨和铁路专线建设的限制较大，且需要

---

[1] C. Mariz, D. Chapel, J. Ernest, "Recovery of CO_2 from Flue Gases: Commercial Trends", *Canadian Society of Chemical Engineers*, 1999, Viewed on 22 December 2010, http://www.canadiancleanpowercoalition.com/pdf/AS10%20-%202b3.pdf.

[2] D. Singha, E. Croiseta, P. L. Douglas and M. A. Douglas, "Techno-economic Study of CO_2 Capture from An Existing Coal-Fired Power Plant: MEA Scrubbing vs. O_2 /CO_2 Recycle Combustion", *Energy Conversion and Management*, vol. 44, 2003, pp. 3073-3091.

接卸和储运等相关配套设施，因此也不太受推崇。与罐车运输相比，管道运输是一种比较成熟的运输方式，通常是将气态 CO_2 施以 8 兆帕以上的压力进行压缩，以便于运输。由于这种方式的输送量较大、输送路线稳定、运输的距离较长且受外界影响小，因此对于长距离、大规模 CO_2 输送而言，管道运输是目前最经济合理的方法。此外，船舶运输也是一种极具吸引力的运输方式，它能够实现大规模、超长距或海岸线的 CO_2 运输，但由于船舶运输的投资成本和运行成本都比较高，且受到气候条件的影响较大，目前并没有大型的 CO_2 运输船舶运营，且对于船舶运输的需求也不大。

可见，比较以上运输方式，当 CCS 项目尚处于示范阶段，由于项目的规模较小、运输量较小，且 CO_2 的源汇匹配存在变数，应选择以公路罐车为主、铁路与公路罐车运输相结合的方式。而一旦 CCS 进入大规模产业化阶段，当 CO_2 运输量大、运输方向明确时，则需要以区域内的源汇匹配为基础制定高效的运输规划，此时根据实际情况可选择管道运输或船舶运输的方式。

3. 碳的封存

CO_2 的安全封存是 CCS 的最后阶段，封存的可行性决定着整个 CCS 可行性的成败。目前，碳封存技术主要包括地质封存、海洋封存、矿化封存三种方式。

所谓地质封存，是指将捕集的 CO_2 安全封存在地质结构中。封存地主要包括已废弃或无商业开采价值的石油和天然气田、沉积盆地的盐水层。作为 CCS 的"重头戏"，地质封存主要包括选址、项目运营、项目闭合以及封存地点闭合后的管理等几步操作流程。[1] 根据国内外关于场地选择标准的定位，一个合格的封存场地必须符合以下基本特征：

---

[1] 李政、许兆峰、张东杰等：《中国实施 CO_2 捕集与封存的参考意见》，清华大学出版社 2012 年版，第 56 页。

其一，足够大的封存容量和可注入性；其二，密封性良好的盖层；其三，稳定的地层。除此之外，封存地的选择还需考量以下因素：盆地特征、盆地资源、工业成熟度及基础设施、经济发展水平、环境影响及公众认识等诸多方面。[1] 一般而言，在考量压力及地温梯度效应下，若注入的深度超过 800 米，CO_2 浓度即可达到高密度的超临界状态。而根据美国科学家的考证，6000 平方英里（约 16000 平方公里）的岩层，具有保存近 500 年 CO_2 排放量的价值。[2] 地质封存的优点在于：第一，以往在油气开发、废物处置和保护地下水的过程中积累的作业经验有助于封存作业的顺利开展；第二，地质封存在世界范围内都具有较大潜力；第三，安全度较高，能够保证注入的 CO_2 被长期封存在地质构造中。

海洋封存则是一种潜在的 CO_2 封存方式，它是一种通过管道运输或船舶运输将 CO_2 注入并溶解于海洋水体中或是形成 CO_2 人工湖的方式。通常意义下，CO_2 的海洋封存倾向于把 CO_2 灌注于海洋的斜温层（一般位于 100—1000 米的水深之间，是一个具备稳定水质条件的水平水层，具有阻隔上下水体垂直混合的效应）以下，CO_2 被溶解和消散后将成为全球碳循环的一部分，从而降低了碳返回大气层的速率，获得较佳的封存效果。需要说明的是，该封存方法目前还处于理论研究和实验模拟阶段。

矿化封存是使 CO_2 与金属氧化物进行化学反应，形成固体形态的碳酸钙及其他副产品，目前主要以含钙及镁的矽酸盐矿物为较具潜力的反应物。矿化封存还可以继续细分为干式矿化封存、湿式矿化封存两种方式。干式矿化封存是在特定温度与压力下，让气态 CO_2 与含金

---

[1] S. Bachu, "Sequestration of Carbon Dioxide in Geological Media: Criteria and Approach for Site Selection", *Energy Conservation and Management*, 41(9), 2000, pp. 953-970.

[2] Live science staff, "Rocks Found That Could Store Greenhouse Gas", *Live Science*, March 9, 2012, https://www.livescience.com/3364-rocks-store-greenhouse-gas.html.

属氧化物的固态物质接触，直接进行反应；而湿式矿化封存则是先将矿物及 CO_2 溶解于溶液中，利用钙镁离子与碳酸离子的化学反应，形成碳酸钙及其他矿物的沉淀物，再经过分离，将反应物与添加物进行回收。但是，目前这两种存储方法均受限于工业生产规模和市场需求，无法满足大规模二氧化碳封存的要求。

4. 碳的利用

CO_2 的利用方式是多样的。在发展之初，CO_2 可以用于碳驱油、碳驱气，如将 CCS 技术用于油气田的开采可提高石油回收率，而将其用于深部煤层开采可以促进煤层天然气的回收，通过这样的方式在减少碳排量的同时，也带来了经济效益。此外，随着科技的发展，CO_2 还被证明是一种重要的工业气体，它可以直接或间接地用于生产各种含碳化学品的填料，CO_2 及其衍生物的运用前景广阔。在工业领域，CO_2 还广泛应用于碳酸饮料制造、烟草膨化加工、焊接金属保护、有机化合物的人工合成、消防、制冷等方面。对此，学者 Stephen A. Rackley 认为，目前将 CO_2 作为工业原料应用于尿素这种氮肥的生产每年能够消耗工业生产的 CO_2 约 6500 万吨，其他的技术主要包括生产甲醇、聚氨酯和在食品加工业方面的应用，每年所消耗的 CO_2 总量估计值能达到 1.2 亿吨。[①] 但是，由于目前用于循环利用的碳用量较小，且 CO_2 在这些产品中的停留时间有限，因此无法达到长期封存 CO_2 的要求。

（三）CCS 的项目参与人及利益相关方

由于 CCS 项目需要多方主体参与，且涉及多方利益。因此，在应用的过程中需要了解每个环节的项目参与人以及利益相关方的职责和需求，更好地平衡和协调各方当事人以及私人与国家之间，乃至整个

[①] 拉克利：《碳捕获与封存》，李月译，机械工业出版社 2011 年版，第 23 页。

国际社会的公众利益。总体而言，CCS 项目中所涉及的项目参与人及其利益相关方大致可以概括为以下几类：

1. CO_2 排放人

CO_2 排放人一般为带有 CO_2 排放源的企业和工厂。通常而言，CO_2 排放人在 CCS 项目运营前需具备三个基本条件：一是具有可靠的管道运输系统；二是选定能够安全封存 CO_2 的地点；三是确保项目在经济上的可行性，通过明确目标确保项目具有明确的环境政策来支撑，进而推动它的正常运转。

2. 项目运营人

项目运营人是 CCS 项目的所有权人，它需要确定 CCS 项目的合法性，同时作为逐利者也希望从中获得利益。与此同时，项目运营人在运行 CCS 项目之时也要遵守主管部门的相关规定，比如安全和环境法律规定、气候政策法规、责任保险法律政策以及融资贷款政策等。

3. 管道运营人

管道运营人主要负责为 CCS 项目提供安全可靠的运输条件。但同时它是以营利为目的的，因此需要研究出盈利的商业模式以保障其对 CCS 项目的基础设施投资有利可图。

4. 地方和国家监管部门

地方和国家监管部门的首要目标在于保护公众健康和环境安全，为此，监管部门的职责在于妥善制定监管规范，尽力减少公众和行业所承担的监管成本，合理分配项目风险。

5. 制定管理制度的机构

制定管理制度的机构作为 CCS 项目的规范制定者，应科学制定能够精确测算 CO_2 减排量的计算程序以及项目运营标准。

6. 保险公司

保险公司必须对其所承保的项目及其范围进行规定，根据其所获取的信息和数据对 CCS 项目进行风险评估，并依法承担相应的保险责任。

7. 融资公司

CCS 项目既需要公共部门的资助，也需要私人部门的融资。因此，融资是 CCS 项目的重要组成部分。融资机构的第一要求就是 CCS 项目必须盈利。因此，就融资机构而言，它希望与 CO_2 排放人达成长期协议，以维持 CCS 项目的可持续运营。

8. 公众

CCS 的目的在于遏制气候恶化趋势，但也不能因此而忽略公众利益和安全。对于公众而言，其普遍关心的问题是健康、安全与环境，因此，在 CCS 项目的实施过程中必须保障公众的利益。

二、CCS 技术的实践与发展脉络

作为一种用于减缓气候变化、减少 CO_2 排放的技术，CCS 技术是随着人类工业文明的发展而逐步产生的。总体而言，CCS 经历了一条从孕育诞生—初步发展—示范推广的发展路径，伴随着 CCS 技术的不断成熟、市场参与度的增强以及法律规范体系的不断完善，CCS 技术经历了不同的发展阶段。

（一）CCS 技术的产生及其雏形

有关 CCS 的运用最初还需追溯到 20 世纪之初的旧气田改造，将 CO_2 进行地下封存的"灵感"即来源于此。早在 1915 年，加拿大就开始尝试利用涸竭型旧气田来储存天然气，并储存良好。同样，1916 年，美国纽约州水牛城的南方 Zoar 旧气田也被开发成为世界上首座地下储气窖，至今该储气窖仍在使用当中。这些尝试表明，利用已经涸竭的油气田来储存天然气，不仅存储的数量较大，并且储存的位置位于地下数百至数千米深的地方，储存的时间也长，具有较高的安全性，且对环境的影响较小。利用同样的原理，人们也提出可以通过地下封

存的方式将 CO_2 予以储存,以达到减少排放量的目的。

自20世纪70年代起,石油工业界还研发了一套通过CCS进行"强化采油"的技术,即将天然气或 CO_2 注入处于生产末期的油田,收集残存于油层空隙当中的石油以提高石油的开采效率。在此方面,美国走在世界的前列,在1972年的西得克萨斯州实施的SACROC项目中,美国就从天然气中分离出 CO_2,将其压缩到超临界状态后通过管道输送至注入点,以提高石油的开采效率。但总体来看,该时期的人们之所以捕集 CO_2,其目的是提高石油的采收率,并没有将 CO_2 封存起来以减少温室气体排放的概念,因此该阶段的CCS主要集中在 CO_2 的利用方面,有关CCS的使用范围也仅限于相关的能源企业,很少得到国际社会的重视和各国政府的支持。

(二) CCS技术的初步发展阶段

20世纪80年代末,随着国际社会对气候变化越来越关注,人们在应对气候变化的大背景下,逐步从EOR技术中得到启发,尝试将燃烧化石燃料产生的 CO_2 永久封存起来,使其与大气隔绝,进而在短时期内实现大量减少温室气体排放的目的。CCS作为一项存储 CO_2 以减少温室气体排放的技术始于1989年的麻省理工学院。麻省理工学院的MIT项目曾被公认为世界上有关CCS技术研究领域的领导者,旨在通过对大型 CO_2 排放源进行捕捉,尽可能地减少空气中 CO_2 的浓度。

该时期,一些国际组织的相继成立为CCS技术的可行性评估创造了条件,它们致力于全球范围内温室气体减排技术的研究和政策框架的制定,成为CCS发展的重要推动力量。1988年,世界气象组织(World Meteorological Organization,简称"WMO")和联合国环境规划署联合成立了IPCC,其主要任务在于评估目前有关气候变化的研究结果。1991年,IEA也专门成立了"The IEA Greenhouse Gas R&D Program",该组织致力于全球温室气体的减排,其主要目的在于对温室气体减排的各项技术进行评估，促进温室气体减排的研究、开发和示范。1992年6月在巴西里约热内卢召开了联合国环境与发展大会，签署了《框架公约》，提出了防止气候变化的目标。1997年12月，第三次缔约方大会在日本京都召开，并通过了《京都议定书》。伴随着诸多研究机构的成立，与CCS技术相关的研究工作也在不断开展。2001年，IPCC准备了CO_2捕集与封存技术特别报告。2002年4月，IPCC决定举办碳捕集与封存研讨会，并在当年的加拿大瑞基纳市召开了一个专门的CCS技术研讨会，为CCS技术的推广应用奠定了基础。

在国际公约所确立的温室气体减排目标所施加的政治压力以及IPCC、IEA等重要国际组织和科研院所的推广下，CCS技术逐步得到国际社会和各国政府的认可，越来越多的政府开始从政策上给予支持，包括将CCS技术纳入全国科技发展战略、给予一定的财政和税收优惠政策等。与此同时，CCS技术在企业、学术机构与政府之间的合作也开始展开，越来越多的政府逐渐参与到行业之间、区域之间CCS项目的开展。以美国能源部为例，仅在2003年就开展了7个包含州政府机构、大学和私营企业的区域封存伙伴项目，并成立了CCS研究中心以为不同区域实施CCS技术制定最佳方案。

（三）CCS技术的示范推广阶段

2005年，IPCC发布了关于CCS研究的特别报告，该报告对CCS系统的可行性、可用性及经济性进行了全面的论证，该份报告的诞生加快了CCS的推广速度，使得CCS技术开始进入研发与示范阶段，并朝着商业化的目标前进。

在此背景下，各个国家和地区相继出台了有关CCS技术的发展路线图。2005年1月起，欧盟碳排放交易机制开始运作。随后，欧盟零排放化石燃料平台（Zero Emissions Platform，ZEP）于2007年发动了欧盟旗舰项目，旨在通过开展综合性CCS示范项目，促使CCS商业化目标的实现。而根据美国能源部 2008 年的规划，美国将于 2016 年运行 5—10 个 CCS 商业示范项目，并将于 2020 年在全国范围内推广 CCS 技术。2005 年秋，新一届挪威政府班子也加紧战略部署，致力于将挪威打造为在碳捕集与封存领域的先驱国家。2008 年，澳大利亚温室气体技术合作研究中心制定了新的 CCS 发展路线图，该路线图指出，将于 2009 年前在澳大利亚和国际范围内，成立关于 CCS 的示范项目和实验开发项目。相应的，加拿大工业部和自然资源部也制定了加拿大 CO_2 捕集与封存技术路线图，用以指导 CCS 示范项目的开展。

在该阶段，随着 CCS 项目国际合作的深入，CCS 相关项目已不再局限于在单个国家政府、企业及科研机构的范围内展开，CCS 逐步由国内视野转向国际领域。八大工业国集团于 2005 年召开的碳封存高峰论坛（Carbon Sequestration Leadership Forum，CSLF）上，就呼吁将"净煤"技术纳入应对气候变化的行动计划中，并将 CCS 技术作为研发重点与能源政策的推动方向。就我国而言，也在这一时期开始加入到有关 CCS 技术的国际项目之中，中国政府在 2005 年的 9 月启动了中英煤炭利用近零排放合作协议[①]，2006 年启动了中国—欧盟 Geo Capacity 项目。2006 年 11 月中国—欧盟碳捕集与封存合作项目——COACH 项目正式启动，为我国做好 CCS 项目工作奠定了基础。[②] 2015 年 9 月，习近平主席在访美期间，中美双方共同发布了《中美元首气候变化联合声明》，宣布将陕西延长石油公司位于延安—榆林地区的碳捕集、利用和封存项目作为两国新的重大合作项目。这意味着陕西延长石油公司在碳捕集、利用和封存等方面走在了国际前列。近年来，延长石油公司已获得了中—澳 CCUS 一体化国际合作示范项目 230 万

---

① 该项目是中欧双方在 CCS 技术领域首个合作项目。
② COACH 项目主要目的是为实现大型多联产发电技术以及含制氢和合成燃料等的煤基发电集成技术做好准备。参见中国碳排放交易网：http://www.tanpaifang.com/CCUS/201305/1820465.html，2014-01-20。

澳元的资金支持；参与了中—美气候变化工作组合作项目，并与美国怀俄明大学、西弗吉尼亚大学等签署合作备忘录，共同围绕延长石油CCUS项目开展合作研究。①

此外，多个CCS区域性研究组织的成立也为CCS技术的示范推广做出了努力。2007年9月，北美碳捕集与封存协会创立，该营利性组织能够为美国和加拿大境内的商业化CCS项目进行研究和评估，进而实现推广CCS技术商业化运用的目的。2008年9月，GCCSI在澳大利亚成立，该组织也着力于通过知识共享、项目帮助等形式组织世界各团体参与CCS技术的学习、探讨和研究，推进CCS技术的后续发展。

（四）CCS技术的立法保障阶段

伴随着CCS技术的不断推广和应用，其在发挥减缓气候变化作用时受到的障碍日益显现。这尤其反映为，现有的法规、法令、政策不利于缓解气候变化技术的发展。由于缺乏有效的制度激励和约束，CCS技术在运作的过程中不仅面临金融、技术和市场领域的风险，而且存在财政支持不足、错位激励以及信息不完善等障碍。在此背景下，应当针对CCS技术的运作进行法律的规范和制度的约束也逐步得到了世界各国的广泛认同。各国在完善传统政策的同时，也在逐步思考如何推出新的气候政策，以回应CCS技术商业化推广和风险控制的新诉求。

基于对CCS技术进行法律监管必要性的考虑，各国在有关CCS技术的监管框架中，也将勘探和封存许可、产权管理、封存的场地选择、封存的监测标准以及封存的风险管理等内容作为立法的重点内容。截至目前，已经有部分国家制定了有关CCS技术的监管法律规范。从

---

① 《发展改革委气候司与亚行签署碳捕集利用与封存项目合作备忘录》，参见中华人民共和国中央人民政府网站：http://www.gov.cn/xinwen/2017-06/07/content_5200528.htm，2018-02-24。

欧盟来看，2009年4月，欧盟通过并发布了《2009/31/EC指令》，为欧盟范围内开展CO_2地理封存的地域选择、许可申请、运行监测和管理机制等制定了详细的法律规范。而欧盟成员国英国、荷兰、挪威和德国等国也相继推出了CCS技术研究、试点规范以及管理方面的立法。早在欧盟CCS指令通过之前，英国就开始了对CCS技术的深度研究，并在2008年英国政府出台的《能源条例》中正式引入了CO_2地质封存国家管理办法；2010年，挪威环境部也在《能源条例》《规划条例》以及《污染控制条例》（修订）等立法中为陆地碳捕获与封存设立了国家管理办法；荷兰政府也根据《2009/31/EC指令》提出了修改采矿法的议案。此外，澳大利亚、美国也在该时期出台了有关CCS的政策和法规，如澳大利亚2009年出台的《CO_2捕集与封存指南》，2008年美国环境保护署也制定了对地下封存CO_2进行规制的法律议案，并制定了《CO_2捕集、运输和封存指南》，就此而言，有关地区和国家逐步走上了CCS的立法规范化道路，以更好地为CCS技术的后续发展指引方向。

而放眼国际，国际能源署已经制定了一系列关于CCS法律法规的研究框架，包括：国际CCS法律法规网、CCS示范法规、CCS技术路线图等。除了CCS路线图为CCS的实施提出了具体建议之外，国际应对气候变化的战略协议也对CCS技术进行了较为明确的定位。2010年底，《框架公约》第16次缔约方大会暨《京都议定书》第6次缔约方会议在墨西哥坎昆召开，此次坎昆世界气候大会开始考虑将CCS技术列入清洁发展机制（CDM）的减量选项之一；至2011年12月，在南非德班举行的《框架公约》第17次全球气候变化会议中，CCS技术则被正式纳入CDM的减排项目内。尽管在登录、减量认证、交易认证以及责任归属等方面还有待进一步厘清，但毋庸置疑的是，CCS技术已成为国际公认技术可行性最高、效力最强的降低CO_2排放量的方法。

第二节 CCS 技术以及相关碳减排途径的优劣比较

随着《联合国气候变化框架公约：京都议定书》于 2005 年 2 月 16 日开始生效，全球温室气体的减量排放机制正式实行，CO_2 的排放标准也开始采用总量控制的战略。根据 IEA 的估测，2005 年至 2050 年间，有关 CO_2 的减量需求将日趋加大，至 2080 年需求总量将达到 480 亿吨；而 2009 年 12 月，在《框架公约》第 15 次缔约方会议上，缔约方一致决定，将全球温度升高控制在 2℃ 之内的目标写入《哥本哈根协定》，这就要求将大气层中的温室气体浓度控制在 450ppm CO_2 当量左右。[①] 根据《哥本哈根协定》，各国必须采取更为有效的碳减量行动，换言之，要控制温室气体的排放量，人类必须积极作为。

一、主要的碳减排途径以及优劣分析

根据 IPCC 2007 年的第四次评估报告分析，国际上应对气候变化的方式主要可以分为减缓（mitigation）和适应（adaptation）两大措施，其中，减缓是指人为减少温室气体的排放，主要包括温室气体的源头减缓与加强温室气体的吸存两种方式；适应则是指通过调整自然界或人类系统来因应气候变化的影响，进而减少损害或开发出有益的机会。通常认为，目前可以控制 CO_2 排放的措施主要包括以下几类：提高能源利用效率、发展替代能源（包括可再生能源）、提高碳汇的吸收能力和发展 CCS 技术。以下将对前三种碳减排途径的优势及其局限进行分析。

---

① B. Metz, O. R. Davidson, P. R. Bosch, R. Dave, L. A. Meyer (eds), *Climate Change 2007: Mitigation of Climate Change,* Cambridge University Press, 2007, p. 647.

（一）提高能源利用效率及其局限

人类的生活和生产离不开能源的供给，在能源的需求总量保持不变甚至有所增加的情况下，提高能源转换效率是一种可行的减少 CO_2 排放的措施。在此方面，电力、热力等能源转换行业是 CO_2 的排放大户，占我国 CO_2 排放总量的 40% 以上，因此，提高能源转换行业的能源利用效率、推动节能减排是我国碳减排的重要突破口。建筑行业和交通运输行业也是碳减排的重要对象，在这些行业和领域提高能源的利用效率，也有助于推动 CO_2 减排。尽管，当前通过技术创新的方式来提高能源的利用效率在发达国家已较为成熟，但由于技术创新的成本较大且存在一定难度，因此此类技术在减少碳排放方面存在一定的局限性。

（二）发展替代能源及其局限

与不可再生的化石燃料相比，太阳能、风能和地热能等可再生能源具有"取之不尽、用之不竭"的特征，且这些可再生能源运用于生产和生活时所产生的 CO_2 极低，甚至在一定程度上可以实现 CO_2 零排放。因此，挖掘潜力大、环境污染低且可永续利用的可再生能源来替代化石能源是各国能源战略的重要组成部分，可再生能源的开发和利用的发展状况也是评价一国自主创新能力的基础和关键。[①] 中国原煤产量占一次能源的比重超过 70%，对煤炭、石油等化石燃料的依赖远大于世界其他国家。根据可靠预测，到 2030 年，在人类能源结构的组成中世界混合能源中化石燃料将占据 70%。[②] 因此，在相当长的时间内，煤炭、石油等化石燃料依然在能源资源中扮演重要角色，人类社会不利用化石能源也不太现实。此外，可再生能源的开发和利用受技术和

---

① 刘晔：《可再生能源技术分类及发展方向概述》，载《可再生能源开发利用研讨会论文集》，2008 年，第 30 页。

② 高玉冰、宋旭娜、王可：《高度关注碳捕获与封存技术潜在环境风险》，《WTO 经济导刊》2011 年第 7 期。

成本的限制，当前的应用现状并不乐观。

（三）提高碳汇的吸收能力及其局限

所谓碳汇，是指从空气中清除 CO_2 的过程、活动和机制的综合，它主要包括森林碳汇、湿地碳汇和水生生物碳汇三个方面。其中，森林碳汇是指通过森林植物的作用，吸收大气中的 CO_2，并将其固定至植被或土壤中，进而降低 CO_2 在大气中的浓度。湿地碳汇则仅次于森林碳汇，其以固化的方式来储存土壤碳，尤其是高纬度的湿地储存了全球近 1/3 的土壤碳。水生生物碳汇作为湿地的主要生物资源，其碳汇潜力也十分巨大。因此，通过碳汇来实现碳减排也是一种重要的方式。但是，由于增加碳汇通常是以植树造林或其他生物吸碳的方式来实现，这种方式的运用周期长，很难在短期内达到立竿见影的减排效果。况且，提高碳汇的方式主要是以 CDM 为依托来推动发达国家与发展中国家的合作，但由于发达国家始终掌控着 CDM 的话语权和定价权，这就给碳汇方式的运用带来了阻碍。[①]

二、CCS 技术在碳减排中的贡献度及其基本优势

在上述碳减排措施当中，尽管提高能源效率对减少温室气体排放的贡献率较大，但是，IEA 的研究却发现，随着提高能源效率技术及新能源技术的"量表衰减效应"[②] 逐渐扩大，可再生能源的替代效应也将逐渐弱化，并由易开发转换成难开发。如果仅仅凭借这些技术来进行碳减排，将很难应对气候的变化。而与这些减排手段相比，CCS 技

[①] 滕兆娜：《我国 CCS 环境法律问题研究》，昆明理工大学 2013 年硕士学位论文，第 1 页。
[②] 根据 IEA 发布的研究预测，在全球平均气温上升 2 摄氏度形势下，2020 年、2030 年和 2050 年由提高能源效率改善带来的减少温室气体排放量将分别占当年能源相关减排量的 65%、57% 及 54%。

术对减少温室气体排放量的贡献率却呈逐渐上升的趋势。IEA 的研究表明，CCS 技术的贡献率将从 2020 年的 3% 上升到 2030 年的 10%，到 2050 年将达到 20% 左右，而如果不采用 CCS 技术，那么到 21 世纪中叶，碳减排的总成本将比使用 CCS 技术多 70%。因此，IPCC 指出："CCS 技术具有能够缓解整体气候变化、增强温室气体减排灵活度、降低成本的优势和特点，这些特点决定了它可以成为稳定大气温室气体浓度的一种优选方案。"

CCS 技术之所以能够在碳减排中发挥举足轻重的作用，这与它所具备的优势密切相关。一般认为，CCS 的技术优势主要体现为减排潜力大、应用范围广、长期减排成本低等。与此同时，人们还逐渐认识到 CO_2 也是一种宝贵的资源，应当对其善加利用。

（一）减排潜力较大

IEA 在能源科技发展前景（Energy Technology Perspectives 2010）中提出，如果世界要达到 2050 年温室气体减少排放量低于 2005 年排放量（约 270 亿吨）的 50%—80%，即 140 亿吨的目标，则需要在关键技术领域有所突破，综合运用再生能源、提升能源效率以及 CCS 等科技来解决这一难题。值得肯定的是，在理想情景（BLUE Map Scenario，200 美元/吨减排激励，2050 年排放量稳定在 2005 年水平的一半）下，根据国际能源署对诸多技术贡献度的评估比较（如图 2 所示）中，CCS 的贡献度高达 19%，居于首位，而通常为人们所推崇的再生能源发展技术的贡献率及核能技术的贡献率分别居于第二位（17%）和第三位（6%）。随着提高能效技术的"天花板效应"的出现，替代能源资源的优势也日渐式微，而 CCS 的减排贡献却将从 2020 年占总减排量的 3% 上升至 2050 年的 20% 左右。就此而言，在各种碳减排技术当中，CCS 技术相对其他技术而言减排潜力最大。

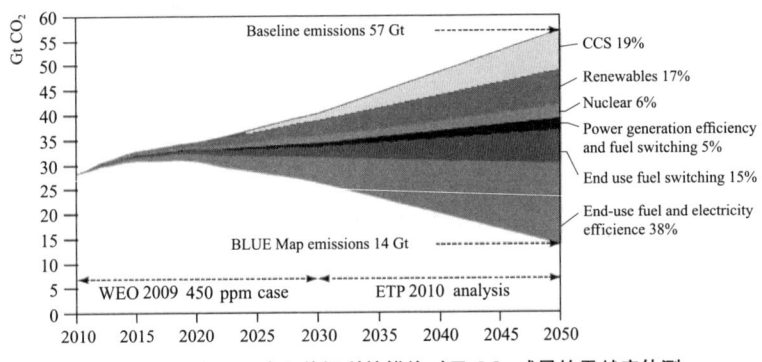

图 2　2050 年 6 项主要能源科技措施对于 CO_2 减量的贡献度估测

资料来源：IEA, Energy Technology Perspectives 2010

（二）与化石燃料系统结合度高

纵观世界各国的能源结构，全球依旧有 80% 以上的能源来自石油、天然气和煤等化石燃料。尽管依靠提高能效和增加可再生能源所占份额也是重要的减排手段，但是这些都无法解决化石燃料系统碳排放的存量问题。而 CCS 技术却是目前已知的、能够大幅度快速降低化石燃料碳排放的技术。就此而言，CCS 技术能为煤炭等化石能源的清洁利用提供机遇，尤其是在气候变化问题和主要一次能源日益稀缺的双重挑战下，煤的清洁利用对全世界能源供给和能源安全具有战略意义。这也是中国、美国、澳大利亚等煤炭资源丰富的国家关注 CCS 技术的重要原因之一。

（三）应用范围的广泛性

CO_2 的捕获范围是相当广泛的，其不仅与化石燃料系统具有紧密的结合度，且与工业 CO_2 的排放和工艺流程存在紧密的联系。也正因为此，CCS 技术的应用对象一般为大型排放源，包括大型化石燃料或生物能源设施、主要 CO_2 排放型工业、天然气生产企业、合成燃料工厂以及基于化石燃料的制氢工厂，通过将 CO_2 压缩、输送并封存在地质构造、海洋或其他适合存放的地点，能够实现较大范围内的碳减排。

（四）能为其他碳减排措施预留发展空间

专家预测，为了实现2℃温升控制目标，考虑到大气惰性，意味着不仅需要实现到2020年全球减排20%、2050年全球减排50%的目标，还意味着到2075年要实现全球零碳排放，甚至是负碳排放。在此方面，推动可再生能源或新能源的应用固然是解决碳排放问题的最佳选择，但囿于现有技术水平和资源储量的限制，这些方式的减排潜力都较为有限。面对相对滞后的碳减排措施，如果继续放任CO_2排入大气，人类生存环境将因此受到严重影响。[①] 在提高能效和发展可再生能源无法在短期内满足碳减排需求的情况下，CCS对于碳减排的贡献率却呈逐步上升的趋势，就此而言，CCS是一项不可或缺的减排技术，它的应用能够为其他碳减排措施赢得发展和进步的时间和空间。

（五）长期减排成本低廉

尽管从目前的技术水平来看，由于技术发展不尽成熟以及商业化进程的限制，CCS技术与能效技术和可再生能源技术相比并不具备成本优势，但是从长期来看，CCS技术的减排成本却可能低于预期。在此方面，IEA在统计研究了各类减排技术的长期减排成本后认为，如果要继续实现温度控制目标而不采用CCS技术，那么到2050年总减排成本将比现在开始使用CCS技术多70%。[②]

（六）能促进CO_2的循环利用

CO_2在被捕集后能被广泛应用于石油开采、机械加工、化工、消

[①] 寅晨：《减排计划新技术的烦恼》，《华东科技》2010年第9期。

[②] IEA/OECD, "CO_2 Capture and Storage: A key Carbon Abatement Option", https://www.iea.org/publications/freepublications/publication/CCS_2008.pdf.

防、食品加工和生物养殖等行业。例如，EOR 技术可提高石油资源的利用率，增加国家的能源供给，并提高企业收益。为了尽可能地扩大 CO_2 的使用效率，未来还可以考虑将部分 CO_2 还原为 CO，并结合现有技术产生的廉价 H_2，将大量的 CO_2 转化为甲醇、二甲醚、低碳烯烃等物质，以弥补石油短缺和不足。这种技术实际上为碳元素的循环利用，它是循环经济理念在低碳经济中的应用，因此也被称之为 CCRS（Carbon Capture Reuse and Storage）技术。不难发现的是，CO_2 的资源利用将在 CCUS 的发展过程中发挥重要作用。尤其是在 CCS 技术后研发和示范阶段以及商业化进程的初期，CO_2 的资源化利用不仅有助于平抑 CCUS 成本，还能够推动其他产业的发展。如果封存环节的技术、安全性等问题在短期内无法解决，资源化利用很可能在较长一段时间内成为 CO_2 捕集之后主要的处置方式。因此，CO_2 资源化利用规模将直接影响企业发展 CCS 技术的动力以及 CCS 产业的规划和布局。

三、CCS 技术的缺陷及其存在的风险

由上可知，在其他碳减排措施存在局限和阻碍的背景下，CCS 技术越来越被国际社会认可，甚至被誉为"解决气候变暖问题的最后希望"。但是，尽管 CCS 活动具有极大的减排潜力，但它的应用也并非毫无缺陷，CCS 技术本身存在一定的局限性，它的大规模应用和推广也将伴生着一系列不可忽视的环境风险。

（一）CCS 的技术运用存在安全隐患

CO_2 是一种无色无味的气体，在自然状态下是无害的。但处于高浓度和高压状态下的 CO_2，一旦在运输、注入和封存的任何环节发生泄漏，就可能对现场人员的人身安全构成威胁，甚至还将影响泄漏地

附近居民的人身安全和生态系统的稳定。CCS 的大规模使用以及复杂的技术操作，使得 CCS 在整个项目运作中不可避免地可能产生风险。CCS 的风险可以发生在捕获、运输以及封存的任何一个环节。就捕获环节的风险而言，其触发的因素主要为捕获的容器和设备的不严密或 CO_2 的压缩不当，一旦在捕集过程中发生泄漏，则可能会产生高能耗乃至其他污染物的泄漏。就运输环节的风险而言，由于外部自然风险和内部控制不当的原因出现运输设备的质量问题，也有可能造成 CO_2 的泄漏，影响运输设备的使用寿命，甚至危及附近居民的安全。

CCS 活动最容易发生的风险集中于封存环节。在此方面，尽管关于 CO_2 地质封存的多数研究认为 CO_2 的泄漏风险很小，封存在本质上是永久的。但是，仍有学者认为 CCS 技术的风险是客观存在的，CO_2 泄漏后可能造成地下水污染、沉积层或断裂岩石诱发地震、地面的沉降或升高等。因此，在封存环节，CCS 技术潜在的风险是多方面的：首先，碳封存如若控制不当，将可能引发紧急泄漏事故，使大量被埋存在地下的 CO_2 快速释放。大规模、高浓度的 CO_2 无论是对人体健康抑或是对于环境安全而言都是致命的。1986 年，因为地震的原因，位于喀麦隆的尼奥斯湖湖底天然积累的大约 120 万吨 CO_2 被释放出来，直接导致附近居民 1700 人当场死亡。[①] 1979 年印度尼西亚的迪恩火山爆发，释放的 CO_2 达到 20 万吨，造成 142 人窒息死亡。此后在 2006 年 4 月，美国加利福尼亚猛犸象山又有三名滑雪巡逻员在试图用篱笆隔离一个危险的火山口时，因高浓度的 CO_2 而窒息死亡，1 公顷内的树木也因 CO_2 浓度的过高而死亡。[②] 其次，CO_2 还可能使地下水质发生改变。如果封存得不严密，CO_2 还极可能从储集层外泄出来，靠近地表的浅

---

① 秦天宝、成邯：《碳捕获与封存技术应用中的国际法问题初探》，《中国地质大学学报》（社会科学版）2010 年 5 期。

② 王淏：《掩埋温室气体：碳存储引争议》，http://news.163.com/06/0711/14/2LOO4ADI0001124J.html，2014-06-05。

水层后，与水发生化学反应生成碳酸，从而改变地下水质的构成。再次，一旦 CO_2 封存得不严密，将使 CO_2 重新散发到大气当中，这种封存对于温室气体的减排总体而言效果不大，给大气升温带来的危害也不容忽视。最后，CO_2 会逐渐渗入岩层空隙，驱使底层压力增加，一旦底层压力超标，则有可能引发底层裂隙和断层移动，甚至诱发地震。

由上可知，CCS 活动中不同程度的风险将给人类健康和生存、生态环境安全带来极大的危害，这在一定程度上将使人们对 CCS 技术的应用产生怀疑，这种怀疑不仅将弱化 CCS 技术的商业价值，阻碍 CCS 技术商业化运行的进程，也成为各国在发展 CCS 技术当中不得不重视的一个关键问题。就此而言，如何对 CCS 项目进行有效监管，并在渗漏发生后及时补救已成为各国政府及企业面临的严峻考验，只有在将 CCS 技术的风险合理控制的前提下，它才能得到全面推广。

（二）CCS 技术本身具有"高耗能"的特点

节能技术能够降低能源消耗，可再生能源能提供新的能源供给，与它们相比，CCS 技术则是一种需要消耗能源的技术。统计数据表明，CCS 技术能够将现代燃煤电厂中所排放的 80% 以上的 CO_2 进行捕集，经过一定程序将其压缩至可供输送的压力，但会使电厂能耗增加 24%—40%。[1] 换言之，CCS 技术的原理在其本质上是通过消耗额外的能源换取碳排放的降低，通过 CCS 技术减少的净排放量取决于捕获的 CO_2 比例，取决于因捕获、运输和封存的额外能源需求使工业流程的整体效率降低而导致的 CO_2 增产，与此同时，运输过程中的任何渗漏以及长期封存中 CO_2 的留存比例也将影响 CCS 技术的使用效率。[2] 因此，如果无法大幅度降低 CCS 技术的能耗水平，那么政府不得不在

---

[1] 绿色煤电有限公司：《挑战全球气候变化——二氧化碳捕集与封存》，水利水电出版社 2008 年版，第 48 页。

[2] Bert Metz, etc., *IPCC Special Report on Carbon Dioxide Capture and Storage.*

能源的供给与碳减排的双重挑战中做出权衡,就此而言,高昂的成本和能效的下降将使 CCS 技术的诱惑力下降。

(三) CCS 技术具有过渡性的特点

尽管在当前甚至很长一段时期内,CCS 技术在化石燃料能源产生的温室气体减排方面将产生决定性影响,但从长远来看,随着新能源和可再生能源进军世界主导能源,CCS 的作用将会逐步减退。替代能源的产生不仅能够减少碳排放,还能缓解化石能源枯竭带来的能源危机。而随着替代能源的可获得性越来越大,CCS 技术的弊端将日渐显现,因为它不仅需要耗费一定的技术改造成本,还将挤占原本应当用于发展新型能源的宝贵资源。因此,CCS 技术在某种程度上具有过渡性、阶段性的特征。

(四) CCS 技术的不成熟易引发"碳锁定"效应

就目前来看,燃煤电厂要使用 CCS 技术主要可以通过两种方式来实现技术的转换:一是对现有电站进行改造和加装捕捉 CO_2 的装置;二是在新电厂的建造中建立更为清洁的整体煤气化联合循环发电系统并安装 CCS 装置。然而,由于目前 CCS 技术尚处于研发、示范和应用的初级阶段,技术发育的不成熟将直接导致 CCS 技术的能耗和成本偏高。一旦 CCS 技术的好处不能为投资者充分认识,且 CCS 技术所带来的外部成本问题无法得到有效解决,则 CCS 技术很难有效嵌入现有能源改造的制度安排中,并在未来相当长一段时期内阻碍 CCS 技术的推广和运用。这种由于 CCS 技术的不确定性使其无法大幅度推广进而实现商业化,由此所带来的日益增长的碳排放指数的效应就被称为"碳锁定"。就此而言,当前必须进一步加强对 CCS 的技术应用和推广使用的研究,以降低 CCS 技术的不确定性和推广成本。

(五) CCS 技术的应用缺乏有效的参与

大规模地推广 CCS 技术的应用还需要一个在各个环节都能具有广泛参与的运行模式。就企业的参与而言，CCS 技术要得到企业的认可，就必须使得能源消耗大户（燃油、燃煤企业）从捕集和封存 CO_2 中获益。然而，与油气资源的勘探开发不同的是，CCS 技术并不存在稳定的市场与收益率，因此很难从市场上进行有效融资，企业的参与积极性极为有限。[①] 而就公众的参与而言，由于目前 CCS 技术的宣传力度不够，公众对于该项技术的安全性仍然持有偏见和怀疑。如何接受公众的检验、得到公众的接受和支持也是 CCS 技术面临的一大难题。

(六) CCS 技术发展配套制度的不健全

明确的政策与法律框架是 CCS 项目的有力支撑。但就目前而言，仍有许多国家对于 CCS 技术的定位不明确，法律框架不完善，无法为 CCS 技术的大规模商业化发展提供有效的制度和法律框架。例如，在 CCS 技术纳入 CDM 机制之后，如何保障 CO_2 长期不发生泄漏的问题未能得以根本解决；CCS 项目所涉及的时间和空间维度较为广泛，超过了任何私有企业所能承担的责任范围，如何对 CCS 项目运作过程中的法律责任进行合理分担也亟须解决。

综上可知，CCS 技术与其他措施一同构成了碳减排的网络体系。相比之下，CCS 技术有其独有的优势，但也因技术的不成熟和成本的不确定性使得该项技术在推进过程中存有一定的障碍（CCS 与其他碳减排措施的优劣比较如表 1 所示）。因此，必须尽可能地克服 CCS 技术发展中的潜在风险，并建立相应的法律制度予以规范和监管，方能为它的有效推广奠定基础。

---

① 韩文科、杨玉峰等：《当前全球碳捕集与封存（CCS）技术进展及面临的主要问题》，《中国能源》2009 年第 10 期。

表 1 CCS 与其他碳减排措施的优劣比较

比较项目（碳减排技术）	CCS 技术	能效技术	核电	太阳能发电	风电	水电
技术（是否成熟）	相对不成熟	相对成熟	相对成熟	相对不成熟	相对成熟	相对成熟
成本	高	提高化石燃料转化和使用效率成本较高，提高终端燃料转化、使用效率和电力终端使用效率成本较低	基建投入大，总发电成本高	高	高	基建投入大，发电成本低
安全性	可能因 CO_2 泄漏导致安全隐患	安全可靠	核废料、反应堆放射性物质存在泄漏风险，潜在危害大	安全可靠	安全可靠	安全可靠，极端事件（大坝垮塌）发生概率小
稳定性	高	高	高	相对低	相对低	较高
对生态环境的影响	大规模工程施工可能对生态环境造成影响，CO_2 泄漏的环境影响大	小	如发生泄漏，对环境影响大	较小	较小	大水电对流域生态环境的影响大；小水电对生态环境的影响相对较小
优势	1.减排潜力大 2.可能实现零排放，甚至负排放 3.通过 EOR、ECBM 等 CO_2 利用方式促进其他行业发展，增加能源供给 4.促进煤的清洁利用 5.CO_2 工业利用	1.保证能源供给的情况下减少资源消耗 2.不要求对现有产业进行大规模改造 3.不额外增加环境负担 4.总体上较为经济	1.世界范围内核燃料储量大（铀 490 万吨、钍 275 万吨） 2.储存运输方便 3.总体成本低、发电总成本稳定，受燃料成本影响较小	1.太阳能资源丰富 2.清洁 3.可再生	1.风力资源丰富 2.清洁 3.可再生 4.基建周期短，装机规模灵活	1.水力资源丰富 2.清洁 3.可再生 4.发电效率高 5.发电启动快

续表

比较项目（碳减排技术）	CCS 技术	能效技术	核电	太阳能发电	风电	水电
问题	1. 化石能源不可再生，价格波动大，导致发电成本不稳定 2. 捕集、封存、监测环节存在技术挑战 3. 能耗高、成本高 4. CO_2 泄漏带来安全隐患	1. 效率提高越来越难，取决于技术突破 2. 存在天花板效应	1. 核废料处理要求高，存在泄漏风险 2. 热效率低，热污染严重 3. 投资成本大 4. 不适宜随载运转 5. 反应器内放射性物质导致的安全隐患	1. 太阳能资源受地理区域和昼夜影响 2. 能流密度低；能源利用率低 3. 成本高 4. 多晶硅的生产过程耗能大 5. 并网困难，成本高	1. 风力资源受地理区域和天气条件影响 2. 风电不稳定，不可控 3. 并网存在挑战 4. 占用大片土地 5. 成本高	1. 水力资源受季节和旱涝灾害影响，部分不均 2. 蓄水淹没大量土地，居民搬迁成本高，社会影响大 3. 因地形限制单机容量有上限，增加容量不灵活 4. 基建周期长，投入高

四、CCS 技术在现阶段的发展可行性

以上分析表明，作为一项有潜力的碳减排手段，CCS 技术已经广受重视并已被包括 IEA 在内的主要能源研究机构及主要国家和地区视为未来主要的碳减排技术。CCS 技术的运用，不仅有利于减少温室气体的排放，而且能为低碳能源体系的建构提供技术支持和时间保障，也能为其他行业的发展提供助力。同时，由于 CCS 技术发展不成熟，存在难以避免的风险和较高的技术成本，因此它是否能应用于现阶段的温室气体减排工作又备受质疑。事实上，综合 CCS 技术与其他减排技术的对比分析，可以明确的是，CCS 技术的优势较为明显，且其弊端具有一定的可控性。因此，只要合理地运用该项技术，将其纳入规范化发展的道路，就能对其实行有效的监管，推动它的商业化利用。

（一）CCS 技术的安全性已有较为成熟的保障方法

由于 CO_2 是一种带有窒息特性的物质，因而在对它进行捕获和封存过程中极有可能因为大范围的集聚后释放而对人类健康和环境安全带来风险。但是从科学上来看，对 CO_2 进行封存是可行的，只要在地下数千米深的高温高压环境中存储 CO_2，使其处于高密度的超临界状态，该储集层中的冠岩将因为具有防渗的作用而将 CO_2 流体限制在特定的区域范围之内，形成封存 CO_2 的稳固防线。对此，IPCC 评估认为，如方法运用得当，99% 的 CO_2 可以在地下封存千年之久，人类也有充分的时间来寻找零排放能源。[①] 而根据挪威 Sleipner 项目的运行状况来看，该项目已经运行了 15 年，并未出现任何有关 CO_2 泄漏的现象。这些都证明，CO_2 的封存机理是可靠的，只要运用得当，做好充分的风险评估与监管，就可以防范 CCS 技术可能出现的风险。

（二）CCS 技术的经济性正在稳步提升

由于燃煤电厂在采用 CCS 技术后，会使其发电成本增加 20%—30%，因此，在企业的"逐利"机制下，经济性将成为 CCS 技术能否得以大规模推广的关键因素。当前由于 CCS 的应用范围还不够大，CCS 项目尚处于研究和示范阶段，其开发利用的成本相对较高。但是，随着科技的进步和经济规模的扩大，CCS 技术将日趋成熟，进而具有较大的降价空间。根据 IEA 的预测，到 2030 年，减排一吨温室气体的成本仅为 35—60 美元，而随着各国政府限制措施的加强，碳排放交易价格将会上涨，最终使收益与成本达到平衡。[②] 与此同时，有关支持 CCS 技术发展的融资平台也不断出现，就发达国家来看，政府正不断为 CCS 技术的发展创造资金条件，不断加大对 CCS 项目的

---

① 洛根·韦斯特：《碳封存：风险与未来》，《中国三峡》2010 年第 3 期。
② 王勇：《碳捕获：昂贵的拯救》，《中国企业家》2009 年第 11 期。

投资补贴和税收优惠力度；一些企业已经看到了 CCS 技术研发中的商机，如英国石油公司、道达尔、雪佛龙等企业均在积极地研究和开发 CCS 技术；此外，金融机构也加强了对 CCS 技术的资金支持，如瑞士苏黎世金融服务集团正不断加强对应用 CCS 技术的企业提供信贷和保险服务。

（三）CCS 技术的研发与替代能源的发展不相抵触

近年来，出于对化石能源供应安全的担忧，各国在解决气候问题的过程中逐步推动了可再生能源的发展。但在相当长一段时期内来看，化石能源的主体地位难以撼动。因此，必须发挥 CCS 技术的作用，才能有效地改善全球气候变化的严峻形势。当前，CCS 技术的应用与替代能源的发展是"黑猫和白猫"的关系，二者的共同目的皆在于实现碳减排。从以上关于碳减排技术的对比分析中可以看到，CCS 技术是在不影响能源安全和经济发展的前提下控制温室气体排放的一种方式，在相当长的时期内，CCS 技术的贡献度最高，减排效果最明显，因此我国应当坚持发挥它的重要作用。与此同时，在 CCS 技术之外我国仍应坚持可再生能源和新能源方面的研发，综合发挥各项技术在节能减排中的作用，相互补充，共同推动能源安全和经济发展方式的变革。

第三节　CCS 技术发展面临的主要法律问题

目前，全球范围内已对 CCS 技术在减缓气候变化当中的作用达成了共识，但各国同时也意识到，对 CCS 技术的发展和推广并非纯粹的技术性问题，还需要更多的法律法规保障，只有建立法律制度来为 CCS 技术的发展保驾护航，才能确保其在商业拓展当中的正当性，对其进行有效的风险管理，保护公众健康和安全。就当前各国有关 CCS

技术的立法尝试来看，政府在制定法律制度以实现对 CCS 技术进行规范的过程中，主要面临如下相关的法律问题。这些问题大体可以划分为实体性问题与程序性问题两个方面。

一、与 CCS 技术相关的实体性问题

（一）CO_2 的性质定位问题

在制定与 CCS 技术相关的法律法规之前，首先应当明确国内法及国际公约对于 CO_2 是如何定位的，这对制定 CCS 法规有着重要的影响，尤其是在涉及 CO_2 能否被视为合法的物质通过管道或轮船等媒介运输之时。目前，对于 CO_2 的性质，主要有以下四种观点[①]：一是有毒物（hazardous）的观点。该观点认为，尽管 CO_2 不能天然地被视为有害物质，因为几乎所有生物都会产生 CO_2。但是 CO_2 在储存时的压力、浓度以及体积的变化容易使其成为有害物质。因此，在判断 CO_2 是否为有害物质时，应结合纯度、压力、浓度以及体积等多重因素来判断。二是废弃物（waste）的观点。该观点认为，CO_2 是一种在日常生活、生产建设以及其他社会活动中产生的，将在一定时间和范围内基本或者完全失去使用价值，且无法进行回收和利用的排放物。基于此观点，CCS 活动中的 CO_2 被注入地质构造也被视为是对废弃物的处置。三是污染物（pollutant）的观点。该观点主张，CO_2 排放到大气当中会不可避免地对地球气候产生影响，因此应将其视为污染物。四是商品（commodity）的观点。在美国，就存在将 CO_2 定位为商品的主张，提倡用 CO_2 来加速化石燃料的恢复以提升采收效率或其他工业用途。在此定位下，如何对 CCS 活动进行有效规范就变得更加复杂了。

---

① 杜浩渺：《碳捕获与封存（CCS）的规范与政策研究》，重庆大学 2010 年硕士学位论文，第 19—20 页。

目前，这四种观点中，最为核心的争议焦点在于 CO_2 究竟是属于废弃物还是污染物。最初，欧盟在设置有关 CCS 技术的规管架构时，便提出应将捕获的 CO_2 按废弃物来进行处理。但是由于在此种分类下，根据欧盟废弃物规定和废弃物掩埋场的规定，包括废弃物的转运和保管的转让（如摄取装置和运输设施等），均需向 EC 汇报，这可能会导致烦琐的规管架构，最后欧盟决定从废弃物条例中排除 CO_2。[①] 最终，根据欧盟《CCS 指令》，CO_2 并未被界定为欧盟废物法规中的废弃物，而是被规定在大气保护法中，其最终被定位为污染物。然而，《伦敦议定书》附件一却持不同意见，该协定中将 CO_2 规定为废弃物，认为 CO_2 是一种从捕获环节获取，但最终将被遭到废弃的物质。德国将运输和封存 CO_2 归属于废弃物法规的范畴。而在 CO_2 是否为商品的争论之上，学界普遍认为，CCS 法规的主要目的是确保 CCS 技术能够安全地执行以实现保护人类健康和自然的目的，经济效益只是其附带目的。因此，将 CO_2 进行清楚的分类，是有效架构 CCS 法规的第一步。通过将与 CO_2 相关的捕获、运输和封存活动与相关废弃物、污染物的处理相比较，可以更好地制定相关 CCS 法律法规。

目前，CO_2 在我国究竟应当如何定位仍然不甚明确。一方面，从正面用途上来看，CO_2 在碳酸饮料产业的应用方面是作为非常重要的商品和资源，也是生产要素之一。但是在另一方面，CO_2 又具有负面作用，它既存在损害人体健康的可能性，也会给大气环境带来不利影响。就此而言，当前我国将 CO_2 视为废弃物不太合适，因为这将阻碍 CO_2 作用的发挥，且将带来过大的减排压力。我国可以采用比较折中的做法，一般情况下可以将 CO_2 纳入大气污染防治法的范畴，将其作为一种间接的污染物予以规制。较多情况下，可以根据 CO_2 的最终用

[①] Official Journal of the European Union, Article 36: "…shipments of CO_2 for the purposes of geological storage in accordance with Directive 2009/31/EC of the European Parliament and of the Council of 23 April 2009 on the geological storage of carbon dioxide." OJ L 140, 5. 6. 2009.

途及去向将其当作有用的资源,用于生产 CO_2 灭火器与碳酸饮料。

(二) CCS 技术的参与主体问题

谁是 CCS 技术的参与主体,他们分别在 CCS 技术的运作中发挥着怎样的作用,在整个项目的运作中又扮演了怎样的角色,是与 CCS 技术相关的前提问题。通常而言,CCS 项目涉及的参与主体包括但不限于减排企业、政府、社会公众、国际组织。为推进 CCS 技术的应用,需要更为完善的法律框架和风险管理制度来明确企业、政府、投资者各方的职责,确保 CCS 技术的商业化顺利推进。与此同时,还必须让 CCS 项目的运作接受公众的监督和检验,使其不至于侵害到公众的利益。

(三) 所有权问题

CO_2 封存所涉及的财产所有权问题包括以下方面:

第一,CCS 项目的所有权归属。CCS 项目的所有权应归属于进行有关捕获、运输、注入、封存与管理的投资者,以便于厘清责任的归属。

第二,CO_2 注入和封存地质构造的所有权。对于多数国家而言,地下孔隙空间是国家所有,因此,CO_2 注入和封存地质构造中的所有权对于这些国家不是主要问题。但是,也有少数国家,例如美国,孔隙的所有权并不明确,拥有采矿权或地表所有权的所有者一般声称其拥有地下孔隙的空间所有权,因此利用次级地表开展 CO_2 封存活动,需要从 CO_2 渗透范围内的所有产权者获得权利。对于政府拥有孔隙所有权的国家而言,政府有权决定孔隙使用权的分配,也可由政府来担当意外发生时的责任者;而对孔隙所有权不明确的国家而言,则需要在此方面进行特别立法,来明确所有权及责任归属。

第三,场址开发的优先权问题。在 CCS 活动中,封存场址的选择必须考量现有使用者与其他潜在使用者之间的关系。法律必须要清楚规定 CCS 活动跟其他地底物质开采者间的关系。尤其是当封存场址位于生产石油、天然气、地热的板块上时，该问题显得格外重要。一般而言，这些问题的解决都需要在国家之间、使用者之间进行协商，在决定特定的 CCS 方案与其他使用者之间的相对风险时，应当兼顾 CCS 技术在减少国家和国际温室气体排放的重要性。[①] 因此，拥有勘探封存场址者与地质资源开发者之间应在优先权的权益归属问题上进行协商与平衡。

（四）责任问题

CCS 活动相关责任问题主要包括 CCS 运营责任、CO_2 封存后果责任和注入后 CO_2 管理责任。CCS 运营责任是指在 CO_2 捕集、运输和封存期间保障环境、公众健康及安全的责任。CO_2 封存后果责任主要是从减缓气候变化的功能出发，指 CO_2 的泄漏可能带来的封存失效的责任。如果 CO_2 封存达到上千年，CO_2 封存后果责任的长期责任人应为政府；但如果有效封存的时间只有数十年，则 CO_2 封存后果责任的短期责任人一般是运营单位。在责任的具体划分方面，特别是长期责任划分方面，也暂无定论。如当碳封存项目在注入完毕、场地关闭之后，谁应当对 CO_2 封存担负长期监管责任？谁应对 CO_2 封存项目关闭后所发生的损害承担赔偿责任？如果完全由运营单位承担 CO_2 封存项目的相关责任，不利于鼓励私人投资者进入碳封存工业领域；如果为了鼓励私人投资者进入碳封存工业领域而免除 CO_2 封存运营单位的相关责任，则不利于督促运营单位采取谨慎的预防措施。[②]

因此，对 CO_2 封存长期管理的责任问题是 CCS 项目的重要问题，例如对 CO_2 封存的监测、验证、报告以及必要的补救等，CCS 项目实施责任的划分问题应由法律来进行明确，在政府、企业及其他参与人

[①] 林志英：《论碳捕获与封存之诱因与管制发展》，台湾海洋大学 2010 年硕士学位论文，第 25—26 页。

[②] 李宗录：《碳封存侵权责任研究》，山东科技大学 2012 年博士学位论文，第 5 页。

之间进行合理的划分。

（五）环境安全及公众健康问题

由于 CCS 活动过程中可能会产生 CO_2 的泄漏，给环境安全及公众健康带来风险，因此能否做好环境影响的评估、加强对公众健康的保护也是 CCS 活动中最为主要的问题。就 CCS 活动对环境的影响而言，任何一个环节的 CO_2 泄漏都可能对周边环境产生影响，例如大量的 CO_2 泄漏到土壤中，容易形成碳酸，进而导致石灰石的分解；大量的 CO_2 泄漏到海洋中，也可能带来海水酸化，进而对海洋生态环境造成影响；大量的 CO_2 泄漏到空气中，则原本要实现的稳定气候的目标将功亏一篑。而就 CCS 活动对人类健康的影响而言，一旦由于 CCS 的风险超出掌控而导致环境事故，则将对 CCS 项目附近居民的健康造成极为恶劣影响。因此，必须严格制定 CO_2 捕集、运输以及封存环节的相关标准，严格落实监管制度，减少风险的发生。

（六）融资问题

随着 CCS 技术不断往商业化方向发展，它的运营所需要的资金也将不断增加，这对于高成本、低收益的 CCS 项目来说筹资将更加困难。在当前，CCS 项目的公共融资计划往往需要公共部门的财政支持和私营部门通过成本分摊来筹措资金（可能的融资渠道如表 2 所示）。一旦经营者在项目的开发和运营层面缺乏应有的融资渠道，将极大地影响 CCS 技术的推广和发展。

表 2　潜在的 CCS 资金来源

资金的来源	所涉及的资金性质
公共部门	资金资助 税收抵免 贷款担保 优惠股权 优惠债务

续表

资金的来源	所涉及的资金性质
私营部门	赞助股权 机构股权（基础设施基金、退休基金、养老基金等） 赞助债务（资产负债表融资） 商业债务
多边机构与出口信贷机构	优惠债务 信用担保

（七）CO_2的跨境移动问题

除了陆地封存CO_2之外，CO_2离岸封存也是实施CCS技术的重要途径。这是因为在国内或有限空间内适合CO_2地质封存的地域极为有限，并且对于这些地方的勘探、评估以及工程建设都需要耗费巨额资金，在此背景下，利用其他国家已有的封存场址为本国所用具有巨大吸引力。尤其是在各国环境法规范差异较大的背景下，排放者可以将在其他国家封存CO_2作为一种对环境违法责任的规避手段。在此背景下，由于环境法规相对不健全，发展中国家就有可能成为发达国家排放者降低成本和转移风险的目的地。因此，为保护发展中国家的环境安全，避免污染转移和风险转嫁，必须关注CO_2的捕集、运输以及封存中的跨境移动问题，例如，在一个国家内进行捕集，但通过跨国管线运输的问题；运输过程必须经过第三国才能到达目的地的问题；发生地下碳泄漏或碳移转，导致CO_2移动到其他国家境内的问题；封存活动引发的后续效应对其他国家带来影响的问题；等等。有鉴于此，各国主管机关必须制定一定的法律法规来协调处理CO_2的跨境封存问题，以明确勘探开发的授权、封存许可、监督检查、关闭标准、CO_2封存场所以及相关责任问题。

二、与CCS技术相关的程序性问题

CCS技术包括CO_2从捕集到运输再到封存这一生命周期操作的全

过程，各国在进行 CCS 技术的相关操作当中，需要对涉及的程序性问题进行规制和解答。

（一）与 CO_2 捕获相关的法律问题

随着国际科学技术的发展，目前已有多种捕获方法可运用于 CCS 活动，但所有方法都需要在指定的捕获地点设置新的设施和施以附加的技术处理以进行 CO_2 的捕获。因此，装置及运转捕获的设备，需要取得许可，这就需要法律对管理和运营这些设备进行法律规定。其中涉及的法律问题主要包括：（1）关于碳捕获及分离设备的兴建以及对于现有电厂加装碳分离设备的法律授权及许可等；（2）新设备的建造、安装和运用是否对环境安全与公共利益带来影响；（3）监管职业健康和工业厂房安全的相关法律，包括对 CO_2 捕集过程中使用化学品标准的规范等。

（二）与 CO_2 运输相关的法律问题

当 CO_2 被捕获后，其可以通过管线、船舶、道路、油轮以及铁路等多种方式运输。在运输阶段，所涉及的重点法律问题应包括以下几个方面：（1）管线利用及路径通道的授权许可；（2）排放清单的明细规定；（3）避免 CO_2 运输过程中发生泄漏的预防措施；（4）运输过程中 CO_2 外漏所造成的损害的责任分配；（5）第三方对运输网络的使用权。

（三）与 CO_2 封存相关的法律问题

封存是 CCS 活动的最终环节，当 CO_2 运输到特定的封存地点后，需要确保 CO_2 能够得到安全、合理地封存。通常而言，在封存环节所涉及的法律问题主要包括：（1）选址规范及其环境影响评价；（2）勘探许可与封存许可的发放；（3）封存后泄漏风险的承担以及长期责任的分担。

(四) 公众参与决策问题

一般而言，我们在讨论 CCS 技术时，都习惯于将重点放在技术性问题、资格证明以及监管规范的制定上。但事实上，公众参与在整个 CCS 活动的周期中具有非常关键的作用，尤其是对于那些居住在封存场址附近的居民而言，CCS 活动关系到他们的健康、安全以及环境利益的保障。因此，公众能否有效参与 CCS 项目决定了 CCS 项目是否可被接受以及是否能够成功运行。例如，德国曾经尝试建造一个小规模（30MW）的富氧燃烧热电厂 CCS 一体化项目，但最终却因为当地公众对该项目的强烈抵制而没能成行。[1] 而澳大利亚联邦科工组织就 CCUS 进行的公众态度研究表明，在进行了相关的知识培训之后，总体上公众对 CCUS 的态度有一个从消极反对到正面支持的转变过程。[2] 就此而言，我们应该将 CCS 活动的这一程序问题纳入讨论的范畴，包括：（1）公众参与的领域、环节、方式及程序；（2）公众参与项目决策的基本原则；（3）公众参与 CCS 活动的效力评估等问题。

由此可见，有关 CCS 技术所涉及的法律问题较多，既包括私法层面的产权、责任问题，也包括公法层面的管理、资金支持等问题；既包括国际法层面的问题，也包括国内法层面的问题；既包括贯穿于 CCS 活动全过程的问题，也包括具体某一阶段、某一环节的问题，这些问题都需要结合各国的经济发展背景和法律体系的现状进行具体分析。

---

[1] 秦天宝、张萌：《碳捕获与封存活动对现行国际环境法的挑战及其回应》，《武汉大学学报（哲学社会科学版）》2012 年第 6 期。

[2] EPHC (Australia), *Environmental Guideline for Carbon Dioxide Capture and Geological Storage*, Adelaide, 2009.

第二章 理论支撑：CCS 技术法律规制的原理诠释

由前述可知，由于 CCS 技术在碳减排当中可以发挥举足轻重的作用，因此 IEA 等国际组织均将其作为一项至关重要的能有效降低与化石能源相关的 CO_2 排放的低成本技术组合，以实现稳定全球气候的目标。当前，为了达到减排目标，CCS 技术已经逐步从研发和早期示范阶段向世界范围内的大规模商业化部署过渡，对此，IEA 2009 年推出的 CCS 路线图显示：2020 年全球将建成 100 个 CCS 项目，2050 年数量将达 3000 余个。CCS 技术实施规模的不断扩大以及运用于碳减排领域的迫切性都要求该项技术必须有效地为温室气体减排做出应有的贡献。然而，不可忽视的是，CCS 技术存在的固有风险也为它的应用提出了重要挑战，必须制定适当的法律法规来保障 CCS 技术的商业确定性，实现 CO_2 的运输与封存的有效管理，保障公众的健康和环境的安全，才能真正推动 CCS 技术的成功应用。就此而言，在此讨论 CCS 技术法律建构的理论基础尤为必要。

第一节 法学视角：风险防范与利益平衡

科技与法律被誉为人类文明的双翼，然而科技是一把"双刃剑"，它既能推动人类社会的发展,也可能给人类社会带来灾难。而就法律规范的作用来看,它具有规范和指引人类科技活动的作用,能够通过为当事人设立一定的权利与义务来指引人的行为、分配人与人之间的利益,预防科技活动可能带来的风险,平衡人与人之间的利益冲突。就 CCS 技术的应用而言,它是一项复杂且高风险的活动,涉及诸多的法律部门和法律问题,因此要推动 CCS 技术的应用,就必须发挥法律的作用,对 CCS 活动当中所涉及主体的权利与义务进行规范,对其中存在的利益关系冲突进行协调。从理论层面来分析,之所以要从法律的角度对 CCS 活动进行规范,主要是基于风险防范和利益平衡。

一、CCS 技术产生的风险需要法律规制:风险预防理论

(一) 风险预防原则的内涵

人类进入工业社会以后,在生产效率提高的同时风险也由此产生。"当科学走向实践,科学不仅仅是解决问题的方案,也是产生问题的原因"[1],科技的发展在对社会产生积极作用的同时,也成为社会风险的来源之一。在此背景下,风险预防和控制的概念开始步入人类的视野,并成为现代政府的重要职责之一。

所谓风险预防原则是指出于保护生态环境的需要,当遇有严重的或不可逆转的损害威胁时,应当采取符合成本效益的措施防止环境恶化,而不得以缺乏科学充分确实的证据为由,延迟采取措施。[2] 风险预防原则早在 1987 年的《关于消耗臭氧层物质的蒙特利尔议定书》中就有所体现,该议定书提出,不得以科学上的不确定性作为不行动或延迟行动的理由。随后,《里约环境与发展宣言》正式确立了这一原则,

---

[1] Ulrich Beck, *Risk Society: Towards a New Modernity*, London: Newbury Park, Calif. Sage Publications, 1992, p.126.

[2] 李传轩、肖磊、邓炜等:《气候变化与环境法理论与实践》,法律出版社 2011 年版,第 40 页。

根据该宣言第 15 条的规定：为了保护环境，各国应当根据自身能力尽可能地采取预防性措施。凡有可能造成严重或不可挽回损害的地方，都应当采取预防措施，而不能把缺乏充分肯定性作为推迟采取措施的理由。此后，《框架公约》重申了该项原则，该公约第 3 条的"原则"也要求，当存在造成严重或不可逆转的损害的威胁时，各缔约方应采取预防措施来预测、防止或尽量减少引起气候变化的原因并缓解其不利影响。这些措施应包括所有相关的温室气体源、汇和库的适应措施，并涵盖所有经济部门。由上可知，风险预防原则的关键词在于"预防"二字，它的本质在于要求风险管理者应当采取各种措施和方法来避免和减少风险事件的发生，并尽可能地降低损失。风险预防原则在环境领域发挥着极大的作用，这主要是因为环境问题在时间和空间上皆具有极强的可变性，但其产生与发展往往又具有缓发性和潜在性的特点。因此人类社会由于受到科学技术及发展水平的限制，将很难预见到自身的某些活动可能对环境产生长远的、严重的影响，一旦发生环境问题，则无法进行有效应对。有鉴于此，无论某种具体行为产生的影响如何，人类都应时刻保持警觉和谨慎，通过风险预防的方式来防止人类活动对环境带来毁灭性影响。

（二）法律对 CCS 技术风险的预防与控制作用

随着现代社会逐渐进入风险社会，人们对从环境问题中衍生的风险问题也越来越关注，CCS 技术就是基于风险预防理论而出现的一种新兴技术。根据风险预防原则，未来全球变暖后果的不确定性是我们采取 CCS 技术的根本出发点。尽管 CCS 技术并未被证明是具有完全科学确定性的措施，但各缔约方并不能以此为由而推迟对这项技术的运用。面对日益严重的全球变暖问题，我们应当积极采取应对措施，通过 CCS 技术的运用来保护我们的生态环境。与此同时，我们也必须深刻认识到 CCS 技术本身所蕴含的风险。作为一项新兴的科学技术，

CCS技术既可能为环境保护和社会发展增加动力，创造福利，也有可能给人类生活带来巨大的灾难。如上所述，CCS技术在实践中的风险主要体现在以下三个方面：一是CCS技术控制不当，容易发生CO_2突发性高浓度泄漏，进而给公众健康带来风险；二是CCS项目的实施可能给封存地地表以及附近的生态系统、海水以及地下水带来潜在影响，尤其是大规模的泄漏事故还有可能带来全球性的环境损害；三是CCS的实施可能带来经济风险。CCS项目的开展需要一定的融资成本，这就可能带来融资过程中的各种风险，包括投资回报的可能性、CO_2泄漏引起的合同义务以及长期经营、维护项目地点所带来的信用风险。此外，CCS项目的开展还可能引发一定的财产风险，一旦项目地点周围的财产贬值或者项目出现泄漏或其他事故时，运营方还需要采取补救措施以弥补中断运营带来的经济损失。

通常而言，面对各种不确定因素所引发的风险，我们必须防患于未然，提早采取措施以避免风险的发生。总体上，面对风险，我们可以采用四种不同的应对方法：一是风险回避的方法，即有意识地放弃风险行为以避免损失，但由于这种做法比较保守和消极，投资者在避免风险行为的同时也不能获得潜在收益，因此不可取；二是损失控制的方法，是指通过制定计划或提前做好准备措施的方法来降低损失发生的可能性或减少损失，包括事前预防、事中控制和事后补救三个方面；三是风险转移的方法，即通过契约的方式将风险转移给受让人来承担，包括合同转让和保险两种方式；四是风险承担的方法，即风险发生后，经济主体使用资金等方式来承担所发生的风险。就风险控制与法律的关系而言，法律能为风险的防控建立常态化的制度安排。从风险预防的角度出发，尽管CCS技术对于减少空气中CO_2浓度的意义重大，但不可否认的是，CCS技术的大规模运用依然存在难以攻克的技术风险。因此，面对科学技术的普遍化、商业化和社会化所带来的风险，法律必须发挥其对科学技术的作用，以实施对CCS技术的风险防范和监管。

面对 CCS 技术所引发的种种风险，必须以法律的方式尽可能地予以调整和规避。在 CCS 技术的发展中，法律所能发挥的作用主要体现为以下几个方面：（1）为 CCS 活动的管理提供科学、合理的规则和程序；（2）通过正反激励机制来鼓励科学技术发挥正面效应，降低 CCS 项目中的负面效应；（3）调节 CCS 活动过程中所产生的各种利益冲突；（4）为政府合理地监管 CCS 活动建立有效的规则指引。由此可见，科学技术与生态环境的关系密不可分，科学技术的滥用有可能给生态环境带来巨大甚至是毁灭性的破坏，要使生态环境得以有效保护，科学技术的作用又不可小觑。只有通过法律手段对 CCS 技术进行科学、合理的规范，使得科技与法律这两个社会当中的"齿轮"紧密、和谐地运行，才能发挥 CCS 对社会发展的作用。当前，通过法律来调整和规范 CCS 技术所引发的困难与风险，已成为修订国际公约以及各国国内法的共识。这些法律规范都旨在为 CCS 技术的应用确立科学的指导原则，使 CCS 技术在法律监管下健康发展。也正是这些规范化意识的传播，为 CCS 技术的国际合作提供了巨大的空间。

二、CCS 技术应用中的利益冲突需要法律制衡：利益平衡理论

（一）利益平衡理论的内涵

利益平衡是一项非常重要的法学理论，它是指在调整社会关系的过程中，法律能够发挥积极能动的作用，对各种利益关系进行确认、维护、协调与平衡，以解决复杂的利益冲突和利益矛盾。利益平衡的基本作用在于使各种利益主体的需求在现实社会生活中得以实现并获得保障，它以利益协调为手段，并以利益平衡为宗旨。通常而言，由于立法作为一种利益平衡的有效机制，能够起到对利益进行协调、整合、选择与平衡的作用。因此，法律在克服利益冲突的过程中发挥着极其重要的作用。对此，美国著名法学家庞德认为，"法律具有调节、

调和与调解各种错综复杂利益关系的功能，……以便使大部分或我们文化中最重要的利益得到满足，而使其他的利益最少地牺牲"[①]。

在整个环境法领域，利益平衡理论无处不在，如国家间的环境利益平衡、经济发展与环境利益之间的利益权衡、当代人与后代人的利益平衡，等等。当现实中双方或多方利益主体之间的利益分配不公时，就需要对利益进行重新分配，通过利益平衡的方法来矫正失衡，从而建立起新的利益平衡体系。尤其是针对气候变化这一国际问题，国际社会中的权力凭借自身的力量均无法完成制度的建构，而只有通过法律的建立实现CCS技术的合法性，才能达到共同治理气候变化的目标。

（二）CCS技术涉及的利益冲突及其对法制的需求

整体来看，CCS技术所涉及的利益冲突主要集中为以下几个方面：

第一，经济利益与环境利益之间的冲突。当前，人类在生产社会化的过程中总是过分夸大和片面追求经济价值而忽略其他价值，为了经济利益牺牲环境利益，从而导致了人类与自然在某种程度上处于"对峙"的状态。就此而言，环境问题的出现在本质上是因为没有正确处理环境利益与经济利益之间的关系，偏重经济利益而忽视环境利益。从目的上来考量，之所以对CCS技术实行明确的制度约束，其根本目的就在于维系经济利益与环境利益之间的平衡。

第二，代际间的经济利益冲突。代际利益公平发生在当代人与后代人之间，其意在将当代人与未来各世代作为一个整体加以保护，以实现当代人与后代人之间的权利平等。之所以要强调代际间的利益保障，这主要因为人类社会是一个世代延续的整体，无论是"我们"、"我们的先辈"还是"我们的后代"，都是整个地球资源的使用者和维

---

① 庞德：《通过法律的社会控制》，沈宗灵、董世忠译，商务印书馆1984年版，第41页。

护者，因此每一代人在开发、利用自然资源方面均享有平等的权利。由于在 CO_2 等温室气体的排放方面，当代人的过度排放行为将影响到下一代人的利益，因此为了确保后代人的利益不受到减损，必须借助法律机制来规范 CCS 技术的使用，以此规制现代人的恣意行为。

第三，个人利益与公共利益之间的利益冲突。环境领域交织着个人利益与公共利益，它的整体性、相关性、生态性决定了其公共性特点。就环境与个人的关系来看，环境与每个人的生存息息相关，每一个体均对应一项利益，这促使他们必须以更高的积极性来参与环境利益的保护。就 CCS 技术的使用而言，其所凸显的是对公共利益的保障，它维护的是一个国家乃至全球的气候环境安全，然而它的推行必然会使一些企业、个人做出一定的权利让渡，以满足公益事业的基本要求。就此而言，CCS 技术的运用将不可避免地涉及公共利益与个人利益之间的冲突，为了调和这种冲突，必须通过法律确立公众参与原则，把公共利益的代表者与个人利益的受益者紧密联系起来，使他们共同为保护环境利益努力。

由此可见，利益平衡是环境法律制度的基础，从本质上来看，环境法律制度实质上就是一种利益平衡制度，环境法的使命就在于扭转利益失衡的状态，使得人类实现各种利益间的平衡。[①] 在推动 CCS 技术发展的过程中，企业、政府、个人乃至国际组织等皆为利益主体，这些主体由于分工不同，不可避免地会出现利益冲突。首先，就企业而言，其通常从成本与收益的角度出发，围绕 CCS 技术路径展开分析，承担企业在 CCS 项目中的具体责任，以及尽可能地将 CO_2 变废为宝，实现利益的最大化。其次，就政府而言，其通常会站在政治目标与公共利益的角度，针对 CCS 技术的创新，做好支持、鼓励和激励

---

① 崔玉成、陈赛：《环境法律制度利益平衡观》，http://www.docin.com/p-1682919495.html，2014-03-25。

工作。在 CCS 工作中，政府所能发挥的作用主要体现为以下三个方面：一是创造市场空间，推动 CCS 的产业化；二是为 CCS 搭建激励机制；三是确定扶持的重点，做好 CCS 的基础研究与开发工作。[①] 再次，就公众而言，在 CCS 技术的应用过程中，其所关心的是自身的健康和安全是否会因此受到影响。因此，公众对于 CCS 技术的支持程度以及对风险的担忧程度也在很大程度上影响着 CCS 技术的推广和创新程度。根据日本学者的调查，通过对公众对风险的认知、对利益的认知、对技术的信任和环境意识等四个因素的考察能够了解公众认知度对 CCS 技术推进的影响。[②] 其中，利益认知是最为重要的一个决定因素，它反映了公众对一项新技术的接受底线是收益与成本的差额比较大小。最后，就国际社会而言，其维护的是全球气候环境的稳定与安全。对此，IPCC 的特别报告在诠释了 CCS 技术的基本问题的同时，也分析了各国政府应当承担的责任。事实上，CCS 技术的开展涉及的利益与风险是全球性的，各国都有责任来共同建立一个国际性的风险控制管理框架，通过国际性的政策和法规推动 CCS 的建设运营走向正规化和程序化。

因此，我们必须依赖法律的作用，通过法律来解决利益冲突。当前，各国在 CCS 领域建立法律法规的最大任务就是通过制定用以调整复杂利益关系的理性规则，对最符合人性和社会进步要求的环境利益关系进行恰当的制度安排，最终实现各利益主体之间的协调。它的制定既要兼顾当代人的经济利益和后代人的经济利益，也要考虑不同地区、国家的经济利益与全球利益的协调统一，最终实现当前利益与长远利益、公共利益与私人利益、局部利益和整体利益的合理统筹。

---

① 朱敏：《政府在节能减排中的作用：构建三大支持系统》，《中国经济时报》2007 年 8 月 6 日。

② 刘志琴：《我国 CCS 发展的融资模式研究》，湖南大学 2012 年硕士学位论文，第 4 页。

第二节　国际法视野：气候变化与国际合作

工业的发展加剧了温室气体的排放，这种累积效应使得全球气候变暖成为人类环境的最大威胁之一。全球气候变暖所带来的洪涝灾害和干旱、冰雪灾害与持续高温等极端天气事件的交替进行，使公众的生存面临威胁和挑战，减排温室气体刻不容缓。

一、气候变化以及能源变革的现实需求

在温室效应的集中作用下，地表平均温度连年上升，进而给全球气候带来了极为深刻的影响，这些影响集中反映为：一是冰川逐渐消退，海平面持续上升。数据显示，近100年来地球海平面上升了14—15cm，如果海平面继续上升，将引发低地被淹、海岸侵蚀、排洪不畅、土地盐渍化和海水倒灌等问题，给一些沿海城市的发展带来威胁。二是气候带北移，生态变化明显。据估测，若气温升高1℃，北半球的气候带将平均北移100km；而倘若气温升高3.5℃，北半球的气候带将向北移动5个纬度左右。气候带的变化将给物种的生存带来极大的威胁，如果物种迁移的速度赶不上环境变化的速度，大量的物种将面临灭绝的风险。三是气候异常多变，区域性自然灾害频发。全球气候变暖将加大海洋和地表水的蒸发速度，进而改变降水量和降水频率在时间和空间上的分布，进而带来一些地区干旱而另外一些地区洪涝的现象，也提升了高温、热浪、热带风暴、龙卷风等极端天气事件的出现概率。IPCC的研究认为，2℃的上升幅度是可以容忍的气候变暖的上限：当全球平均温度上升幅度在1—2℃之间时，遭遇水资源短缺和洪灾的风险将会增加；而当气温上升超过2℃时，将是灾害性气候变化的开始，产生的影响将更加巨大。因为当大气中的CO_2浓度超过$500ml/m^3$时，海洋和热带雨林将净排放温室气体而不会像现在这样吸

收 CO_2，进而导致全球温度进一步提升，全球 90% 的物种灭绝。由此可见，温室效应所带来的全球气候变暖问题不仅将危害人类的健康，甚至使人类和其他动植物的生存面临威胁，因此通过有效措施来减缓气候变化已成为世界各国普遍面临的重大挑战和难题。

全球气候之所以会发生如此大的变化，跟人类过去近两百年时间里一直依赖石油、煤炭等化石能源来满足生活和生产所需密切相关。[①]这些化石能源在促进生产的同时，由之释放的 CO_2 等温室气体成为温室效应不断增强的罪魁祸首。据统计，1965 年至 2009 年，全球 CO_2 的排放总量呈持续增长态势，从 1965 年的 119.3 亿吨增长到 2009 年的 311.3 亿吨，增幅达 160.94%。[②]而根据全球分行业温室气体排放源的统计，CO_2 的排放主要集中在电力、工业和交通运输等能源密集型行业（如图 3 所示）。因此，为逐步减少工业发展中所需的化石能源，降低 CO_2 的排放，许多工业化国家正在逐步改变能源消费结构，实现由化石能源向清洁能源的消费转变，以降低对化石能源的依赖，尽可能地降低 CO_2 对气候变化带来的影响。

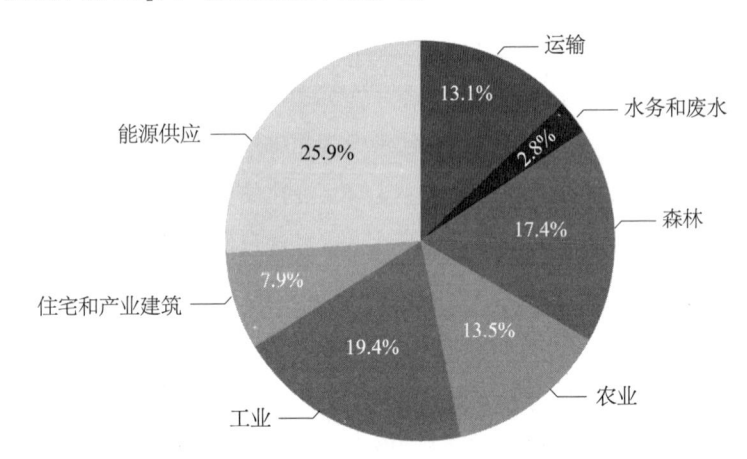

图 3　全球分行业温室气体排放源

[①] 丁民丞、吴缨：《碳捕集和储存技术（CCS）的现状与未来》，《埃森哲卓越绩效研究院报告》2009 年第 5 期。

[②] 骆仲泱等：《二氧化碳捕集、封存和利用技术》，中国电力出版社 2012 年 5 月版，第 4 页。

二、碳减排的国际义务与合作要求加快 CCS 立法

由上可知，由 CO_2 等温室气体排放所带来的气候变化形势极为严峻，这也给各国的能源发展变革提出了更为迫切的要求。有鉴于此，国际社会开始以《框架公约》为基础针对全球气候变化问题开展广泛合作，并在《京都议定书》中为主要发达国家设定了减少温室气体排放的目标。按照《京都议定书》的要求，以 1990 年为基准年，第一期减排承诺期限为 2008—2012 年，要求主要发达国家的 CO_2 等六种温室气体的排放应平均减少 5.2%。对于发展中国家的缔约方而言，则有义务提出增强吸收源、提高能源利用效率的详细方案。

在此背景下，清洁能源技术、低碳排放技术、可再生能源和新能源等 CO_2 减排方式逐渐进入国际社会视野。然而，对于以传统化石燃料为主的国家而言，减少碳源的方式势必损害社会整体福利，而增加碳汇的做法亦面临着短期难以实现的局限性，因此 CCS 技术被认为是在继续大规模使用化石燃料前提下减少温室气体排放唯一可行的技术手段。[1] 正因为此，CCS 技术日渐受到各国的关注和青睐，并在实践中逐渐得以试点应用。据估测，燃煤燃气发电产生的 CO_2 经过 CCS 技术处理可以达到 90% 以上的减排率。[2] 然而，CCS 技术本身还具有极大的不确定性，它具有较高的风险且需耗费较高的发展资金，且缺乏有效的制度保障。因此，要推广利用 CCS 技术，就亟需政府加大支持力度和国际合作，加强 CCS 技术环境风险评价和监督管理，尤其是应当加快立法进程来为它的发展提供相应的制度保障。

---

[1] IEA, "Technology Roadmap: Carbon Capture and Storage, 2009", https://www.iea.org/publications/freepublications/publication/CCSRoadmap2009.pdf.

[2] 丁民丞、吴缨：《碳捕集和储存技术（CCS）的现状与未来》，《埃森哲卓越绩效研究院报告》2009 年第 5 期。

遗憾的是，截至目前，仍没有一个有效的法律和法规框架来调整 CCS 技术，各国 CCS 项目缺乏统一的规范和准则，对于 CCS 项目当中的财产权利和责任划分不够明确。在 CO_2 的运输和长期储存方面也缺乏普适性的监督和风险控制规范，这样的制度环境使得人们对 CCS 项目的长期发展产生了疑虑，也无法对国际上 CCS 技术的运用所产生的争议和问题予以解答。为此，要有效减缓气候变化和保障能源安全，确保碳减排国际义务的有效履行和促进国际合作，必须尽快加强针对 CCS 技术的法律和制度建设，结合 CCS 技术的创新和进步来制定合乎时宜的国际法律规则和国内法律规范，借以增强人们运用 CCS 技术这一武器来有效应对气候变化问题的信心和责任感。

第三节　环境法视角：低碳经济与可持续发展

就环境问题而言，所要解决的核心问题是公共利益与个人利益、环境利益与经济利益、即期利益与长期利益的冲突以及这些利益冲突赖以生存的结构性基础，在社会行动者的行动和选择过程中所呈现出的紧张、冲突与融合的关系。而这需要有新的治理理念的支撑，且必须以时效的、合理的、富有弹性的治理机制作为支撑。CCS 技术作为人类解决全球气候变暖这样一个宏大命题的技术手段，它的推行是环境法领域中的可持续发展理念、低碳经济理念以及清洁生产理念相互支撑的结果，而这些理念的实现和制度的建立又有赖于法律制度给予有效保障。

一、可持续发展理念视域下平衡经济发展与能源消耗关系的必然要求

（一）"可持续发展"的理论内涵

可持续发展是国际环境法的一项核心理念和发展原则，也是许多

国家国内环境法的基本原则。它是指人类应当以可持续的方式利用自然资源,以维持资源使用的代内公平以及代际公平。1987年,世界环境与发展委员会出版了《我们共同的未来》,"可持续发展"的概念第一次在正式文件中出现,随即在国际社会引起了重大反响。该份报告正式定义了可持续发展的概念,认为可持续发展涵盖了公平性、持续性与共同性三大原则,其核心观点体现为:(1)环境危机、能源危机和发展危机是不能分割的统一体;(2)地球能源和资源的承载力极为有限,远不能满足人类发展的需要;(3)在确保当代经济发展的同时,不能危害后代人利益,以实现人类社会与自然的和谐发展。① 而可持续发展理念真正从理论走向行动则是1992年在里约热内卢召开的联合国环境与发展大会,此次大会签署了两个极具影响力的纲领性文件《里约环境与发展宣言》和《21世纪议程》,将可持续发展理念正式推向实践。1994年生效的《框架公约》则第一次将可持续发展的理念引入气候变化的环境立法。该公约第3条第4款规定:各缔约方有权且应当促进可持续发展。保护气候系统免遭人为变化的政策和措施应当适合每个缔约方的具体情况,并应当结合国家发展计划,同时考虑经济发展对采取措施应对气候变化的重要性。该条规定不仅是对可持续发展原则的继承和发扬,明确肯定了各缔约方有权并且应当促进可持续的发展,而且进一步指出了应当为人类当代和后代的利益保护气候系统的重要作用,在经济发展中必须采取措施应对气候变化。

《世界自然资源保护大纲》②强调:"地球并非我们从父辈那里继承而来,而是从自己的后代那里借来的。"要为子孙后代保留一个赖以生存和发展的地球家园,就必须转变现有的发展和消费模式,建设低投

---

① 世界环境与发展委员会:《我们共同的未来》,王之佳等译,吉林大学出版社1997年版,第1页。
② 《世界自然资源保护大纲》是国际自然和自然资源保护联合会受联合国环境规划署的委托起草,并经有关国际组织审定,于1980年3月5日公布的一项保护世界生物资源的纲领性文件。

入、高产出、低消耗、少排放、可循环、能持续的国民经济体系,将人类社会推向生产发展、生活富裕、生态良好的发展道路。总体而言,可持续发展所推崇的是一种循序渐进的发展模式,它要求在人类社会的发展进程中同时保持经济、社会和环境系统的活力。它包括以下三个基本的要素:(1)公平性要素,包括代内公平、代际公平。代内公平强调同代人之间,不论存在何种差异,都平等享有利用环境资源和享受良好环境的权利。因此应满足全体人民的基本需求,赋予人们实现美好生活愿景的机会,这种同代人之间的公平不仅应当包括国与国之间的公平,也包括了国内成员之间的公平。代际公平则强调人类赖以生存的自然资源极为有限,当代人不能图自己发展与需求之利而损害后代人赖以生存的自然资源与环境,要将这种公平利用自然资源的权利在代际间分享。(2)可持续利用的要素。其核心要求是不能超越资源与环境的可承载限度。资源与环境是人类生存与发展的基础,离开了它们的支撑,人类生存与发展就无从谈起,因此,保持资源的永续利用和生态系统的可持续发展是人类生存发展的首要条件。就此而言,我们应当以可持续的方式合理利用自然资源,不能竭泽而渔,单向从大自然中索取而不顾及保护,这种做法只会损害大自然的永续和再生能力。[①](3)共同性的要素。可持续发展的理念强调保护环境与经济发展的有机结合,人类与自然之间的和谐发展,因此,我们必须在全球范围内采取联合行动,以实现可持续发展的总目标。

(二)可持续发展理论对 CCS 法律规则的发展要求

根据可持续发展的要求,在全球气候变暖的趋势下,我们要继续推动经济的发展,就必须解决发展工业与控制化石燃料燃烧过程中产生大量温室气体之间的矛盾。而 CCS 技术的采用,可以大规模地减少 CO_2 的排放,它在人类暂时不能改变利用化石能源这一"路径依

---

① 王曦:《国际环境法与比较环境法评论》(第 2 卷),法律出版社 2004 年版,第 99 页。

赖"的背景下,增加地球生态系统对CO_2的承载能力,从而能够减少各国发展工业给大气环境造成的破坏,进而能够满足可持续发展理念的根本要求。但是,CCS 技术作为碳减排的一项备受推崇的技术,它的运用要实现可持续发展的目标,还需要有相关的法律法规做保障。从公平的角度来看,在代内公平方面,无论是发达国家还是发展中国家,在工业发展的过程中都存在能源的制约问题,因此,二者必须加紧对 CCS 技术的研究和推广,共同致力于碳减排工作;而就一国国内来看,无论是能源消耗量大的企业还是能源消耗量小的企业,都应当采取 CCS 技术减少 CO_2 的排放,并且对具体义务进行合理分担。而就代际公平方面来看,如果我们只顾当代人的发展利益而罔顾后代人的发展需求,将导致 CO_2 等温室气体的日趋增多而引起全球的气候变化,最终使人类的生存面临威胁。就此而言,也应当通过 CCS 方面的法律建设来协调当前经济发展与未来环境保护之间的关系。从可持续利用的角度来看,CCS 技术的应用正是考虑到资源与环境的承载力的有限性而选择的一项技术手段,它的推广与应用需要法律的保障。最后,从共同性的角度来看,CCS 技术的推广与应用并非某一个国家的责任,而是全球范围内的人们在保护大气环境中必须履行的一项义务,因此,它有赖于通过国际法律的规范来加强合作,并通过国内法律规范的建立来予以约束,二者相互配合,方能实现可持续发展的目标。

二、低碳经济理念下减少温室气体排放的必然选择

（一）低碳经济的理论内涵

低碳经济（Low Carbon Economy）是以低能耗、低污染、低排放为基础的经济模式。它是一种从环境、资源、经济以及人民生产生活角度出发提出的综合性战略,其实质在于通过高效利用能源、开发清洁能源、追求绿色 GDP 的增长来推动技术创新、产业升级、制度发展

以及人类生活发展理念的根本转变。①21 世纪初，美国环境政策学者斯特·R. 布朗在其所著的《生态经济革命》一书中最早描绘了低碳经济的雏形。随后，英国政府于 2003 年发布的《我们能源的未来：创建低碳经济》一书中再次提出了低碳经济的战略理念，并将其界定为通过较少消耗和污染而获得较多经济产出的一种经济战略。根据英国学者鲁宾斯德的观点，作为一种正在兴起的经济模式，低碳经济的核心在于以市场机制为基础，通过制度的建立和创新，推动提高能效、节约能源、可再生能源和温室气体减排等技术的开发运用，推动社会经济的发展向着高能效、低能耗和低碳排放的模式转型。低碳经济的基本特点主要有以下四个：（1）经济性。低碳经济的经济性体现在它的实现应遵循市场经济的基本原则和机制，它的发展应该给人民生活条件和福利水平带来明显的提升。（2）技术性。低碳经济本身并不能自我实现，它必须借助技术进步来提升能源效率，从而有效降低 CO_2 等温室气体的排放。（3）目的性。发展低碳经济所要实现的目标在于将大气中的温室气体浓度控制在相对稳定的水平，最终使得气候变化对人类生存发展以及人与自然和谐发展不构成威胁。（4）相对性。低碳是一个动态的过程，而不应是一个绝对的指标，应避免陷入绝对量的误区。② 就发展阶段来看，低碳战略可以大致分为三种策略：第一阶段是节能减排，主要通过提高能源使用效率、降低排放量以及使用新兴碳交易手段的方式来促进碳减排；第二阶段是使用新能源，这种方式侧重从源头着手，通过使用更为清洁、环保的新型能源来替代化石能源，从而有效降低碳排放量；第三阶段则是 CCS 技术的使用，这种方式侧重末端治理，力图将化石燃料燃烧后排放的 CO_2 捕获后储存到相关设施中予以固化，从而使零碳排放成为可能。

---

① 刘志琴：《我国 CCS 发展的融资模式研究》，湖南大学 2012 年硕士学位论文，第 8 页。
② 周宏春：《低碳经济是我国可持续发展的内在要求》，载纪文主编：《中瑞气候变化法律论坛》，中国环境科学出版社 2010 年版，第 136 页。

（二）低碳经济理论对 CCS 法律规则的发展要求

由上可知，CCS 是低碳经济发展战略中不可或缺的一个组成部分，CCS 作为控制 CO_2 排放量的主要措施，在低碳经济的发展中扮演了极为重要的角色。其主要原因在于：在实现低碳经济的三种策略中，尽管提高能源效率、使用可再生能源的方式可在一定程度上控制含碳能源以及相关碳衍生产品的使用，但囿于全球范围内的大部分国家到目前为止仍然受到能源紧缺的影响，可再生能源的创新和研发未能满足大规模生产所需能源的需求，因此这些手段对于实现低碳经济而言仍然是杯水车薪。因此，要极大地减少现有能源结构下的 CO_2 的排放，就必须使用 CCS 技术，发挥其在低碳经济中的重要作用。就此而言，CCS 技术是新能源技术与清洁能源技术的有益补充，如果说前者是从源头上减少 CO_2 的有效方式，那么后者则是从结果上进行碳减排的有力手段，这两种方式相互补充，从而能够更好地实现发展低碳经济的指标。此外，CCS 不仅是减排技术的一种创新，它还为企业带来生产方式的变革。CCS 技术的应用要求碳排放量较大的企业对现有技术设备进行更新换代，通过更新设备、淘汰落后产能，最终使低排放量的设备取代高排放量的设备，由此所带来的不仅仅是经济增长方式的转变，也是企业生产方式的变革。就此而言，CCS 技术的应用也有助于企业实现生产方式的创新。总体而言，CO_2 是温室效应的罪魁祸首，它的大量产生不仅严重影响人类身体健康，而且将带来气候反常、海平面上升等多重环境影响。因此，要实现低碳经济理念，就必须将多余的 CO_2 进行截留和控制，以防其被排放到大气中。而以 CCS 技术进行的碳减排不仅有利于缓解碳排放对环境带来的巨大压力，且能够通过将 CO_2 用于提高采油率和采气率，将 CO_2 变废为宝，实现资源的再利用，这正是低碳经济所要实现的根本目标。就此而言，CCS 对于低碳经济的实现具有重要的作用。

从低碳经济的发展道路来看，各国皆在由"高碳经济"向"低碳经济"的转型轨道上,发挥法制在低碳经济发展中的基础作用,通过立法先行,以制度创新与法制支持的方式保证项目的实施,进而确保低碳经济的发展。CCS 技术符合低碳经济的发展目的,作为一种新兴工业技术,CCS 技术为减少 CO_2 的排放、实现低碳经济开创了一种技术的革新,但这还需要相关法律政策作为保障。这是因为,低碳经济发展所导致的经济结构、产业结构调整以及消费模式乃至生活模式的变革,都需要法律的规范与调整。① 一方面,人类向低碳经济转型的成本较为高昂。到目前为止,化石燃料依然占据着绝对的价格优势,低碳能源缺乏竞争力;另一方面,低碳能源战略的实现势必将打乱现有的能源体系,对能源治理的稳定性和可靠性造成冲击,若制度设计不合理,则会使整个能源体系面临崩溃。② 可见,要实现低碳经济,必须通过适当的法律机制来进行推动和调整。CCS 技术作为低碳经济的重要组成部分,它同样需要法律为其运用及推广保驾护航。法律能够成为转变发展方式、调整经济结构、创新优化的重要推力和杠杆,能够推动 CCS 技术在碳减排战略的实现以及企业技术改革领域的顺利实施。

三、清洁生产理念下发展清洁能源的必经之道

(一)清洁生产理念的内涵分析

清洁生产(Cleaner Production)是一种创造性思想,它的基本含义是指将整体预防的环境战略持续推广适用于工业生产、产品制造以及服务当中,通过提高生产效率的方式来减少或消除其对人类和环境的风险,使人类需求得以充分满足,并最终使社会经济效益最大化。③

---

① 聂资鲁、李跃勇:《推进低碳经济立法刻不容缓》,《光明日报》2010 年 12 月 21 日。
② 吕江:《气候变化与能源转型:一种法律的语境范式》,法律出版社 2013 年版,第 210 页。
③ K. 哈密尔顿,J. 迪克逊:《里约后五年:环境政策的创新》,张庆丰等译,中国环境出版社 1998 年版,第 23 页。

在人类工业生产中，无论是发达国家还是发展中国家均经历了一条"先污染后治理"的发展道路，环境为此承受了沉重的代价，由此引发了日趋恶劣的气候变化问题。而清洁生产提倡源头治理、过程控制、可持续发展理念，强调在产品和生产当中，污染发生之前就尽可能地对其进行削减甚至消除，以减少污染物对环境带来的威胁。它的出现改变了过去被动、滞后的污染控制手段，进而能够为主动地控制环境污染提供理念支撑。根据清洁生产理念的要求，在工业生产的过程中必须通过低消耗、轻污染和高效益的工艺和设备来替代高能耗、高污染和低效益的工艺和设备，以实现对污染物的削减和控制。在此方面，政府也必须积极发挥环境管理职能，制定相关的法律、法规来促进清洁生产制度化。

自1989年UNEP工业与环境计划活动中心制订《清洁生产计划》以来，清洁生产理念逐步为国际组织和各国政府所接受。1990年10月和1991年6月，美国和丹麦相继颁布了《污染预防法》，率先以法律形式对以预防污染取代末端治理进行了确认，间接地将清洁生产理念融入国内立法。而在1992年联合国环境与发展大会通过的"21世纪议程"中，更是明确将清洁生产列为实现可持续发展的先决条件，号召各国在工业生产中不断开发清洁生产技术，加强对环境有害产品和原材料的更新和替换，实现对资源环境的保护和全程管理。此后，在1998年10月，许多国家和大型跨国公司参加了在韩国汉城举行的第五届国际清洁生产高级研讨会，通过签署《清洁生产国际宣言》，共同致力于清洁生产的发展和建设。自此，清洁生产理念逐步发展成为各国环境发展的基础理念，并以立法的形式对清洁生产理念进行了制度建构。

（二）清洁生产理论对CCS法律规则的发展要求

当前，发展清洁能源技术已经成为全球实现气候治理的战略选择，采用清洁能源的技术不仅能够大规模、长期地减少CO_2的排放，还能确保人类继续利用化石能源以满足巨大的能源需求。对于中、美、印等对化石能源具有较强依赖性的国家而言，能否将清洁生产理论贯彻工业生产的始终，强有力地推行清洁能源技术，成为这些国家实施气候战略与能源战略的关键点。究其原因，一方面，这些国家拥有丰富的煤炭等传统化石能源资源，必须依赖这些资源来充分拓展低成本的能源渠道；另一方面，煤炭在这些国家的能源结构以及电力生产结构中也占有极为重要的位置，在未来很长一段时间内，煤炭依然是它们进行能源利用及电力生产最为重要的资源。世界上的很多发达国家在很早的时候就在煤炭工业生产当中引入了清洁生产的理念。早在1956年，英国就出台了世界上第一部《清洁空气法案》用以防治空气污染，该法规定，凡是在伦敦城内的电厂都必须关闭，必须迁到大伦敦区进行重建，同时，该法还要求对城市居民的传统炉灶进行大规模改造，减少煤炭用量，通过居民生活的天然气化和集体供暖来减少对空气的污染。[①] 美国于1985年开始推出"清洁煤计划"，至1994年已经在21个州建立了45个清洁煤生产示范项目，在碳减排层面取得了较大成效。在我国，能源生产消费具有"富煤、缺油、少气"的特点，加上新型能源短缺，经济发展对煤炭资源产生了极大依赖，环境污染带来的外部影响日趋加深，这决定了在优化我国能源产业的战略上，必须使煤炭产业走上清洁化、可持续发展的道路。[②]

而就 CCS 技术而言，其作为一项将 CO_2 进行捕集、运输与封存的技术，其在本质上是创新清洁能源使用的典型技术，加快 CCS 技术创新体系的建设对于各个国家和地区加快构建清洁能源技术创新体系、积极应对气候变化问题具有极为重要的意义。在我国，根据《中华人民共和国清洁生产促进法》（以下简称《清洁生产促进法》）的规

---

① 吕琳瑗、倪丽君：《中国火电应借鉴英国清洁煤技术》，《潇湘晨报》2013年3月25日。
② 彭峰：《碳捕捉与封存技术（CCS）利用监管法律问题研究》，《政治与法律》2011年第11期。

定,清洁生产是指"不断采取改进设计、使用清洁的能源和原料、采用先进的工艺技术与设备、改善管理、综合利用等措施,从源头削减污染,提高资源利用效率,减少或者避免生产、服务和产品使用过程中污染物的产生和排放,以减轻或者消除对人类健康和环境的危害",它的制度化也推动了我国 CCS 技术的应用,尽可能地减少工业生产中的碳排放量。

第四节　经济法视角:协同治理与效用分析

CCS 技术的发展不能仅依靠市场自发秩序来进行保障,它的发展不仅需要得到社会公众的认可、市场机制的支持,还需要政府提供强大的公共资金支撑。就此而言,CCS 技术需要在国家与市场二元关系理论的支撑下才能良性发展,它的发展需要以经济法为主导的法律秩序的支持,尽可能地将 CCS 技术作为一种公共产品来加以使用,最大限度地减少 CCS 技术所产生的负外部性以及巨额经济成本。

一、政府与市场协同治理理论

(一)市场配置的失灵与政府干预的低效

整体上,资源配置可以以两种方式进行,一是运用市场机制的无形之手来实行自由配置,二是通过政府这只"有形之手"以制定公共政策的方式来配置。然而,经济学理论表明,人类对资源需求的无限性与资源自身的稀缺性之间始终存在着矛盾,人类经济利益与社会环境利益之间不可避免地存在冲突。尤其是在当前以市场机制为主导的资源分配模式下,由于市场主体具有自利性和盲目性的特征,易导致"市场失灵"。在这种情况下,就必须依靠国家的适时干预与法律监管,以防止资源配置的失效。在 CCS 技术的推广与应用过程中，容易发生"市场失灵"或"市场缺陷"，主要体现为：（1）新兴技术的低需求效应。这是因为，当新技术推出之时，公众对技术的认知度还不高，技术的不确定性较大，大部分市场主体都会出于风险与成本控制的考虑而抑制这种技术，而只有当技术被小部分消费者证明可行且有利可图之后，才会呈现渐进式的增量发展。因此，如果仅依靠企业活动来实现 CCS 技术的商业化部署，而没有相应的政策激励，消费者不仅无力承受新兴技术所需耗费的高额成本，且没有充分地应对技术风险的能力，这样的做法极有可能导致该项技术"胎死腹中"。（2）新兴技术可能带来巨大的责任风险。市场主体具有营利的本性，他们在参与市场经济的过程中会更多地选择趋利避害。然而，由于 CCS 技术具有的未知性和风险的不确定性，参与的各方主体通常不能有力地预测到技术的运用可能造成的经济损失，也无法合理地分摊意外事故发生时的相关责任。例如，在碳封存项目的运行阶段，经济责任和法律责任通常都被划分为 CCS 项目的所有者以及相关设施的运营商所有，但是，长期投资者和利益相关者的风险往往存在诸多不确定性，从而可能带来的结果是——相关责任方的经济利益得不到保障。如若没有一个合理的法律机制和制度规范来对赔偿机制做出要求，投资者将疏于建立紧急处理的预案机制，也无法对自身参与这项技术所应承担的责任进行合理预判。CCS 技术的风险责任无法通过市场机制合理分担而必须借助政府的作用。（3）新兴技术存在着信息不对称因素。企业是否投资 CCS 技术的前提是能否获取和了解到可靠的产品价格和质量信息，这是企业确定生产成本的重要数据，也是消费者选择最适合自身需求的商品和服务的重要选择依据。然而，由于 CCS 技术是一项专业性极强的气候友好型技术，在开发之初即为少数人所控制和占有，企业在应用 CCS 技术之时可能会面临专业知识缺乏的障碍，加上信息的不完整、不对称，相关参与者往往难以获得完全准确的信息，所支付的相关技术价格也极为昂贵。市场机制下信息不对称使得针对 CCS 技术的投资极具挑战，利益的捆绑以及决策的复杂性将阻碍该技术的推广，人为地误导误传也将带来诸多"逆向选择"问题，如果缺乏国家干预机制，CCS 技术的应用、发展与创新将陷入尴尬境地。①

由上可知，在 CCS 技术的应用中，如何降低市场失灵所带来的多重影响成为该项技术开发过程中所面临的主要任务和挑战。在此背景下，为加速 CCS 技术的示范与应用，主要发达国家相继选择了一定的政策干预，通过制定 CCS 技术发展的公共政策，包括税收激励、贷款担保、建立碳排放交易体系、强制 CCS 及 CO_2 定价以及政府补贴及奖励等措施来推动 CCS 技术的发展。但是，需要指出的是，政府监管和政策激励也不能够一劳永逸地推动 CCS 技术的商业化。这主要是因为政府的干预同样存在"失灵"问题，这主要体现为：首先，政府财政支持带有一定的不确定性，税收优惠政策的复杂多变使得政府在技术领域的激励措施不稳定，投资者投资 CCS 技术的未来成本也具有不确定性，有潜力的技术举措可能会遭到投资者的遗弃。其次，政府的风险监管可能存在一定的监管障碍。一方面，CCS 技术所涉及的环节和步骤较多，政府很难进行事无巨细的监管，监管不力和监管无效的现象时有发生，这既不利于清洁能源技术的推广，也容易降低市场运作的效率。另一方面，监管政策也可能出现波动、变化，这也会给市场主体带来不可预期的成本，进而破坏市场效率。尤其是，目前 CO_2 等温室气体的排放监管依然缺乏明确的规范和参照标准，这使得未来出台的相关法律法规依然存在诸多不确定性。最后，受到路径依赖的影响，相关环境保护法规在其制度实施的过程中难免会存在不适应低碳经济发展需要而产生滞后性的问题，这也会使相关产业产生繁重或不

---

① Marilyn A. Brown, "Carbon Lock-in: Barriers to Deploying Climate Change Mitigation Technologies", 2008 (1), pp. 80-83, https://www.acs.org/content/dam/acsorg/policy/acsonthehill/briefings/solarenergy/report-carbon-lock-in.pdf.

平等的监管障碍，对市场机制产生较大影响。

(二) 协同治理——推动公共治理的新范式

在 CCS 技术的运用和发展中，过多地强调市场机制的作用抑或是政府干预的作用都是有失偏颇的，必须发挥二者的互动作用，互相配合和监督，才能有效地推动 CCS 技术的发展。在这里，我们需要在 CCS 技术的公共治理中提出"协同治理"的概念。所谓协同治理，是指将以协同为路径的公共管理作为解决全球公共问题的理想模式。它既不过度强调市场主体的自治作用，也不过度强调政府的公共治理作用，而主张在公共治理中融入多部门、多组织来协同运行，由政府与其他治理主体共同架构治理网络体系的一种治理模式。[①] 对此，美国学者 Elizabeth J. Wilson 的研究发现，为了推进 CCS 技术的应用，需要更为完善的法律框架来明确企业、政府及投资者各方职责，以确保 CCS 技术商业化的顺利运行。[②] 可见，当前，协同治理已经成为公共治理中取代政策制定与执行管理主义范式的新治理模式，而其中，冲突合作的过程、对利益相关者参与的激励、权力资源的不平衡、制度设计的良好与否是影响协同治理成效的关键因素。[③] 因此，我们需要借助法律的规范性力量，既对市场主体的产权、责任以及公共参与和监督机制予以确立，又对政府的监管权限、干预机制进行明确。其中，政府在 CCS 项目的推广与实施上，应将重心放在 CCS 技术的战略宣传和法律支持体系的建设上，通过适当的法律与政策干预，使得 CCS 技术与其

[①] Elinor Ostrom, James Walker, Roy Gardner, "Covenants with and without a Sword: Self-Governance Is Possible", *The American Political Science Review*, 1992 (2), p. 404.

[②] Elizabeth J. Wilson, "Research for Deployment: Incorporating Risk, Regulationand Liability for Carbon Capture and Sequestration", *Environment Science and Technology*, 2007, pp. 5945-5952.

[③] C. Ansell and A. Gash, "Collaborative Governance in Theory and Practice", *Journal of Public Administration Research and Theory*, 2008 (4), p. 543.

他减排技术进行互补和综合，进而更好地实现减排目标。①

二、公共产品理论与 CCS 技术的运用和发展

随着人类逐步认识到物品的属性对人类福祉的影响存在区别，社会产品也随之被划分为私人产品和公共产品两类。其中，私人产品在消费上具有竞争性和排他性，公共产品则在消费上具有非竞争性和非排他性。通常而言，与私人产品具有竞争性和排他性的特征相比，公共产品所具有的特性是明显的，主要体现为：（1）非竞争性，是指一个人对某项产品的消费并不对他人消费该产品构成妨碍；（2）非排他性，是指人们无须支付成本即可从某物品中获得好处，任何阻止不付费者使用该物品的做法都不切实际或成本高昂。正是由于这两个特性的存在，使得公共物品在使用的过程中容易出现使用上的"搭便车"与配置上的非市场化等问题。公共物品所具有的非竞争性、非排他性特征，决定了只要实施自愿选择的原则，某些人就会钻规则的漏洞，免费得到公共物品，成为"搭便车者"。亚当·斯密认为，尽管公共产品对于社会的益处很大，但就其性质而言，如果将其交由某个人或少数人办理，将使得其所获取的利润与其花费的费用不成比例，因此公共产品并不能"期望个人或少数人出来创办或维持"②。换言之，公共物品的配置不能单纯依靠市场机制运行，更需要求助于某种形式的集体行动，通过强制手段来防止搭便车行为，让每一个人支付自己所应承担的部分成本。就此而言，公共物品的成本和收益配置决策需要通过政治程序或者集体行动来做出安排，

---

① Klaus S. Lackner, Sarah Brennan, "Envisioning Carbon Capture and Storage: Expanded Possibilities Due to Air Capture, Leakage Insurance, and C -14 Monitoring", *Climatic Change*, 2009, pp. 357-358.

② 亚当·斯密:《国民财富的性质和原因的研究》(下卷)，郭大力、王亚南译，商务印书馆 1974 年版，第 284 页。

为了防止社会中"公地悲剧"与"搭便车"等经济现象的发生,法律通常被视为有效规制公共物品滥用现象的有效工具。

根据公共产品理论,全球气候变暖便是大气环境这种公共产品被滥用的结果,大量不计后果的 CO_2 排放造成整个地球大气环境被破坏,无论是对于一个国家还是对于全球气候环境而言都是一种灾难。在此背景下,CCS 技术应运而生,它是一项具有"准公共产品"性质的技术,具有竞争性但不具备排他性,这就使得即便是未付费、未使用 CCS 技术的当事人,也可以从他人通过 CCS 技术所创造的环境效益中获得收益,进而造成投资者与搭便车者之间的利益失衡。由此,虽然 CCS 技术从供给层面来看既可以采用市场供给的模式,由市场主体自主选择,也可以通过政府供给的模式,由政府强制供给,但似乎任何一种模式都存在局限,无法克服市场失灵与政府全责的双重难题。鉴于此,考虑到 CCS 技术所具有的准公共性特点,我们可以考虑采用奥尔森所主张的选择性激励的方法,将 CCS 技术这项公共产品的供给与具有私人产品性质的活动联系起来,将公共产品的供给与市场主体的收益挂钩[1],在 CCS 技术市场化、商业化运用的同时,通过政府的有效约束和激励给予相关支持,为政府干预全球气候变暖这一公共性的问题提供充分的依据。在此方面,我们可以通过国际合作、国际条约的约束以及国内环境立法等方式建立激励机制,用以平衡各主体间利益、激发各方积极性,最终实现推广 CCS 技术的应用,服务低碳经济的制度目标。

三、外部性理论与 CCS 技术的运用和发展

外部性理论最早由马歇尔(A. Marshall)在其 1890 年的《经济学

---

[1] 奥尔森:《集体行动的逻辑》,陈郁、郭宇峰、李崇新译,上海人民出版社 1996 年版,第 13 页。

原理》一书中提出，之后外部性理论又不断得以丰富和拓展。根据萨缪尔森和诺德豪斯的观点，外部性是指那些生产或消费对其他团体征收了不可补偿的成本或给予了无须补偿的收益的情形。① 由此，外部性又可以划分为正外部性和负外部性两个方面，有益的影响称为正外部性，而有害的影响则称为负外部性。在负外部性的矫正方面，通行有庇古方法和科斯方法两种，前者认为外部性是市场机制失灵的表现之一，市场机制本身无法对外部性进行调整，而必须依赖政府进行干预；科斯则认为，负外部性产生的很大原因在于产权不明晰。在产权明晰的前提下，可以依靠市场机制本身来解决负外部性的问题，而非政府实施干预。②

就CCS技术的运用来看，尽管它已被初步证明是可行的，但是由于其技术具有不成熟的特性，易给他人与社会带来诸多的附加成本，因此必须对其产生的负面效应予以规制。通常而言，CCS技术在开发过程中所存在的外部性主要体现为以下两个方面：一方面，在当前气候治理机制下，CCS技术的应用在避免碳锁定效应的同时，又有可能因为技术的更新换代而带来新的"锁定效应"，甚至可能跨入"死亡之谷"③。另一方面，CCS技术在目前条件下，所创造的经济回报有限，技术创新者不能完全从中获得技术创新的收益，其他投资者反而会从中获得收益。在这样的背景下，一旦缺乏政府公共财政的投入，私人部门研发、投资和应用CCS技术的积极性将极为低下。就此而言，CCS技术所存在的负外部性要求必须采取强有力的"内部化"方式对其加以预防和矫正。而在外部性的矫正方式上，究竟应当采取政府干预的

---

① 萨缪尔森、诺德豪斯：《经济学》，萧琛等译，华夏出版社1999年版，第263页。
② 程礼龙：《解决外部效应的庇古方法与科斯方法的比较研究》，《新西部》2007年第10期。
③ 所谓死亡之谷，是指在新技术从研发到投入市场的过渡阶段，多数新兴技术并没有成功实现商业化的现象。参见 John P. Weyant, "Accelerating the Development and Diffusion of New Energy Technologies: Beyond the Valley of Death", *Energ Energy Economics*, 2011 (4), p.674。

手段抑或市场调节的手段，尚无定论。本书认为，由于 CCS 技术是一项兼具市场主体商业化推动与非市场主体政策激励创新的技术，因此它的应用既需要通过市场化的机制来明晰产权和权利边界，使得企业能够通过市场机制的优胜劣汰不断改革生产技术，从中赢得利润。与此同时，囿于 CCS 技术的不确定性和成熟度欠缺，因此企业在应用推广时所需耗费的成本极高，若无政府的激励和支持，企业将无以为继。因而，我们还必须重视政府对市场失灵的矫正作用，通过法律与政策的约束和激励机制的建立来稳定 CCS 技术的价格，填补企业在资金方面的空缺，进而加快 CCS 技术的商业化推广进程。

四、成本—收益分析理论

根据成本—收益分析理论，市场主体只有在收益与成本合乎比例时才会做出投资的选择，就此而言，成本的高低直接决定了资源配置的效率。但就 CCS 技术的运用来看，市场主体的成本与收益之间存在一定比例的失调。就成本而言，市场主体在 CCS 技术的运用中所需花费的成本主要包括以下几类：（1）生产成本，这主要体现为企业要在原有产业结构与基础设施的基础上实现技术的改革，需要在产品与技术之上进行必要的人力、财力、物力的消费。（2）交易成本，企业在交易过程中会产生一定的协调成本、信息成本和策略成本。信息成本主要体现为契约双方为防止对方利用信息的不确定性事先确定各种情况下双方的权利义务以及契约的执行所花费的成本；协调成本主要体现为契约双方对契约执行情况进行监督时花费的成本；策略成本则体现为当个人利用信息、权力及其他资源的不对称分布，以牺牲别人的利益为代价而进行逆向选择或寻租所耗费的成本。（3）融资成本，由于 CCS 项目的前期成本高昂，如若需要实现温室气体减排的附加功能和子系统的正常运行，企业将增加开支，而资本、信贷市场又将给企业融资带来高昂的成本。(4)风险成本，当市场主体在应用CCS技术的过程中给他人造成了损失或给环境带来了损害时，花费一定资金进行损失填补的成本就称为风险成本。

在CCS技术的应用中，由于不确定性较高、风险较大导致企业在进行投资之时的成本极高，加上新技术往往比现有技术昂贵，因此CCS技术相对于传统技术而言往往不具有竞争性。并且，相对所需耗费的巨额成本相比，CCS技术所能带来的收益却是不确定的、长期性的，新兴技术的应用通常不能在短期内形成一定的规模，因而暂时无法从市场发展中获得收益。相关学术机构通过调查研究对CCS技术实施环节中所需耗费的成本进行了估算。中欧煤炭利用近零排放项目组经研究发现，在捕集方面，碳捕集所需耗费的成本为人民币136元/吨，减排成本为人民币166元/吨，捕集和封存CO_2的综合成本为人民币189—227元/吨；在运输方面，CO_2的运输成本因运输方式的不同而不同，陆上管道运输要比同规模的海上管道运输成本高出40%—70%，而就平均运输成本来看，每吨CO_2的百公里运输需要耗费人民币12元；在封存方面，CO_2封存成本则跟储存地点及注入方法有关，通常每封存一吨CO_2的平均成本为人民币6元。就2014年11月23日至24日笔者赴重庆合川双槐电厂的调研来看，该电厂所使用的碳捕集装置总投资成本为1235万元，投资成本较高，碳捕集装置在运行过程中也需要消耗电、蒸汽、水、化工药品等各种资源，平均每捕集一吨CO_2要消耗3.5吉焦的低压蒸汽、约90千瓦时的电量，成本也相当高。就收益来看，目前双槐电厂CCS装置所捕获到的液体CO_2成本为每吨394元，而市场平均售价为每吨650元，平均下来，每年可创造的毛利润为256万元，这样的利润相对于所耗费的成本而言并不算高，也无法充分激励企业进行投入和研发。[①]

[①] 《捕碳者说碳捕获与封存》，《时代周报》2010年3月23日。

在资源稀缺的社会里，效率往往成为经济组织所追求的根本目标，这就意味着企业需要用最小的成本来获得最大的效用。在 CCS 技术的应用中，成本高而收益低将使得投资者对这项资本密集型的技术不会有非常高的热情。然而，不能因为短期收益小而忽视了该项技术的远期收益。根据 IPCC 于 2014 年 5 月 7 日发布的气候变化研究报告，要想将全球变暖的速度控制在 2℃ 的安全范围以防止气候变化所带来的风险，可再生能源、核能及 CCS 技术等相关产业的发展是关键，这些产业的规模至少要增长至目前的 3 倍。"越是多一份等待，就越是多一份风险"，各国在碳减排问题上的拖延和减排不力将使得全球应对气候变化成本比当初预计的要高出 1.6% 至 3% 甚至更高。[①] 在此背景下，通过国家干预的方式来影响企业对投资成本和收益的考量就尤为必要了，因为在私人自主逐利驱动力不足的情形下，只有尽可能地通过政府政策和制度激励来降低企业的投资成本，确保其获得的收益，才能使失衡的天平重新平衡。在此方面，政府可以通过以下手段来实现收支的平衡：首先，政府可以通过财政投入、税收优惠的方式来平抑企业所需耗费的高额生产成本。其次，政府可以通过加大 CCS 项目的宣传与专业知识的普及来提升 CCS 项目的透明度，进而减少企业的交易成本。再次，政府可以建立规范的责任分担机制、责任保险机制来防范 CCS 项目可能发生的风险责任，降低企业的风险成本。最后，政府还可以建立和完善信贷和资本市场，降低 CCS 项目在融资方面的门槛，实现技术融资的可获取，以尽可能地支持企业在该项技术的应用上获得足够的资金支持。通过这些手段，政府可以发挥其在 CCS 技术的研发、收益的保障、风险的应急处理等方面的优势，使企业在投资 CCS 技术过程中的效益需求得以满足。

---

① IPCC, "Fifth Assessment Report (AR5)", IPCC 40th Copenhagen, Denmark (27-31, Oct., 2014), http://www.ipcc.ch/.

当然，效益并非判断经济发展是否可持续的唯一标准。在市场主体所追求的经济效益与资源环境所做出的效益牺牲之间，还必须以公平原则为考量，要求市场主体在逐利的同时做出一定的公益牺牲。这就有赖于政府充分发挥法律的约束功能，要求市场主体加大 CCS 技术的开发和使用力度，通过"强制性"的推广最终获得经济效益与环境效益的平衡。

第三章 国际视角：国际法架构下 CCS 技术的立法考察

CCS 法律规范的应用，看似仅涉及国内法（或区域法），但实际上，国际法对 CCS 技术的重要性不容忽视，甚至扮演了先行者的角色。因为如果国际公约对 CCS 技术的规范不够明确，从根本上禁止 CCS 技术的发展，那么各国国内法对 CCS 技术的立法空间自然将遭到大幅限缩。正因为如此，各国在 G8 高峰论坛之后，纷纷将研析国际法作为发展 CCS 国内立法的前提，将《联合国海洋法公约》、国际环境法相关公约以及《框架公约》作为国内 CCS 立法的重要参考，以进一步发展 CCS 监管立法。在气候减排政策方面，《框架公约》以及《京都议定书》均将 CCS 技术作为减排技术的一种，但遗憾的是，这两个国际性的文件均未对 CCS 技术进行明确的定位。值得关注的是，国际海事组织于 2007 年修正了《伦敦议定书》，将 CCS 技术的发展纳入考量的范围，允许以有条件的方式将 CO_2 进行海抛[①]，并在此基础上

[①] International Marine Organization, "London Convention and Protocol Convention on the Prevention of Marine Pollution by Dumping of Wastes and Other Matter 1972 and 1996 Protocol Thereto", http://www.imo.org/OurWork/Environment/SpecialProgrammesAndInitiatives/Pages/London-Convention-and-Protocol.aspx.

建立了相关风险评估与管制立法框架①。此外，在规范CCS技术及其相关法律问题之外，国际法在CCS技术的发展方面也扮演了积极促进的角色。CCS技术是否被认定为《框架公约》以及《京都议定书》下的减碳措施，关系着CCS技术能否获得足够的资金支持。在此方面，国际上逐步确定了有关CCS技术的示范性法律规范，如IEA框架下的CCS示范法律规范，旨在推动各国重新评估碳税、CDM、排放权交易以及共同减量交易中强制装设CCS设备的措施，以明确CCS技术定位，鼓励CCS技术的发展。本章拟立足全球气候变化治理的大背景，对与CCS技术相关的气候变化问题、海洋环境问题、跨界环境保护问题、示范法问题进行阐述。

第一节 国际公约对CCS技术法律规制的基本概述

"气候变化并非一个简单的环境问题，而是对国际安全、和平与发展的威胁，它将对全球经济与未来繁荣产生深远影响。"② 因此，为了适应全球气候变化，避免极端气候所带来的危害，世界各国普遍采取以全方位的温室气体减排为主，以气候变化调适为辅的"双管齐下"的措施予以应对。其中，以CCS技术为代表的减碳技术，成为推动碳减排工作中不可或缺的一环。根据国际能源署于2010年提出的良好愿景，如果要在2050年实现全球温室气体减量的目标，再生能源、提升能源效率、核能发电、CCS技术等均将扮演重要角色，其中，CCS

---

① International Marine Organization, "Risk Assessment and Management Framework for CO_2 Sequestration in Sub-Seabedgeological Structures", 2006, http://www.imo.org/en/OurWork/Environment/LCLP/EmergingIssues/CCS/Documents/CO$_2$SEQUESTRATIONRAMF2006.doc.

② UK Department of Trade and Industry, "Meeting the Energy Challenge: A White Paper on Energy", Crown Copyright, 2007, p. 30.

技术的贡献度将高达 19%，比再生能源 17% 的贡献度及核能 6% 的贡献度都要高。[①] 2005 年《京都议定书》生效后，为了实现碳减排的目标，G8 高峰论坛呼吁将净煤技术纳入应对气候变化的行动计划中，各国也逐渐将 CCS 技术纳入重点研发与能源政策推进中。例如，英国就将 CCS 技术作为 2007 年能源政策白皮书推广的重要技术，日本也将 CCS 技术列为实现低碳电力的重要措施。

在助推 CCS 技术发展与应用的同时，有关 CCS 技术的法律体系与监管架构也被赋予厚望，建构 CCS 技术的法制与监管机构，逐渐成为国际机构及各国政府努力的方向。当前来看，全球范围内有关 CCS 的法律法规大体都取得了重要的进展，不论是在国家、地区还是国际层面都取得了重要的、长足的发展。尽管 CCS 技术对于减少和控制大气中 CO_2 浓度的意义重大，但其所需克服的困难也不容小觑，无论是技术创新、巨额成本、国际合作，抑或是公众接受等诸多方面都使 CCS 技术的大规模运营面临挑战。就国际层面来看，CCS 技术的运用面临的主要问题是 CCS 技术在气候变化、海洋生态以及环境保护领域所存在的巨大风险：其一，就气候变化风险来看，国际上对于 CCS 技术的应用始终存有一定的疑虑，因为 CCS 技术所储存的 CO_2 并不会消失，有可能会泄漏，且对它的利用也带有不确定性。因此难以确保储存计划的永久性，也难以确保这项暂时性的减缓抑制措施能够对气候变化产生长久有效的抑制作用。其二，就海洋生态风险来看，海洋历来都被人类作为肆意排放 CO_2 的"碳库"，海洋 CCS 项目正处于不断研发和应用当中。然而，伴随着全球气候变暖，海洋储存 CO_2 的能力也正在逐步下降，CO_2 的运输、注入及储存过程中大量的 CO_2 泄漏都可能导致海平面上升、海洋酸化等问题，进而对海洋生态带来巨大影

---

① IEA, "Energy Technology Perspectives 2010", Executive Summary, 2010, p. 3, https://www.iea.org/publications/freepublications/publication/etp2010.pdf.

响。对此，丹麦地球系统科学中心 Gary Shaffer 教授认为，将 CO_2 储存到大洋深部并非明智之举，因为这样会形成一个"巨大的死亡带"，对海洋深部的生命构成威胁。[①] 其三，就跨境环境风险来看，由于 CCS 项目涵盖从捕获到运输再到封存的全过程，一些 CCS 项目可能对本国环境产生影响，CO_2 的跨境运输与跨境封存也有可能给他国环境带来损害。就此而言，CO_2 极有可能作为一种新型的废弃物被转移到发展中国家，这些国家的环境法规相对不健全，风险的转移反而会进一步导致全球经济发展的不平衡。针对这些问题，如果相关国际公约的规范不够明确或者禁止 CCS 技术的发展，那么各国就无法在推动 CCS 技术发展的问题上达成共识，在此基础上所形成的国内法空间也自然会遭到大幅度限缩。在气候问题的治理上，德国学者布莱尔迈耶尔曾一针见血地指出："在国家层面，单纯的权力和绝对的利己动机显然难以确保社会秩序的产生和延续，尽管合法性的模式并未否认权力的运用，但只有建立在正当性理由基础上的合法化，才能使权力在世界政治中充当生产性的角色。"[②] 因此，针对 CCS 这一全球性治理气候变暖问题的技术手段，仅靠某个国家的努力不足以用于规制它所引发的问题，国际合作必不可少。

有鉴于此，在 G8 高峰论坛的呼吁后，各国也纷纷研析在当前国际法（《联合国海洋法公约》、国际环境法相关公约、《框架公约》等）之下发展 CCS 的可行性，以此为基础进一步消弭 CCS 技术发展的障碍并明确 CCS 技术相关的监管措施。总体而言，国际层面的 CCS 立法总体已经发展成为一个较为完整的法律体系，这些法律既可以扮演消极角色，防止 CCS 技术的风险或规范 CCS 技术的发展，还可以扮演积

[①] 王钰阳：《碳捕捉与储存的国际法规制与风险防范研究》，大连海事大学 2013 年硕士学位论文，第 9 页。

[②] Helmut Breitmerier, *The Legitimacy of International Regimes*, Farnham: Ashgate Publishing Limited, 2008, p. 201.

极的角色，推动 CCS 技术的发展。在消极方面，国际海事组织于 2007 年修正了《伦敦议定书》，将 CCS 技术的发展纳入《伦敦议定书》的适用范畴，采取有条件地允许 CO_2 进行海抛的办法，并进一步建立风险评估与监管机制。[①] 而在积极推动方面，尤其需要重视的是，CCS 技术被《框架公约》及《京都议定书》认定为减碳措施，将有助于吸引广大投资者的关注。并且，国际简易型法规如 IEA 示范监管机制的建立，也有助于各国思考和评估以碳税、京都机制（CDM）、排放交易（Emissions Trading，简称"ET"）、联合履行（Joint Implementation，简称"JI"）、强制装设 CCS 义务（CCS Technology Mandate）推动碳减排的可行性，从而更大程度地推动 CCS 技术的发展。

第二节　国际气候变化公约对 CCS 技术的法律规制

随着时代的发展，气候变化已经从一个纯自然科学的问题转变为涉及国际事务、国家事务及地区公共事务的公共问题。当前，以 CO_2 为主的温室气体引发的气候变暖问题已经成为各国普遍面临的重大问题。IPCC 第四次评估报告指出，20 世纪中期以来全球气候变化在很大程度上是由人类活动所带来的，由于人类在生产活动中使用了过多的化石能源，导致全球大气中的温室气体浓度急剧上升，尤其是 CO_2 的浓度已经达到工业化前期的 135%。为了使积极应对气候变化成为国际共识，国际社会曾多次展开有关气候变化的国际谈判。但囿于国际法律文件往往交织着不同国家及利益团体之间的利益诉求和博弈，难

[①] International Marine Organization, "London Convention and Protocol Convention on the Prevention of Marine Pollution by Dumping of Wastesand Other Matter 1972 and 1996 Protocol Thereto", http://www.imo.org/OurWork/Environment/SpecialProgrammesAndInitiatives/Pages/London-Convention-and-Protocol.aspx.

以建立能够达成全球共识性的应对气候变化立法。1995—2011 年间联合国召开的 16 次联合国气候变化框架公约缔约方会议表明，各国政治、经济、文化背景的不同及其利益的博弈使得全球范围内以强制减排为主导的途径屡屡受挫，难以实现对气候变化的长效治理。在此背景下，气候变化治理的重点开始从强制减排转向低碳技术的发展。相较于新能源、核能以及提高能效技术，CCS 技术兼具了大规模减排和低碳环保的特点。它既能有效控制 CO_2 向大气的排放，同时也能促进煤炭等化石能源实现"清洁"生产。因此自 2000 年以来，CCS 技术逐渐受到国际社会的关注，并成为气候变化治理的重要技术选项。

一、从理念到共识：气候变化治理框架的建立

（一）雏形：国际视野下的气候变化问题

继臭氧层空洞问题之后，气候变化问题成为全球共同关注的重大环境问题。自 20 世纪 50 年代起，科学家们便提出倡议，试图引起各国对全球气候变暖问题的重视，并号召各国在政策文件中对国际气候变化问题做出回应。事实上，早在 1896 年，瑞典化学家 Svante Arrhenius 在解释冰期与间冰期[①]动力时，就指出了 CO_2 所具有的温室气体效应，并预测出全球气候变暖的趋势。[②] 然而，这一问题并没有很快进入公众视野，直到 1956 年美国科学家 Roger Revelle 在国会听证会上以全球变暖问题争取国会的资助时才第一次使得该问题成为公开讨论的对象。[③] 在此基础上，美国 C. D. Keeling 教授进一步提出了著

---

① 冰期是地质历史上出现大规模冰川的时期，间冰期是两次冰期之间气候变暖的时期。
② Svante Arrhenius, "On the Influence of the Carbonic Acid in the Air upon the Temperature of the Ground", *The London, Edinburgh and Dublin Philosophical Magazine and Journal of Science*, 1896, p. 39.
③ Ann Campbell Keller, *Science in Environmental Policy*, Boston MIT Press, 2009, p. 65.

名的基林曲线（大气 CO_2 浓度曲线）(Keeling Curve)，用此来证明由化石燃料及其他工业活动产生的 CO_2 正在向大气中积聚。

科学家们的研究使得全球变暖问题日渐成为环保主义者关注的重要话题，在他们的推动下全球变暖问题逐步进入国际视野。1979年，第一个气候变暖国际会议——世界气候大会召开，科学家们针对气候变化问题进行了广泛的讨论。1988年6月，国际气候变化会议在多伦多召开，此次会议号召各国在1988年水平的基础上，逐步实现到2005年减少 CO_2 排放20%的目标。但是，该时期，关于全球变暖问题并未达成一个普遍性的共识，仍有不少反对者与质疑者反对过早启动应对全球气候变暖的政策议程，因为他们认为气候变化并非一贯具有变暖的趋势，且带有极大的不确定性，并提出了不少反面证据来支撑他们的观点。也正是这场争论最终推动了 IPCC 的产生，它成了影响气候变化治理议程设定的重要平台。1990年，IPCC 发布了气候变化第一次评估报告，为各国针对气候变暖采取措施、有效治理气候变化带来的风险提供了依据。此后，全球气候变暖问题再度成为国际社会热议的核心问题。

（二）发展：治理框架的初步建立

随着全球 CO_2 的排放量日渐提升，国际社会普遍认识到 CO_2 的过量排放将对人类生存与发展构成威胁。为了推动共同应对气候变化问题的国际合作，联合国于1990年成立了国际协商委员会来起草气候政策框架。1992年6月4日，154个国家在里约热内卢举行的联合国环境与发展大会上签署了《框架公约》，该公约于1994年3月21日正式生效。《框架公约》的目的在于将大气温室气体的浓度稳定在一定水平，以防止给气候系统造成人为的干扰和威胁。《框架公约》的签订标志着气候变化的治理迈出了重要的一步。此后，《框架公约》的缔约方于1995年起每年都要召开缔约方会议（Conferences of the Parties，简称"COPs"），以此来评估人类应对气候变化对策的进展，并以此为平台不断地拓展和延伸气候变化政策。

1995年，《框架公约》第一届缔约方会议在柏林召开，此次会议上，多数缔约方同意建立强制减排的时间安排，并同意免除发展中国家新的减排义务，该会上确立的柏林授权（Berlin Mandate）为之后《京都议定书》的签订奠定了基础。而1996年在日内瓦召开的第二届缔约方会议则在此基础上更进一步，明确至少应由15个发达国家为世界一半的温室气体减排负责。1997年12月在日本京都召开的第三届缔约方会议则具有里程碑的意义，因为在此次会议上，包括美国在内的84个国家签署了《京都议定书》，明确要求"将大气中的温室气体含量稳定在一个适当的水平，防止剧烈的气候变化给人类造成的伤害"。根据《京都议定书》的要求，39个工业发达国家承诺在1990年的基础上到2012年CO_2减排5.2%，其中美国同意减排7%，欧盟同意集体减排8%，日本同意减排6%，并决议在2005年2月16日开始强制生效。此外，《京都议定书》还制定了促进各国进行CO_2减排的市场机制，包括ET、JI及CDM机制等。自此，治理气候变化的国际合作框架初步建立。

（三）争执与徘徊：十字路口的气候谈判

然而，《框架公约》的执行并不如预期那样顺利，由于《京都议定书》的执行规则将对一些缔约方的贸易与发展带来不利的影响，受利益格局的制约，发达国家之间、发达国家与发展中国家之间在强制履行碳减排的问题上产生了不同程度的分歧。自《框架公约》第七次缔约方会议宣布开始执行《京都议定书》以来，《京都议定书》的执行工作进行极为缓慢。2001年，美国布什政府执政后，宣布退出《京都议定书》，并于2002年提出自愿气候减排方案，借此阻碍《京都议定书》的执行。美国的行为引发了发达国家之间在气候变化治理当中的巨大分歧和争议，各国执行《京都议定书》的积极性均受到了一定程度的打击。而就发展中国家而言，尽管他们在气候治理、框架的确立以及政策的执行过程中面临着诸多挑战，但是由于发展中国家在经济地位和技术水平上处于弱势，他们在国际舞台上往往拥有较少的话语权，这就使得这些国家的利益难以在国际治理气候变化的整体框架中得以体现。

进入21世纪以来，各国在气候治理方面存在的分歧越来越明显，以2001年布什政府宣布退出《京都议定书》为开端，俄罗斯在2002年印度新德里召开的第八届缔约方会议中对"发达国家向发展中国家进行技术转移"的问题存在犹疑。对于1997年《京都议定书》之后，全球将采取何种对策来处理温室气体排放的问题，各国在2010年坎昆会议之前召开的几次缔约方会议中，皆未取得共识性的进展，几次会议最后都以无约束力的协议而告终（见表3）。由此，全球气候治理开始进入漫长的博弈和徘徊期。

表3 《框架公约》缔约方会议

时间	会议名称	地点	会议成果	意见及分歧
1995	第一届缔约方会议	柏林	多数缔约方统一建立强制减排的时间安排；免除发展中国家新的减排义务	美国反对国际强制减排
1996	第二届缔约方会议	日内瓦	≥15个发达国家承诺为世界上一半的温室气体减排负责	美国以建立国际排放交易体系作为接受强制限制减排和时间框架的条件
1997	第三届缔约方会议	京都	《京都议定书》	
1998	第四届缔约方会议	布宜诺斯艾利斯	承诺在两年内建立温室气体减排检测和执行机制；在排放交易机制、清洁发展机制上取得进步	同年，克林顿政府签署《京都议定书》
1999	第五届缔约方会议	波恩	以技术会议为主	京都机制；强制减排违规后果；碳封存信用；援助发展中国家
2000	第六届缔约方会议	海牙	未达成任何协议，中止会议	伞型国家与欧盟、77国集团、中国发生分歧

续表

时间	会议名称	地点	会议成果	意见及分歧
2001	第七届缔约方会议	马拉喀什	在国际排放交易运行规则等方面达成协议；宣布议定书准备开始执行	
2002	第八届缔约方会议	新德里	号召发达国家向发展中国家转移技术	俄罗斯犹豫
2003	第九届缔约方会议	米兰	同意使用适应基金支持发展中国家适应气候变化；评估非附件国家报告	
2004	第十届缔约方会议	布宜诺斯艾利斯	促进发展中国家适应气候变化；讨论后京都机制问题	俄罗斯通过《京都议定书》，议定书于2005年2月16日开始强制生效。
2005	第十一届缔约方会议	蒙特利尔	延长京都议定书期限；讨论深度减排	
2006	第十二届缔约方会议	内罗毕	通过支持发展中国家适应气候变化五年计划	
2007	第十三届缔约方会议	巴厘岛	通过《巴厘路线图》，两年内完成2012年后全球应对气候变化新安排谈判	
2008	第十四届缔约方会议	波兹南	成立基金资助最贫穷国家应对气候变化；将保护森林整合进入应对气候变化	
2009	第十五届缔约方会议	哥本哈根	会议达成无约束力协议	未达成长期限制减排协议，2012年《京都议定书》到期后，全球将没有共同文件约束温室气体
2010	第十六届缔约方会议	坎昆	地质封存的CCS技术初步被纳入清洁发展机制	
2011	第十七届缔约方会议	德班	正式将CCS技术纳入清洁发展机制	加拿大宣布退出《京都议定书》
2012	第十八届缔约方会议	多哈	封存场址位于两个以上国家应纳入清洁发展机制	
2013	第十九届缔约方会议	华沙	就德班平台决议、气候资金和损失损害补偿机制等焦点议题签署了协议。	发达国家试图颠覆"共同但有区别的责任"原则，成为本次会议最大的分歧。

续表

时间	会议名称	地点	会议成果	意见及分歧
2014	第二十届缔约方会议	利马	会议通过的各项决定,其中包括采取气候行动利马呼吁,为全球在2015年达成有意义的全球协定扫清了道路	中美两国出现分歧;没有充分体现"共同但有区别的责任"原则
2015	第二十一届缔约方会议	巴黎	近200个缔约方一致同意通过《巴黎协定》,协定将为2020年后全球应对气候变化行动做出安排	意见:《巴黎协定》重申了"共同但有区别的责任",是全球应对气候变化的"转折点"
2016	第二十二届缔约方会议	马拉喀什	推动了各国在《巴黎协定》的框架下将气候承诺转化为实质行动	分歧:如何在实施细节中体现"共同但有区别的责任";发达国家如何兑现资金承诺;如何在协议中体现"损失与损害"要素;巴黎新协议的法律约束力问题
2017	第二十三届缔约方会议	波恩	为《巴黎协定》实施细则谈判如期完成、持续加强应对气候变化的行动和支持力度奠定了基础	分歧:美国宣布已向联合国提交退出《巴黎协定》意向书;如何安排2018年促进性对话;是否将2020年前气候行动列入大会下一步谈判议程
2018	第二十四届缔约方会议	卡托维茨	推动了各国就实施《巴黎协定》的具体方案达成一致。订定了各国应如何提供有关其国家行动计划的信息,包括减排、减缓及适应气候变化的措施	分歧:"市场机制"问题,通过"碳市场"或"碳交易"确保各国按照其允许的温室气体排放量进行交易;《巴黎协定》承认有必要就此问题制定全球规则,以保障所有国家努力的完整性,并确保每一吨碳排放都得到计量

(四)希望与憧憬:坎昆气候大会以来CCS技术规则的突破与发展

在坎昆会议之前,国际社会为推动CCS技术的发展,已修改了部分法律文件,如2006年对《伦敦议定书》进行了修改以允许CO_2的海洋封存;随后,2007年修订的《东北大西洋海洋环境公约》也做了类似制度安排,但有关 CCS 技术的具体法律法规却一直徘徊不前。坎昆会议再次将 CCS 技术纳入整个谈判的焦点,各国通过讨论同意将 CCS 技术纳入 CDM 项目当中,但是必须符合严格的条件。① 根据该会议所达成的坎昆协议规定,明确将 CCS 技术视为实现《框架公约》的一项相关技术,一个能够减缓温室气体排放的潜在选择;承认缔约方已将 CCS 技术纳入 CDM 的范围之内,并将考虑 CCS 技术可能存在的影响;强调 CCS 技术的运行应当力求安全,并以避免泄漏作为目标。此后,国际上开始在有关 CCS 技术的运作和实施上加强政策引导,并在随后的德班会议、多哈会议中继续明确将 CCS 技术作为 CDM 的一部分开展活动。

二、CCS 技术:治理气候变化问题的重要选择

如上所述,在应对全球气候变化的背景之下,能源技术的发展与社会观念转变的相互作用,催生了 CCS 技术。相对于其他治理气候变化的技术,CCS 技术进入国际气候治理框架的时间相对较晚,但它却能在减缓气候变化的诸多措施中一跃成为佼佼者,这与它本身所具有的优势和贡献度相关,其中也蕴含着极为深刻的政治社会背景和原因。

(一)CCS 技术的优势

与其他减排技术相比,CCS 技术具有的减排潜力巨大、长期减排成本低廉且能够弥补其他各项技术的不足,具有其他技术不可比拟的优势。② 因此,CCS 技术能够成为稳定全球 CO_2 浓度、减缓未来 50 年

---

① 彭峰:《坎昆气候大会碳捕捉与封存技术国际规则新发展》,《环境经济》2011 年第 1 期。
② CCS 技术虽具有长期减排成本低廉这一优势,但由于 CCS 示范项目目前处于起步阶段,仍面临不少障碍,包括经济成本高昂、额外能耗高、利益相关方难以协调、缺乏明确政策导向、公众接受度不高等。其中,经济成本高昂是目前 CCS 技术大规模推广的一大障碍。

气候变化的重要技术，其在治理气候变化当中具有巨大的潜力和价值。如前所述，根据 IEA 的研究报告，CCS 技术对总减排量的贡献率将从 2020 年的 3% 上升到 2030 年的 10% 和 2050 年的 19%，它将成为减排份额最大的单项技术。CCS 技术的优势难以为其他技术所媲及，因此，在目前化石燃料消耗以高于 10% 的速度增长的背景下，提倡 CCS 技术的使用将成为实现全球平均气温增长控制在 2℃ 以内这一共识目标的必然选择。[①] 这一共识目标在 2015 年 12 月召开的巴黎气候大会上再次被强调。当前，来自煤炭的 CO_2 排放占世界 CO_2 总排放量的 40%。尽管提高能源效率以及新能源技术的进步是有效应对能源问题的重要选择，但是由于世界上大多数国家对于煤炭资源仍然有较高的依赖度，尤其是对于拥有世界煤炭储量近 75% 的美国、俄罗斯、中国、印度和澳大利亚而言，CCS 技术能够在不威胁地球气候环境的前提下继续使用化石能源，从而能够最大程度地实现资源的清洁利用。在此背景下，这些国家纷纷推进 CCS 项目的投资与建设，增加了 CCS 技术大规模应用的态势。

（二）各国政治立场的转变

纵观世界各国，尤其是以煤炭等化石能源为主的国家，进行 CO_2 减排就意味着增加国家在经济发展当中的成本，降低工业发展和资本盈利的空间。因此，在 CCS 技术还未进入气候治理框架之前的 20 世纪八九十年代，美国的诸多化石能源行业代表曾多次公开反对气候变化理论，积极支持对人类引起气候变化理论不确定性和缺点的研究和行动。[②] 但是，CCS 技术的出现却使得这些反对的声音开始发生转变。

---

① 2009 年 7 月 9 日，在联合国哥本哈根气候变化大会之前召开的经济大国能源安全和气候变化论坛领导人会议上，17 国发布《气候变化共同宣言》，就控制全球气候变暖的总体目标达成了一致，即全球平均气温不应当比工业化前高出 2 摄氏度。

② 马建英：《美国气候变化研究述评》，《美国研究》2010 年第 1 期。

因为 CCS 技术的应用可以改变化石能源作为 CO_2 排放主要来源的被动地位，通过控制化石能源所带来的气候危害，让化石能源在限制碳排放的基础上继续发挥作用，进而为化石能源行业应对气候变化提供了机会方向。也正是在 CCS 技术的引领下，以美国为代表的化石能源行业对 CCS 技术的投资兴趣日渐增长，它们加大对 CCS 技术的投资和开发力度，并重视以 CCS 技术为依托来应对气候变化，美国诸多对煤炭有较大依赖的州和地方代表开始不对 CO_2 的减排持反对和敌视态度，并认为 CCS 技术在未来煤炭行业限制碳排放的过程中具有较为巨大的前景。在此方面，2013 年 11 月举行的第五届碳封存领导人论坛（CSLF）部长级会议强调了 CCS 技术在应对气候变化时的重要性，并且确定了重新激励全球推广 CCS 势头的行动。[1] 当前，国际立法正逐渐引入减缓气候变化的长期承诺，旨在通过强有力的政策和市场机制来确保 CCS 技术在碳减排战略中的相对优势。

（三）国际组织的极力推动

随着国际互动的增强和各国在气候变化问题上共识的达成，一些国际组织开始在推动 CCS 技术的发展中发挥重要作用，并逐渐成为推动 CCS 技术发展的国际先锋。IEA 作为国际性的能源机构，是在石油输出国组织（OPED）石油禁运的背景下，由主要石油消费国政府在经济合作与发展组织（OECD）的框架内建立的政府间能源联合组织，目前已经发展成为全球能源发展的咨询机构，在减缓气候变化与可持续发展等的推动上具有重大的影响力。自 2003 年起，IEA 便开始在 CCS 项目的发展上发挥推动作用，其出版了一系列关于 CCS 建模和基础数据的书籍，并自 2006 年开始每年发布一期国际能源咨询报告，将 CCS 技术

---

[1] GCCSI, "The Global Status of CCS: 2014", https://hub.globalccsinstitute.com/sites/default/files/publications/180923/global-status-ccs-2014.pdf.

的最新内容囊括其中。此外，IEA 还自 2009 年开始成立了 GCCSI，将其作为推动 CCS 技术示范与商业化发展的专门国际组织。当然，囿于其成立背景、体制框架的原因，IEA 的国家代表构成并不具有广泛的国际性，进而难以为未来的政府间 CCS 活动进行综合协调发挥作用。相比之下，IPCC 则为在联合国之下，由 WMO 和 UNEP 联合建立的政府间机构，其主要任务在于分析全球气候变化的现状，研究气候变化对社会、经济带来的潜在影响，并针对适应和减缓气候变化的可能对策进行评估。由于该组织是在 WMO 和 UNEP 之下建立的，在全球气候变化领域具有广泛的代表性、权威性和参与度，进而能够为 CCS 的发展进行政府间的协调和监管提供有力的支持。整体地看，这些组织都可通过发布评估报告、召开国际听证会、建立国际合作监管小组等方式对国际上的 CCS 项目进行监管协调，为 CCS 的国际合作提供智力支撑，促进成员国之间对 CCS 技术诱发的风险进行有效监管，有效做好 CCS 的国际突发应急事件，推动 CCS 在国际上大规模应用和发展。

三、国际气候变化公约对 CCS 技术的法律规制

由于 CCS 技术能够有效减少温室气体中 CO_2 的排放，因此与该项技术最为紧密相连的便是气候变化方面的国际立法。国际社会为了解决全球气候变暖问题，接连多次在日本东京和巴西里约热内卢等地召开了联合国环境与发展会议，并最终达成了《框架公约》《京都议定书》《马拉喀什协定》等国际协定，为 CCS 技术的发展与应用提供法律支持。

（一）《框架公约》对 CCS 技术的界定

《框架公约》是在联合国召开的环境与发展会议上，由世界各国政府首脑达成的国际公约，该公约于 1994 年生效。《框架公约》的根本

目的在于将大气中温室气体的浓度稳定在一定水平，防止给气候系统造成威胁的人为干扰，它是为了推动共同应对气候变化问题的国际合作所达成的一项国际性的协定。

《框架公约》首先对各缔约方的义务与责任进行了规定。根据公约第3条的规定，各缔约方均应采取防御措施来预测、防止或减少造成气候变化的原因，尽可能地缓解其不利影响，同时考虑成本效益，确保以最低的费用获得最高效益。[①]因此，各缔约方应根据不同社会经济情况来拟定政策，以此涵盖所有与温室气体源、汇和库相关的措施。

《框架公约》对温室气体进行了界定，将其定义为"存在于大气中的那些吸收和重新放出红外辐射的气态成分，既包括自然的气体，也包括人为制造的气体"。根据该公约，为加强对大气环境的可持续管理，应加强《蒙特利尔议定书》中未加以管制的温室气体的汇和库的建设。《框架公约》第4条第2款（a）规定，附件一所列发达国家和其他缔约方应遵守以下具体承诺：通过控制人为的温室气体排放，保护、增强温室气体的库和汇，制定减缓气候变化的政策并采取相应措施。根据这一规定，各国不应仅从源的层面来减少温室气体排放，还可通过增加汇和库的方式对温室气体进行综合治理。CCS技术对温室气体的汇集和封存即为增强温室气体"汇"与"库"的体现。

由上可知，受时代局限性的影响，《框架公约》并未对单个缔约方所需承担的具体减排义务进行规定，也未明确相关的实施机制，更未对类似的CCS技术等具体减排措施进行详细规定。就此而言，公约缺乏法律的强制约束力。但值得肯定的是，人类对气候变化问题的重视程度正日趋加深，这些思想上的变化也为日后规范CCS技术的发展指明了方向。

---

① 秦天宝：《碳捕获与封存技术中的国际法问题初探》，《中国地质大学学报》（社会科学版）2010年第5期。

(二)《京都议定书》对 CCS 技术的界定

作为《框架公约》的补充,《京都议定书》于 1997 年 12 月在日本京都通过,它的目标同样是有效控制大气中温室气体的排放含量。根据《京都议定书》第 25 条第 1 款的规定,其生效要件在于:一是不少于 55 个缔约方批准;二是批准国 1990 年温室气体排放总量至少占到全部缔约方排放量的 55%。直到 2004 年 11 月 5 日俄罗斯总统普京正式签字,才使得《京都议定书》满足了上述的生效条件,该协定于 2005 年 2 月 16 日正式生效。截至 2009 年 12 月,已有 184 个缔约方签署了该份议定书。①

根据《京都议定书》第 2 条第 1 款(a)的规定,应"研究、促进、开发和增加使用可再生能源技术、CCS 技术以及其他有益于环境的技术",概括性地将 CCS 技术作为减缓气候变化的一项技术。就此而言,《京都议定书》在《框架公约》的基础上,进一步推动了 CCS 技术的发展。在将 CCS 技术确定为一项减缓气候变化的技术之后,《京都议定书》还将缔约方各自应当承担的强制减排义务列入了附件一,要求将因土地利用变化和林业活动产生的温室气体源的排放和汇的清除作为履约方式之一。然而,遗憾的是,《京都议定书》附件一并未直接规定物体埋存方式,而仅规定各缔约方应采取措施来研发、探索新能源技术、CCS 技术以及其他先进技术。就此而言,《框架公约》和《京都议定书》都未明确将 CCS 技术纳入强制减排机制,而只将其定位为一项可供选择的减排技术。

(三)《马拉喀什协定》中关于 CCS 技术的规定

2001 年 11 月,《框架公约》第七次缔约方会议在摩洛哥马拉喀什举行,会上通过了履行《京都议定书》的相关决议并达成了《马拉喀

---

① 中国 21 世纪议程管理中心编著:《碳捕集、利用与封存技术进展与展望》,科学技术出版社 2012 年版,第 115 页。

什协定》。其中,在《马拉喀什协定》的第6条中,明确提出"鼓励缔约方合作开发、推广和转让能够进行较少温室气体排放的技术以及与化石燃料相关的CCS技术"。与此同时,《马拉喀什协定》还在草案第7条和第8条中主张应优先重视CCS技术的研发、推广和转让合作。其中,第7条作为对《京都议定书》第3条第14款的深化,要求IPCC在与其他有关组织的合作之下,编写有关CCS技术发展的文件;第8条则将CCS技术确立为应优先发展的减排技术,提出各缔约方应当在CCS技术的开发、推广和转让领域展开合作,并大力促进最不发达国家和其他非附件一中缔约方的参与。

(四)德班会议将CCS技术纳入CDM活动的正式安排

在国际应对气候变化的战略和有关公约中,尽管屡次提及要鼓励CCS技术的研发、推广和转让,但无论是《框架公约》还是《京都议定书》,均未将CCS技术放入其所确立的减排机制体系中。在哥本哈根气候大会上,尽管一些利益相关方提出了将CCS纳入CDM的要求,但却未在大会决议中得到通过。直至2010年的坎昆会议上,才正式通过了《将地质形式的CCS作为CDM项目活动》的协议,将CCS技术及程序作为CDM的计划措施。该项决议规定的内容主要有6项,包括:地下封存场址的选定与特定判定、风险与安全评估、监控、财务要求、责任以及环境和社会经济影响的评估等。其中,CDM的核心就在于允许发达国家与发展中国家对减排量进行抵消额的转让,因此将CCS技术纳入CDM当中,有利于为CCS技术的发展获得资金支持。为了确保CCS技术能够有效融入CDM,德班会议决定,每五年应对该项协议进行一次检视和修正。针对CDM下CCS项目的开发商必须存放5%的碳权,待达到减排量的有效期20年之后,经监管机构证明封存的CO_2没有泄漏时,方可返回原本存放的碳权。2012年的多哈会议决议则进行了更为细致的说明,当CO_2的地质封存活动中的运输过程跨越不同国家或封存场址位于两个以上国家时,都应当列入 CDM 活动的安排之下,以提升 CCS 技术对于 CDM 活动的实用性。

第三节 国际海洋公约对 CCS 技术的法律规制

一、对 CO_2 进行海底封存的可行性及其风险

就 CCS 活动来看,目前国际上推崇的主要封存方式为陆地封存,能否对 CO_2 进行海洋封存成为一个新兴的课题。所谓海洋封存,是指通过管道或船舶运输,将集中捕集到的 CO_2 输送到封存地点,并在那里将 CO_2 注入海洋的水体或位于海床之下的地质结构当中。

从理论上来看,海上 CCS 项目的推行是可行的,因为 CO_2 具有可溶解性,海洋植物的生长也需要吸收 CO_2 来合成有机物,进而能够吸收部分 CO_2。现有研究表明,海水、绿色植被都是地球碳循环中的有机组成部分,海水里所含有的远古时代的碳总量达到 35 万亿吨左右。CO_2 注入海洋水体中后,通常会有两种去向:一种是直接溶解在海水中,另一种是注入深海形成液态或固态化合物。对于后一种直接封存于海床地质结构中的 CO_2,由于其处于地下数千米深的存储区域,高温高压的环境使其处于高密度的超临界状态,进而限制了其上升。就此而言,海洋里储存 CO_2 的容量较大,且在技术上可行,因而对 CO_2 实行海洋储存的潜力是无限的。当前,国际上也有成功的范例证明 CO_2 的海洋封存是可行的。例如,挪威的 Sleipner 项目即为 CO_2 海洋封存的典范,该项目迄今已运行了 20 余年,至今仍未发现任何关于 CO_2 泄漏的迹象。

但是,通过海洋来吸收 CO_2 并将其转化为无害物质的能力是极为有限的,大规模的 CO_2 封存也极有可能对海洋生态带来一定的影响,作为一种具有窒息特性且溶于水后呈酸性的物质,极有可能改变

海底生态环境，破坏海洋生态系统，威胁海洋生物的生存。人类在进行 CO_2 海洋封存的过程中，处于液态状态的 CO_2 极容易因为长距离的管道和船舶运输，或因为缺乏安全监测而导致封存地发生泄漏，对海洋环境带来不堪承受的影响。在此背景下，诸多国际海洋公约开始对 CCS 海洋活动进行法律规制。

二、对 CO_2 进行海底封存的争议

尽管对 CO_2 的海底封存具有事实上的可能性和可行性，但是它是否能在国际公约中得到承认却成为各方争议的焦点。对此，世界海洋独立委员会认为，由于《京都议定书》并未授权缔约方可在水中倾倒或储存 CO_2，因此，在海洋之中进行碳封存，将其作为减少温室气体排放的手段并不合法。然而，与此消极观点相反的是，也有专家肯定 CCS 海洋活动的重要作用。他们认为，既然《京都议定书》并未明确禁止海洋碳封存行为，且其第 2 条第 1 款（a）项还对缔约方从事 CCS 技术的研发和适用采取鼓励态度，因此 CCS 技术是为《京都议定书》所鼓励和支持的。作为一个海洋面积为领土面积的主体的国家，英国更是高度肯定了在海底进行 CO_2 封存，甚至强调，如果一个国家没有按照《京都议定书》的要求来促进和使用 CCS 技术，是在碳减排领域的消极不作为。[①]

三、国际海洋公约对 CCS 技术的界定与规范

CO_2 的封存地点包括陆地与海洋，当 CCS 技术仅涉及 CO_2 陆上

[①] 王慧：《碳捕获与封存技术与 UNFCCC 和〈京都议定书〉的关系》，《资源与人居环境》2010 年第 17 期。

地质封存时，它主要牵涉的是国内法而较少涉及国际法规，而当封存地点位于海洋时，除了需要依从国内法，更需要依从国际海洋法来对CCS活动进行规范与协调。由于在海洋环境中，大规模的CO_2泄漏会造成海水酸化，并由此对海洋生态环境造成破坏。因此在推行CO_2的海洋封存时，必须通过国际海洋环境法等法律对其进行有效规制。目前，国际上对CCS海上项目起规范作用的法律文件主要有1972年的《伦敦公约》、1982年的《联合国海洋法公约》以及1996年的《伦敦议定书》。除此之外，《东北大西洋海洋环境保护公约》这一地区性的公约以及主要关注北海沿岸国家有害物质污染的《波恩公约》在有关CCS海上项目的推动方面也具有积极的规范作用。[①]

（一）《联合国海洋法公约》对CCS技术的规制

1982年，《联合国海洋法公约》（以下简称《海洋法公约》）在联合国第三次海洋法会议上通过。作为一个旨在对海洋环境进行保护的框架性公约，《海洋法公约》旨在建立一个合理的国际海洋秩序，对海洋资源进行公平有效的利用。因此，该公约对于全球范围内的领海主权争端、海上资源管理以及海洋污染防治等事项具有极为重要的规范和指导作用。但整体地看，《海洋法公约》中并无专门针对CCS技术的规定，也没有对CCS技术在海洋领域的使用进行直接的调整和禁止，相关的内容主要集中在海洋环境保护和海洋污染预防两个方面。

首先，《海洋法公约》要求各国履行保护海洋环境的义务。根据该公约第192条和第193条的规定，"依据国内环境政策和按照保护、保全海洋环境的职责开发其自然资源是各国具有的主权权利，但各国也

---

① 王钰阳：《碳捕捉与储存的国际法规制与风险防范研究》，大连海事大学2013年硕士学位论文，第2页。

同时兼具保护和保全海洋环境的义务"。而就海洋CO_2封存而言，它的出发点正是控制温室气体排放，维护海洋生态环境。因此，各国有权利选择CO_2海洋封存作为保护海洋生态环境的重要方式，也应当承担保护好海洋生态环境的义务。

其次，《海洋法公约》关涉在不同的海上区域开展CCS活动的法律条规。由于《海洋法公约》将海洋划分为了内水、领海、大陆架、专属经济区、公海等若干区域，这些区域内涵和外延的不同也使得CCS技术的应用需要获取不同程度的法律授权。在领海范围，每个沿海国家可以主张的管理权限为领海基线以外12海里的水域，它的主权可以扩及领海及其上空和海床底土。因此，在CCS项目的管理方面，沿海国家可制定专门的法律法规对其加以管理，而要在该领域内运行CCS项目的所有者和实施者，则需遵照沿岸国的法律来实施，获得相关政府部门的授权许可。在大陆架这一区域，沿海国基于探测和开发自然资源的目的可以享有专属主权。因此，沿海国具有对为一切目的在大陆架上进行钻探的行为进行授权和管理的专属权利，对于涉及CCS等在大陆架上进行钻探以及注入和储存CO_2的行为，沿海国均有权利进行管理。就专属经济区而言，沿岸国的主权范围是自领海宽度的基线开始至不超过200海里的区域，在这一范围内，沿岸国具有针对钻探在内的CO_2注入和储存行为进行管理的权力。而就公海区域而言，根据《海洋法公约》的规定，凡是国家主权管辖范围以外的所有海洋区域都是公海。该公约第87条规定，公海对各国一律开放。公海活动通常遵循自由原则，包括航行的自由、捕鱼的自由、在海底铺设电缆与管线的自由、公海上空飞行的自由、建造国际法容许的人工岛屿和其他设施的自由以及科学研究的自由等。但是为了避免自由权利的冲突，所有国家在行使自由之时必须顾及他国在公海上行为之便利。因此，尽管根据《海洋法公约》的规定，在公海区域进行CCS活动等无须征得任何一个国家的同意，但却必须尽到通知义务且不至于带来环境损害，且应承担相应的公海法律责任。

再次，CCS 活动所带来的海洋污染预防问题也与海洋法密切相关。对此，《海洋法公约》第 194 条规定，各国应当采取一切符合公约的必要措施，用以防止、减少和控制任何来源的海洋环境污染。第 195 条进一步规定，各国在采取措施防止、减少和控制海洋环境污染时，不能直接或间接地将损害或危险转移，或将一种污染转变为另一种污染。由此可见，《海洋法公约》的规定虽未明确对 CCS 活动进行规范，但却为 CO_2 的海洋封存应用提供了原则性的指引，也为海洋封存规定了法律要求和义务。需要说明的是，由于《海洋法公约》关于何为"海洋环境的污染"并没有十分准确的规定，公约第 1 条第 4 款的规定，海洋环境污染是指人类直接或间接把物质或能量引入海洋环境可能带来的对生物资源和海洋生物的损害、危害人类健康、妨碍正常捕鱼活动等其他有害影响。但是，没有任何观点和意见能够说明海洋封存活动是否能够直接构成该公约定义中的海洋环境污染。就此而言，公约对海洋污染物的界定可能会对在海洋水体中储存 CO_2 构成限制。

最后，《海洋法公约》还对发生海洋环境污染损害时应当采取的应急措施进行了规定，能够为 CCS 海洋封存风险的应急处置提供指导。公约第 198 条和第 199 条规定，当一国知道海洋环境即将遭到污染损害或已遭受污染损害时，应立即通知其认为可能受到这种损害影响的其他国家以及各主管国际组织；受影响区域的国家应当按其能力与各主管国际组织合作，以消除污染影响，尽可能地防止或减少损害。因此，各国应当共同制定各种应急计划，对海洋环境中的污染事故进行处理。在此过程中，各国具有对污染危险进行监测、报告和评价的责任，且应当在实际可行的范围内，借助主管国际组织的力量，用科学的方法来对可能发生的海洋环境污染进行观察、测算、估计、分析，以明确这些活动是否会对海洋环境造成污染。这些规定同样适用于海洋封存，各当事国也应监视其准许或从事的 CCS 活动所带来的影响，承担起相应的责任和义务。

目前,《海洋法公约》的相关规定主要涉及海底及浅层底土资源,但其并未对在海洋底土之下开展 CCS 活动进行专门规定。但从该公约第 192 条和第 194 条有关海洋环境保护和污染预防的规定来分析,如果 CO_2 是一种污染物,那么一旦近海 CCS 项目对海洋环境造成污染,将会违反该公约的规定。[①]但是,存有疑问的是,近海 CCS 项目是否必然带来海洋环境的污染,国际范围内并未达成一致的意见。

(二)《伦敦公约》对 CCS 技术的规制

由于《海洋法公约》仅是一个框架性的公约,它只对与 CCS 相关的海洋环境保护问题做了某些原则性规定,因此对于在近海上如何进行 CCS 项目,比如对近海 CCS 项目的法律定位及实施规定等,还有待于更为细致的国际法规来进行规定。

随着人类对海洋环境的日益重视,人类开始对禁止某些有害物质损害海洋生物资源达成共识,并通过了《伦敦公约》,即《防止倾倒废弃物及其他物质污染海洋的公约》进行规范。《伦敦公约》产生于 1972 年在瑞典首都斯德哥尔摩举行的联合国人类环境会议,于 1972 年 12 月在英国伦敦通过,并于 1975 年 8 月 30 日生效,是世界上第一个防止人类活动污染海洋环境的国际协议。公约的目的在于对一切海洋环境污染源进行有效控制,采取一切可以实施的措施来防止废物的倾倒对海洋环境造成的污染。总体上,《伦敦公约》可划分为正文与附件两个部分,正文部分主要规定了缔约方的基本行为规范和义务,而在公约附件一、附件二和附件三中分别规定了向海洋倾倒废物及其他物质的"禁止情形""特别许可情形"以及"一般许可情形"。

遗憾的是,由于 CCS 技术的问世相对较晚,《伦敦公约》当中并

---

① 肖钢、马丽:《还碳于地球——碳捕获与封存》,高等教育出版社 2011 年版,第 97 页。

没有关于 CO_2 海洋封存的讨论。首先，从《伦敦公约》第 3 条的相关界定来看，"倾倒"是指从船舶、航空器、平台或其他海上人工构筑物上向海上有意倾弃废物或其他物质的行为；"海"是指内水以外的所有海域；"废物或其他物质"是指任何种类、形状或样式的材料和物质。可见，该公约的适用范围只包括海洋水体，而不包括海床、海底和底土，因此如果仅仅是将 CO_2 封存在海底地质结构中，这并不属于废弃物的海上倾倒。其次，《伦敦公约》中对 CO_2 是否能在海水水体中进行封存规范不明。根据公约规定，应禁止附件一中的废物及其他物质在海上倾倒，如果附件二所列废物及其他物质要在海上进行倾倒，则必须得到监管机构的特别许可。但由于附件一中所列的"废物及其他物质"并未将 CO_2 包含在内，因此很难用《伦敦公约》去约束 CO_2 的海上封存行为。最后，《伦敦公约》明确对海上石油钻井平台操作所附带进行的 CO_2 封存进行了适用除外规定。根据该公约第 3 条第 1 款第 3 项的规定，"由海底矿物资源的勘探、开发及相关的海上加工直接产生，或与此相关的废弃物或其他物质的处置，不受本公约的约束"。这就意味着，如果是在海底石油或天然气的开采过程中附带进行 CO_2 的海洋封存活动或是通过 CO_2 来强化采油，均不在公约的规范之内。就此而言，1972 年《伦敦公约》并未对 CO_2 在海洋水体、海床或底土中的任一部分的封存进行规定。

（三）《伦敦议定书》对 CCS 的规制

1996 年，为更好地保护海洋环境，一些国家在《伦敦公约》之后缔结了《伦敦议定书》，其目的在于更好地预防、减少和尽可能地根除海洋污染。该议定书于 1996 年 11 月 7 日通过，并于 2006 年 3 月 24 日生效。就《伦敦议定书》与《伦敦公约》的关系而言，根据议定书第 23 条的规定，对于同属于《伦敦公约》和《伦敦议定书》的缔约方的，适用《伦敦议定书》的规定，而对于仅为《伦敦公约》缔约方的，适用《伦敦公约》的规定。相比《伦敦公约》,《伦敦议定书》更为强调保护海洋环境和促进海洋资源的可持续利用和保护,且尤为注重预防和防止的结合,进而在防止和消除倾倒造成的污染、保护和保全海洋环境方面采取了更为严格的措施。

第一,在 CO_2 的海洋封存方面,《伦敦议定书》明确将"海底"纳入海洋环境的规范范围,并将废弃物的海底封存纳入其定义的封存范围,进而为实施 CO_2 的海底封存创造了可能。[①] 根据《伦敦议定书》第 1 条第 4 款对"倾倒"的定义,"倾倒"是指从船舶、航空器、平台或其他海上人工构造物上将废物或其他物质在海洋中进行的任何故意处置,或是在海床及其底土进行任何贮藏。第 1 条第 7 款则对"海洋"进行了更为全面的规定,明确将"海洋"的范围扩展至除内水之外的所有其他海洋水域、海床及其底土,仅从陆地通入的海床下贮藏除外。由此,《伦敦议定书》规定了对海床及其底土进行倾废活动的管辖,进而可以将其范围拓展到 CO_2 海上封存与海底封存。

第二,《伦敦议定书》附件一对《伦敦公约》附件一进行了实质改变,用"可考虑倾倒的废物或其他物质"清单取代了《伦敦公约》中的禁止性规定,这意味着凡是未经认可进行倾倒的废物均应属于"禁止之列"。但由于《伦敦议定书》附件一所列的可考虑的物质并不包括 CO_2,CO_2 的海洋封存依然应被视为违反《伦敦议定书》的规定,在议定书的禁止之列。在此背景下,为了切实减缓因 CO_2 大量排放对全球气候变化所带来的影响,《伦敦议定书》的首届缔约方会议于 2006 年 11 月 2 日通过了对《伦敦议定书》附件一的修正案。该修正案在附件一第 1 条中增加了第 8 款,将" CO_2 的捕集过程中所获得的主要用于封存的 CO_2 流"列入允许向海洋倾倒的物质。与此同时,附

[①] 秦天宝、成邯:《碳捕捉与封存技术应用中的国际法问题初探》,《中国地质大学学报(社会科学版)》2010 年第 5 期。

件一修正案还增加了第 4 条的规定，要求在进行 CO_2 流的封存之时应考虑以下几个基本条件：(1) 封存地点位于海床下的地质构造中。(2) 被考虑倾倒的物质中包含绝对数量的 CO_2，不得以处置为目的增加其他废弃物质。(3) 储存必须以一种对海洋环境无害的方式进行。① 这一修正案既赋予了 CO_2 在海底地质结构进行封存的合法性，也对其进行了必要的法律限制。

第三，《伦敦议定书》的缔约方还为 CO_2 的海底封存地址的选择设置了指导原则。根据《伦敦议定书》第 3、4 条以及附件二的规定，在保护海洋环境安全和防止污染方面，应当遵循预防为先、污染者付费、避免污染转移、允许采取更严格的措施、倾废许可、定期审查等一系列普遍性的原则。此外，为了使 CO_2 的长期或短期封存行为对海洋环境无害，且满足议定书的其他要求，《伦敦公约》缔约方会议设立了科学工作组，并于 2006 年达成一致意见通过了《海床底下地质构造封存二氧化碳的风险评价和管理框架》和《二氧化碳海底处置专项评价指南》两个文件，为 CO_2 的海底封存制定了更为细致的规范指引，这种具有法律约束力的规范为 CCS 技术在海洋中的运用发挥了积极的推动作用。②

总体而言，《伦敦议定书》在某种程度上改变了在海洋中实施 CCS 项目的不确定性，它通过在附件中明确将 CO_2 捕获过程中需要隔离的 CO_2 流列入允许向海洋倾倒物，为 CCS 在海洋中的应用打开了法律之门，进而能够对减缓全球温室效应产生巨大的推动作用。

（四）《东北大西洋海洋环境保护公约》对 CCS 技术的规制

1998 年，以欧洲工业国为主导的 15 个国家签订了《东北大西洋

---

① 匡双礼：《CCS 发展的法律环境分析》，http://www.ditan360.com/News/Info-77452.html，2014-05-28。

② 吴益民：《二氧化碳海洋封存的国际法问题探析》，《法学》2014 年第 2 期。

海洋环境保护公约》(简称"OSPAR 公约"),用以专门管辖在海床和底土造成的污染活动。随着海洋环境保护的形势越来越严峻,尽管《伦敦议定书》的修订案已经对 CCS 海上封存活动进行规制,但是国际法领域对 CCS 活动的安全性与可靠性的监测管理规定仍相对薄弱。在此背景下,为了加强对 CCS 技术的推广实施,OSPAR 公约的成员国于 2007 年推出了修正案,认可在海域的地质层开展 CO_2 封存。[①] 从本质上看,OSPAR 公约又被称为《伦敦议定书》的东北大西洋版本,是一部明确对 CO_2 海洋封存进行规范的区域性公约。

根据 OSPAR 公约的规定,禁止在水体中和海床上进行 CO_2 的封存,但却允许在主管机关的监管下进行 CO_2 海底地质封存。因为 OSPAR 公约委员会之前发布的一项研究报告表明,大气中高浓度的 CO_2 正在以成倍的速度改变着海洋的 CO_2 的化学构成,因此在海洋水体中或海床上进行 CO_2 封存不利于海洋环境的保护,易导致气候的变化和海洋的酸化。但在海床地下地质构造中实施 CCS 技术是可行的,OSPAR 公约委员会所在一系列报告中认为,CCS 技术是应对气候变化和海洋酸化的重要措施,若能将 CO_2 长期封存在海底,CCS 能够与节约能源、可再生资源的研发和利用等环保技术相互配套来共同完成从源头减少温室气体排放的重要任务。

为了更好地在海床底下地质构造中实施 CCS 活动,OSPAR 委员会在公约之外还通过了确保环境安全的《OSPAR 风险评估和控制的指导方针》,对海底地质构造中的 CCS 活动进行约束和指引。公约要求,在颁发海底封存许可证之前,必须检验 CO_2 是否符合规定的标准;在具体的监督执行工作中,公约专门确立了 OSPAR 委员会,专门对海洋油气开采活动频繁的北海地区进行管理。因此,区域性的 OSPAR 公约

[①] 《东北大西洋海洋环境保护公约》于 1998 年正式生效,共有 15 个欧洲缔约方签署该公约,原禁止海域地质层的 CO_2 封存,但于 2007 年通过修正案予以解禁。

在 CCS 法律监管方面所做的规定较为可行，形成了一个更为严格的防止海洋废弃物倾倒的法律框架，尽可能地克服了广泛开展 CCS 活动的障碍。公约的实施对 CCS 技术的规制较为成功，对于欧盟内开展关于 CCS 的国际合作以及《伦敦议定书》下推行 CCS 的全球合作都具有积极的推动作用，取得了较大的国际影响力。

第四节　国际跨境环境公约对 CCS 技术的法律规制

CCS 活动的跨境运输问题曾一度得不到国际的重视，也曾一度处于废弃物跨境转移的规制盲点。在 CCS 活动的具体实施中，有关 CO_2 的运输和封存并不局限于在某一个地方、一个地区进行，也存在跨境、跨区域开展的可能性和需求。尤其是，一些国家所能勘探到的适合于 CO_2 封存的地质结构极为有限，且在本国开展所耗费的资金和成本要远远高于在发展中国家所耗费的成本，这些发达国家极有可能将排放 CO_2 的风险转移至其他发展中国家。因此，我们不仅应对关系海洋环境的 CCS 环境立法进行关注，还应对与陆地环境保护相关的 CCS 国际立法进行思考，以防止 CCS 活动的跨境实施对发展中国家环境造成破坏。

一、《巴塞尔公约》《巴马科公约》对 CCS 技术的规制

《巴塞尔公约》又被称为《控制危险废物越境转移及其处置的巴塞尔公约》，该公约于 1992 年正式生效，其主要目的在于确保将废弃物的跨境转移减少到最小程度。因此，公约规定，所有的缔约方必须遵从环境友好管理原则（environmentally sound management），要求所有有害废弃物的越境转移都必须经得进口国及出口国的同意才能进

行。在废弃物的处置方面，公约还要求废弃物应首先在其被创造产生出来的国家管辖范围内得到处理，这种实质性义务适用于公约所规定的"有害废弃物"。1995 年，《巴塞尔公约》成员国又通过了重要的 12 号决议，要求禁止 OECD 国家将有害废弃物运送到非 OECD 国家进行处理。之前由 OECD 国家运至非 OECD 国家回收或再利用的行为，则应在 1997 年底以前完全禁止。但这项决议仅为法国、德国、英国和挪威等少数 OECD 国家批准和认可，并未被所有 OECD 国家批准，因此该项决议至今尚未生效。在是否将 CO_2 视为"有害的废弃物"进而对其跨境转移加以控制的问题上，《巴塞尔公约》并未进行明确规定，这使得 CO_2 的跨境转移成为可能。由于 CO_2 的跨境转移极有可能对其他国家的环境安全和公众健康带来影响，因此如何对公约进行修订或进行扩大解释以对 CCS 技术的跨境输送进行明确的法律约束，是一个亟待解决的问题。

与《巴塞尔公约》类似，《巴马科公约》的订立旨在保护非洲，避免非洲成为工业化国家危险废物倾倒场，该公约对缔约方内部危险废物的跨境转移进行了规定，确定了危险废弃物的范围，并提出了"知情同意"等原则。[①] 然而，《巴马科公约》也未将 CO_2 进行明确的法律定性，目前 CO_2 在该公约的框架下不被认为是危险废弃物而不受公约的约束，进而也无法对 CO_2 跨境运输与封存问题进行规范。因此，《巴马科公约》同样需要明确 CO_2 跨境运输转移是否适用该公约，以更好地规范 CCS 活动的商业化发展并对其引发的风险进行合理防范。

可见，尽管在国际层面，无论是 1989 年的《巴塞尔公约》还是 1991 年的《巴马科公约》均未将 CO_2 列入危险物品或废弃物的范围，但是一旦被跨境运输的 CO_2 气体中包含了上述条约禁止的物质，问题

---

① 陈维春：《论危险废物越境转移的法律控制——〈巴塞尔公约〉和〈巴马科公约〉比较研究》，《华北电力大学学报（社会科学版）》2006 年第 1 期。

就会变得复杂起来。因此应当适时对这两个公约进行更为细致的规定，将 CO_2 的跨境运输与封存活动纳入公约的调整范围。

二、《跨界国环境影响评价公约》对 CCS 技术的规制

在跨境活动的规制方面，与 CCS 技术密切相关的还有涉及跨境环境影响评价的国际立法。在此方面，由联合国欧洲经济委员会签订的《跨界国环境影响评价公约》（以下简称《埃斯波公约》）即为环境影响评价方面最为重要的国际公约。《埃斯波公约》于 1997 年生效，其目的在于"防止、减少和控制计划中活动所带来的严重的环境负面影响"。

所谓环境影响评价，是指对拟建设的项目、计划实施后可能对环境产生的影响进行的系统性识别、预测和评估，以测定其可能给环境带来的负面影响，从而采取替代选择或使负面影响最小化的减缓措施。对此，《埃斯波公约》一方面规定缔约方有进行环境影响评估的义务，要求缔约方在计划初始阶段就应根据附件一的要求对"可能造成的跨境环境的负面影响"进行评估；另一方面，还规定了缔约方有进行事先告知的义务，要求缔约方必须在活动之前评估其可能带来的跨境领域的负面影响，将工程计划事先告知对方，并对相关事项提供咨询。

《埃斯波公约》中并没有 CCS 技术的相关规定，公约也未要求对 CO_2 运输进行环境影响评估。例如，在 CCS 的管道运输方面，《埃斯波公约》仅对"大口径的油气输送管道"的铺设进行了环境影响评价规定，并未将 CCS 活动中用管道输送 CO_2 这一环节进行约束，进而无法对有关 CO_2 的运输活动进行合理的事前约束。但具体来分析，《埃斯波公约》的一些规定为 CCS 活动的规范提供了可能性。根据公约的规定，任一缔约方均可在遭受某一活动影响的情况下，提议将一个未被列入附件一的特定项目纳入公约规制范畴，并以此为目的与活动来

源国进行会议讨论。这就为 CCS 项目的运作提供了可能性，可以通过公约的相关规定以较为灵活的方式来约束跨境 CCS 项目。

第五节　IEA《CCS 示范法》对 CCS 技术的法律规制

为了让试图继续推广 CCS 技术的国家能够制定符合国情要求的 CCS 立法，IEA 于 2009 年开始根据国际 CCS 技术的发展，制定了 CCS 法规的发展蓝图。基于此，IEA 又于 2010 年 11 月公布了对 CCS 进行规制的示范法规（CCS Model Regulatory Framework，以下简称《CCS 示范法》）[①]。《CCS 示范法》的立法目的主要体现为以下两个方面：一是规范对环境无害的 CO_2 封存活动，使其不得对人体健康造成危害；二是将 CCS 技术作为减缓气候变化，实现气候保护的最有效、最可行的技术或过渡技术，最终做到为后代负责。[②] 因此，《CCS 示范法》的出台，为 CCS 技术制定了一个指导性标准，以解决国际亟待解决的法律问题。它的根本目的在于确保 CCS 技术能够安全地执行并有效地兼顾人体健康和自然环境的保护，以避免对环境安全及人体健康带来过大影响。此外，IEA 经济效益作为 CCS 活动的附带目的，法规也对参与 CCS 活动的投资者与主管机关涉及的责任与义务进行了详细规范。

根据 IEA 于 2010 年制定的《CCS 示范法》，所涉及的 CCS 法规架构可以分为 CCS 一般管制议题、CCS 应用管制议题、CCS 特别管制议题以及 CCS 新兴管制议题四个方面，具体如下（表 4）。以下，我们立足从几个方面来揭示《CCS 示范法》的全貌。

[①] IEA, "Carbon Capture and Storage: Model Regulatory Framework", IEA Energy Papers 2010/12, OECD, 2010, https://www.iea.org/publications/freepublications/publication/model_framework.pdf.

[②] OECD/IEA, "Technology Roadmaps – CCS", 2009, p. 37, https://www.iea.org/publications/freepublications/publication/CCSRoadmap2009.pdf.

表 4　CCS 示范法的法制框架

议题类型	议题内容
CCS 一般管制议题	1. 二氧化碳的分类
	2. 财产权
	3. 使用者竞争与优先权问题
	4. 二氧化碳的跨境运输问题
	5. 保护海洋生态的国际公约
	6. 推动 CCS 作为减缓气候变化战略的原因
CCS 应用管制议题	1. 保护人类健康的规范
	2. 二氧化碳流的组成
	3. 环境影响评估的地位与作用
	4. 第三方对二氧化碳运输与封存设备的使用权
CCS 特别管制议题	1. 二氧化碳的捕集
	2. 二氧化碳的运输
	3. 本规范的范围及除外事项
	4. 二氧化碳法规的定义及专有名词
	5. 场址选择与调查活动的监管
	6. 封存的授权许可
	7. 检查计划
	8. 监测、报告、查证需求
	9. 矫正措施
	10. 计划期间的责任归属
	11. 封存场址封闭的许可
	12. 后封闭期的责任归属
	13. 后封闭期管理的财务规划
CCS 新兴管制议题	1. 示范阶段的知识与经验分享
	2. 碳捕获设施的空间预留（CCS Ready）
	3. 以生物质能为基础的 CCS 技术
	4. 利用 CCS 技术来提高氢化合物（化石燃料）恢复的速度

一、封存地点的选择

（一）封存地点勘探行为的授权

对 CO_2 封存地点的寻找必须获得相关主管机关的授权许可，并获取相关的营业执照。一般而言，申请者在进行勘探活动时应当做好以下几个方面的工作：一是做好技术评估（technical assessment），如分析 CO_2 的特性、做好初期作业的规划与长期计划的拟定等；二是做好地质数据的收集（geological date collection），即收集相关的地质分布图，通过探测井来获取相关的地质数据、地震数据及其他资料；三是做好环境评估（environmental assessment），在进行勘探活动时，必须考虑到当地环境，以防止 CO_2 的封存对当地的生态环境带来破坏；四是考量 CO_2 封存带来的经济与政治影响。而相关主管机构在发放相关勘探授权许可之前，则应当做好这些相关事项：一是对经营者说明其所被赋予的权利（clarification of rights），即在授予勘探许可时，相关权责部门必须对申请者说明，一旦在勘探时发现了油气、地热等具有价值的资源，必须直接归属于国家。二是相关信息研究的排他权（exclusivity on information and development）。由于勘探行为是一项需要付出昂贵成本的活动，因此，为了维护勘探者的权利，应赋予其一定时期内享有相关信息与研究成果的权利。[1] 但在一定时期之后，则应当进行强制性的信息公开，以更好地服务公共事业。三是进行有期限的授权许可（time-limiting authorizations），对勘探授权许可设定期限，其目的是避免勘探者的不正当意图，防止勘探者垄断权利，妨碍其他

---

[1] IEA, "Carbon Capture and Storage: Model Regulatory Framework", Text 6.3.3: "(b) grants the operator the sole right to explore for potential storage sites in the area as specified in the exploration authorization." IEA Energy Papers 2010/12, OECD. https://www.iea.org/publications/freepublications/publication/model_framework.pdf.

竞争者进入市场。四是采取公平竞争的授权方式。为了避免市场垄断的发生，应当采用公开竞争的方式来获取勘探的权利。

（二）封存场址的选择

在 CCS 的生命周期中，选址是一个非常重要的前期步骤，它可以使 CO_2 的封存更加稳定，进而减少 CO_2 外泄的风险以及其可能对当地环境和公众健康带来的威胁。因此，对于封存场址的选择应当严格规范。通常而言，可供选择的封存地址应当大体符合以下几个基本要求：第一，有足够的空间；第二，有足够的注入吸收能力；第三，可承受发生断层、裂缝、钻井或其他意外流失的特质。[①] 而一旦该地址存在意外流失、外泄，对环境有损害、对人类健康有害或对其他资源有威胁时，则不适合作为封存的地址。[②] 因此，应当做好充分的封存场址技术准备，进行详细的资料收集，做好相关问题的敏感度分析与风险评估，使得封存场址安全、可靠。

（三）封存的授权许可

CCS 示范管制框架还要求经营者先取得相关单位的封存授权，才能进行计划内容。在授权许可程序中，有关封存厂址以及技术细节等信息将会予以披露，申请书中应当包括但不限于以下内容：（1）相关

[①] IEA, "Carbon Capture and Storage: Model Regulatory Framework", Text 6.4.3: "To be a suitable storage site, the site characterisation process must indicate that a proposed storage site:(a) has sufficient storage capacity for the intended quantity of CO_2 to be stored; (b) has sufficientinjectivity for the intended rate of CO_2 injection; and (c) is free of faults, fractures, wells or other features that are likely to allow unintended migration." IEA Energy Papers 2010/12, OECD. https://www.iea.org/publications/freepublications/publication/model_framework.pdf.

[②] IEA, "Carbon Capture and Storage: Model Regulatory Framework", Text 6.4.4: "A proposed storage site is not suitable where the site characterisation process indicates that it poses significant: (a) risk of unintended migration; (b) risk of leakage; (c) environmental risks; (d) health risks; or (e) risk to other resources." IEA Energy Papers 2010/12, OECD. https://www.iea.org/publications/freepublications/publication/model_framework.pdf.

运作过程中的所有权归属；（2）经营者有足够资金能力和技术能力来进行封存行为；（3）要注入的 CO_2 的来源、成分、输送率、时间、预计日期以及 CO_2 停止输送的时间；（4）预计注入和储存的地址，储存的数量；（5）封存地点所涵盖的区域和地下结构；（6）风险评估的结果；（7）当封存地点发生 CO_2 外泄事故及其他偶发事故时的应急处理计划；（8）环境影响评估和可能对公众健康和社会带来的影响评估。主管机构也应当评估经营者的能力是否符合 CO_2 封存的需求，并确保 CCS 项目在短期、中期以及长期范围内的安全性。与此同时，经营者还应提供场址所有权人的私有财产权属等法律文件，以确保其已经获得了在相关土地上进行 CO_2 封存的使用权。当经营者无法满足应有的条件以及标准时，主管机构有权勒令停止 CCS 项目的运作。

二、监督与检查机制

CCS 项目计划书在获得主管机关的授权许可后，在运行的过程中应当接受主管机关的监督和检查。主管机关应当对封存地点进行周期性的检查以确认经营者是否能够依照授权来实施 CCS 计划。检查的内容应当包括封存地表设施的检查、日常施工的检查等。检查通常分为例行检查与非例行检查两个方面，经营者应当每年报告一次计划运作状况并交由主管机关进行审查，主管机关也应当每年对其进行一到两次的例行检查，通过周期性的检查以确认经营者是否严格地按照计划来开展项目；而在调查任何泄漏报告、CO_2 意外流失、投诉或其他情况时，也有必要进行非例行的检查。

三、矫正与补救措施

矫正与补救措施是 CCS 项目实施中极为重要的一项，它可以减少重大碳泄漏、意外转移等意外情形发生后带来的损害。一旦发生特定条件的损害情况时，如对人类健康和环境安全带来损害或发生碳泄漏等意外事件时，必须使损害得以及时补救。但是，由于现有发生的 CCS 意外事故相对较少，因此对于矫正与补救措施的具体标准为何尚未取得统一的认识。

四、计划期间的责任归属

经营者必须对任何在 CCS 项目的勘探、操作、封闭期间所发生的损害承担相应的责任，对这些损害采取一定的矫正和补救措施，并负担一切相关成本。[①] 目前，碳泄漏或非预期的 CO_2 移动可能带来的后果主要体现为以下两个方面：一是区域性的效应（localised effects），是指碳泄漏或非预期的 CO_2 移动给周边环境、人体健康及安全带来的损害；二是全球性的效应（global effects），当 CO_2 意外泄漏到大气当中时，也将对大气环境造成一定的损害，CCS 技术作为减缓气候变化的技术也会因此遭到质疑。对于前者，根据法律的规定经营者通常都需要承担一定的民事、行政乃至刑事责任；而对于后者，一旦由于不符合规定发生碳泄漏事件，相关经营者则无法获得相应的排放权配额。当然，这种排放权配额因总量管制的碳排放交易制度与专门机制的碳排放交易制度有所不同：在总量管制的模式下，CCS 技术主要用于减少大气中的 CO_2 的浓度并将之永久封存在地底，以确保排放量符合指定的目标。而在专门机制模式下，当排放量减少到基线之下时，任何

---

① IEA, "Carbon Capture and Storage: Model Regulatory Framework", Text 6.9.1: "During the project period, the operator is responsible for any liabilities for damage caused by the project, including but not limited to: (a) damage to the environment; (b) damage to human health; (c) damage to other resources; (d) damage to third-party assets; (e) the cost of corrective measures required to limit the extent of the damage; and (f) the cost of remediation measures associated with the damage." IEA Energy Papers 2010/12, OECD. https://www.iea.org/publications/freepublications/publication/model_framework.pdf.

额外捕集的 CO_2 都要列入清单当中；当排放量高出基线时，这些多余的排放量必须加以计算并支付赔偿金，如果无力赔偿，经营者必须到碳市场中购买一定的排放权或由主管机关加以处理。

五、封存场址关闭的标准与授权

当经营者在完成相关的注入行为后，必须履行封闭场址的义务。首先，经营者应当对场址进行封闭并对地面设施进行拆除，其中堵塞注入进口的技术可以参考现行封闭油田的法律规定；其次，封闭地点必须留有一定的监测设施以便随时对封闭情况进行跟踪监测，持续性地测量 CO_2 的稳定性和地底封存的效果。对此，经营者必须根据相关法律的规定出具相关的监测报告。报告应涵盖对 CO_2 流的稳定性、CO_2 流的发展、风险评估、持续性监测数据等，如果所有的证据都证明 CO_2 的封存是稳定且安全的，主管机关才可以进行封闭授权并同意进行责任的转移。

六、后封闭期间的责任归属

当 CO_2 长期封存后，谁来为封存地点与事项负责成为具有挑战性的一个议题。国际上在起草相关 CCS 的法规时，对此通常可以有两种解决方式：方式一，如果相关文件中没有对长期责任进行相关规定，则可假设经营者对封存场址负有永久责任。但是，潜在的经营者也许不愿意在明确的时期内负担责任，尤其是对于以营利为目的的私人企业而言，他们一般不会倾向于负担管理义务或财政保险义务，且容易引发道德风险——后封闭期间封存地点的责任会转移到政府单位，但场址的财政利益依然为私营企业所保留。方式二，当相关条款规定了转移义务时，经营者则需要在主管机关承担封存场址责任之前，承担封存场址发生遗漏与异常情事的所有责任。如果政府决定在封闭期间后提供移转责任给相关单位，一旦责任被移转，经营者很有可能免除所有封闭场址的责任。但是，就某些国有企业而言，由于其所有权的分离并不明显，责任的承担主体是同一的，在此情形下，责任转移的问题基本不会出现。

（一）长期管理责任

《CCS 示范法》规定，主管机关在接管责任之前，应当要求经营者提交相关报告，以充分的证据来证明封存场址不会发生泄漏或其他异常事项，确保 CO_2 所引起的长期责任风险在移转责任后不会发生。伴随责任的移转，主管机关应当进行周期性的监测以对 CO_2 封存地的安全进行持续性保证，对任何因碳泄漏所增加的成本负责，并针对 CO_2 溢漏进行矫正和采取补救措施。

如果 CO_2 封存责任没有移转到相关主管机关，那么可以推断经营者仍然需要对这些项目负责。而当实现责任转移时，为尽可能地避免责任转移对主管机关可能带来的影响，主管机关应当在事前就下列事项加以规定，以减轻责任转移后的负担：其一，建立良好场址的筛选程序和有效的监督管理制度。其二，建立适当的封存授权标准来确保经营者的遵守。其三，建立合理的监测机制与报告制度。其四，建立定期检查与矫正计划，以确保问题能够在经营者责任阶段即被发现和纠正。其五，建立一个对封闭、后封闭时期与责任移转的良好管理机制。其六，建立一个合理的成本回收制度和利用资金的安全机制来处理长期负担所造成的影响。

（二）泄漏对当地的影响与长期责任

对于因 CO_2 的封存对当地环境带来的潜在风险，责任移转后的主管机关应当负担任何跟泄漏结果相关的责任。

（三）泄漏的整体影响与长期责任

对于 CO_2 的封存对整体环境带来的潜在风险，所有利益相关方都应分担一定的责任：其一，对于 CCS 活动的运营者而言，需永久地对泄漏事件负担责任；其二，CO_2 封存地点所在国家，必须最终负责并且须担负所有泄漏的损失赔偿；其三，CCS 计划的拥有者必须承担私人企业所应承担的风险责任；其四，应用折扣率，任何未来的泄漏都会列入计算，以减少授予经营者的排放权配额。其五，延长计划时间，计划期间可以最多延长 50 年。

第六节　国际法架构下对相关公约的评析

一个国家负有不侵害到其他国家以及共同使用区域环境的义务，这是国际法的基本理念和原则。对此，1972 年的《联合国人类环境宣言》第 21 条指出，依照联合国宪章和国际法原则，国家有责任确保其管辖范围内的活动不超出国家管辖范围而对其他国家或区域的环境造成损害。这一原则对于 CCS 法规这一个全球性的法律命题也同样适用。由上所知，在国际法相关领域当中，有关 CCS 的法律问题主要集中在以下方面：一是有关 CCS 技术的法律地位问题，即作为一种碳减排技术，CCS 技术的安全性和经济性是否适合将其作为未来的重点减排技术；二是关于 CCS 技术的标准问题，制定何种技术标准才能保证 CCS 项目有效、安全地运行；三是关于 CCS 技术的成本效益问题，在当前 CCS 项目投资收益不成正比的背景下，采取何种激励政策能促进 CCS 项目的实施。[①] 就当前国际法中关于 CCS 技术的规定来看，仅有《京

---

① 何璇、黄莹、廖翠萍：《国外 CCS 政策法规体系的形成及对我国的启示》，《新能源进展》2014 年第 2 期。

都议定书》《马拉喀什协定》等气候方面的国际公约对 CCS 技术进行了明确的法律规定，认定其为一项有效的减排技术。但是，无论是《框架公约》还是《京都议定书》均未明确禁止 CCS 技术的使用，《框架公约》第 4 条第 1 款（d）项以及《京都议定书》第 2 条第 1 款（a）项都在某种程度上鼓励缔约方从事 CCS 技术的研发和应用，进而为 CCS 技术提供了可能性和发展的空间。2010 年坎昆会议上所订立的《将地质形式的 CCS 作为 CDM 项目活动》的协议则进一步将 CCS 纳入到 CDM 之下，进而间接承认了 CO_2 地质封存的国际地位。[①] 当封存地点位于海洋时，相关法律问题则因国际海洋法的适用而变得更为复杂，《海洋法公约》倾向于将 CO_2 定义为污染物，它的原则性规定对 CCS 技术的推广不利，而《伦敦议定书》附件一却持不同观点，将 CO_2 视为废弃物，进而为 CO_2 的海底封存提供了可能。在此方面，《伦敦议定书》以及《东北大西洋海洋环境保护公约》均对在海床及海洋底土的 CCS 活动进行了相应的规制，并落实了 CCS 项目的实施机制，进而能够为推广和拓展海上 CCS 活动提供法律支撑。而当 CCS 活动涉及跨境运作时，还需要做好跨境环境影响评估工作，兼顾他国的环境利益。因此，如何进行合理、科学并具有可操作性的 CCS 国际性的制度安排是一个必须思考的问题。针对国际法上已经取得的进展和遗留的不足之处，还应从以下几个方面加强对 CCS 技术的国际法律规制。

一、国际法架构下对 CCS 立法聚焦的几个基本问题

在当前的国际法秩序下，CCS 技术是一个新概念和新命题，它的提出对国际法的诸多领域带来了冲击，其在不断向前发展的同时也屡

[①] 王众：《中国二氧化碳捕捉与封存（CCS）早期实施方案构建及评价研究》，成都理工大学 2012 年硕士学位论文，第 26—27 页。

遭掣肘，带来了新的法律问题，如风险与安全的问题、成本与交易问题、能源与生态的关系问题等。

CCS技术能否纳入现有的国际法框架是国际法框架所调整的问题之一。从《框架公约》和《京都议定书》可以看到，二者对CCS技术并没有明确定位。因此，应当如何将CCS技术纳入现有的国际法框架，使它与其他控制温室气体技术并驾齐驱是国际法视域下需要率先解决的问题。这里所涉及的两个亟待解决的问题是：其一，CCS技术能否纳入《京都议定书》所创设的CDM、JI以及ET当中；其二，一旦CCS纳入ET之后，其所引发的碳汇变化应当如何计算。

CCS技术应用中的风险应当如何控制是国际法框架所调整的问题之二。由于CCS活动的每一个环节都可能面临风险，大量的CO_2在运输或封存的过程中都可能发生泄漏进而对人类健康和环境安全带来威胁。因此，CCS技术的应用和实施必须满足高度安全性的要求，应当建立相应的风险评估和管理机制来控制和防范风险。

CCS是否会对他国的环境，尤其是发展中国家的环境构成威胁是国际法框架所调整的问题之三。在封存地点的选择上，由于各国环境差异较大，发达国家极有可能将封存的地点转移至发展中国家，进而引发跨境污染转移问题。这种不顾他国利益的做法为《巴塞尔公约》以及《巴马科公约》等公约所不允许。因此，防止污染转移问题的发生，更好地保护他国尤其是发展中国家的环境，也是国际法所亟须解决的问题。

如何明确CO_2的海洋封存是国际法框架所需调整的问题之四。通常，当CO_2的封存地点在陆地时，涉及的仅仅是国内法问题，而当封存地点位于海洋时，问题则变得复杂起来。由于海洋环境的特殊性，一旦封存行为发生在海洋，则需考量是否违反《海洋法公约》等国际公约，倘若发生泄漏，如何确定法律责任及赔偿也是需要解决的问题。

二、进一步完善 CCS 国际法架构的相关建议

（一）对 CCS 技术从国际法层面进行科学的评估与认定

CCS 技术究竟是应对全球气候变化的利器，还是会对气候环境带来破坏的定时炸弹？CCS 技术能否实现商业化、规模化的生产，还是只能用于节能减排的实验阶段？[①] 尽管 IEA 等国际组织已经对 CCS 技术的重要性进行了肯定，认为其是快速应对全球气候变化的重要措施，但由于其具有高成本、高风险的特点，各国公众仍对 CCS 技术持怀疑态度。上述部分国际公约中既未对 CCS 技术进行否定，但也未对其发展做出明确肯定，尤其是有关气候变化的国际公约在 CCS 问题上一度处于犹豫和徘徊阶段。对此，我们认为，要推动 CCS 技术在国际法上的发展，必须对其做出较为全面、科学的评估和认定。如果我们能够确保在 CCS 技术的实施过程中，通过法律制度的规范作用能够对其加强风险管理以预防和应对其可能带来的环境公害事件的发生，就应该认可其在经济和技术上的可行性，并通过科学规范的 CCS 国际技术标准体系来为其提供相应的法律依据和基础，以此来确保 CCS 技术的风险得以妥善控制，成本得以有效降低。

（二）对 CO_2 的海洋封存进行有效规范

在海洋法规则方面，保护海洋环境、防治海洋污染是国际法的目标和原则。随着 CCS 技术的发展，海洋封存日渐成为 CO_2 减排的重要方向，但囿于海洋生态的特殊性和复杂性，海上 CCS 技术的运用必然会产生一系列难以控制的风险。因此，必须通过一定的法律手段来明确海洋封存的各个环节中所涉及的主体的权利和义务，通过健全风

---

① 吴益民：《二氧化碳海洋封存的国际法问题探析》，《法学》2014 年第 2 期。

险预防和应急机制来避免和降低海洋生态风险。纵观现有的海洋法国际公约，为了考量 CCS 技术的发展对海洋环境带来的风险，《伦敦议定书》的缔约方会议决定修改议定书，OSPAR 委员会为避免 CCS 技术潜在的负面影响，也修正了既有的 OSPAR 公约，以解决 CCS 海底地质封存的法律定位问题，确保 CO_2 流在海底储存的安全。然而，这些规定依然较为笼统，无法为进行 CO_2 海洋封存的实际操作提供更为详细的指导，一旦发生争议，也将因标准和程序各异而难以得到解决。因此，应进一步完善国际海洋法律框架来为 CCS 活动提供更为科学和规范的标准，对海洋封存的风险评估、授权许可、运输、封存与监测等全过程做出统一的制度安排，使其更具现实操作性。

（三）建立规范的国际碳排放交易市场

当前，为加强对国际上 CO_2 等温室气体排放量的控制，国际上在《框架公约》以及《京都议定书》的指导下形成了日渐规范的国际碳排放交易市场。但是，由于这两个对气候变化起指导意义的国际法律文件皆对 CCS 技术没有明确的法律定位，反对者也认为，由于不能保证 CO_2 不发生泄漏，且不能确保 CCS 项目的 CO_2 属于净减排，因此 CCS 技术不适用于 CDM 机制。也正因为此，CCS 仍未列入 CDM 当中，也未列入联合履约机制和排放贸易机制当中。这就给 CCS 技术的大规模商业化推广带来了难题，因为其所包含的 CO_2 量不仅难以在国际碳交易的配额市场和项目市场形成价格优势，也无法借助市场的力量进行推广。对此，我们应该看到，CCS 技术具有清洁能源技术的基本特点，因而应当尽快通过法律规定的完善将 CCS 技术纳入 CDM 当中，使其进入国际碳排放交易市场的规范轨道，通过市场力量推动其发展。

（四）建立 CCS 监管机制和责任分担制度

CO_2 的运输或封存的每一个环节都有可能存在风险，为了应对存在的跨境损害和污染的风险，必须对其进行合理的法律规范。但就当前来看，无论是国际海洋法当中的相关规范还是跨境环境责任的法律公约皆未对 CCS 活动进行有效规范。因此，必须看到 CO_2 的泄漏给人体健康和环境安全带来的影响，在国际法领域建立起对 CO_2 进行有效监测和管理的法律制度安排，通过明确 CO_2 封存相关的风险评估体系，进行有效的封存场地管理、严格的审批许可制度、全过程的监督管理制度、透明的惩罚和责任追究制度、有效的事故应急处理机制来对 CCS 活动当中的市场失灵进行有效干预和控制，最终通过对 CCS 项目可能发生的风险进行全程监管和有效治理来有效推进 CCS 项目的国际合作和协调。

（五）在国际法原则的指导下对相关国际条约进行广义的解释

整体地看，目前相关的国际气候、海洋以及跨境环境公约已经初步搭建了对 CO_2 实行封存的全球性的法律框架，但是由于政治环境和意识形态方面的种种冲突，国际上对于 CCS 技术的法律约束依然没有达成共识，有关 CCS 技术的法律框架尚不明确。再加上 CCS 技术的发展不甚成熟，总体上国际社会对其仍持审慎态度。在此背景下，各国应在遵循国际法基本原则的前提下，对《伦敦公约》《伦敦议定书》等国际法律协议进行目的解释和扩张解释，或在条件成熟的背景下不断推动相关文件的修订。尤其是在后京都时代，应逐步推动各国在全球气候变化问题当中的义务的承担，将 CCS 技术纳入国际气候公约的规制范畴，在明确 CCS 技术合法定位的前提下，不断明确其实施的条件、要求、风险控制、应急管理等机制，不断推动 CCS 法律制度的成熟和完善。

第四章 域外考察：国外CCS技术的立法实践

在风险社会背景下，对科学技术进步中的风险进行规制和管理是政府的重要职能。目前，全世界普遍认识到，CCS项目存在一定的风险性，因此人们开始意识到除了要克服相关技术和成本障碍外，还必须制定全面、合理的政策法规，为CCS技术的发展进行规范和保障。有鉴于此，国际上逐步形成了CCS的法律及监管机制的架构，而在此之外，各国和区域性组织也纷纷根据实际需要提出了CCS的立法草案或推出了有关CCS发展的立法，体现为国内法或区域法领域的CCS法律应用。例如，美国肯塔基州已于2010年提出了CCS的法律草案（HB 213），欧盟于2009年颁布了《CCS指令》，英国2008年及2010年的《能源法》[1]、加拿大2009年的《CCS赞助法》[2]均为各国与CCS相关的法律支持。需要说明的是，不同国家对于CCS技术的关注程度并非一致，通常而言，对煤炭和化石燃料依赖较为严重的国家往往更重视加强对CCS的立法规制，以实现向低碳能源过渡的目标，进而有利于全球气候变化的缓解；而对于煤炭和化石能源依赖较小的国家而言，有关CCS的法律或制度建设则相对较

---

[1] UK, "Energy Act 2010", http://www.legislation.gov.uk/ukpga/2010/27/contents; "Energy Act 2008", http://www.decc.gov.uk/en/content/cms/legislation/energy_act_08/energy_act_08.aspx.

[2] Canada, "Carbon Capture and Storage Funding Act 2009", http://www.canlii.org/en/ab/laws/stat/sa-2009-c-c-2.5/latest/sa-2009-c-c-2.5.html.

为缓慢。在此，本章拟结合部分发达国家和发展中国家在 CCS 技术规制领域的政策和法律实践，系统分析欧盟、英国、美国、澳大利亚等国家和地区关于 CCS 的法律、政策和技术标准，在总结发达国家和部分发展中国家成功经验和存在短板的基础上，为我国相关政策和法律的建立提供参考。

第一节 发达国家和地区 CCS 技术的立法发展及其制度评析

一、欧盟 CCS 立法的历史发展及其制度评析

欧盟既是 CCS 技术发展的先驱，也是 CCS 立法的先驱。欧盟在 CCS 的政策制定方面较为激进，在 CCS 的法律制定方面，欧盟主张先制定整体法律框架，然后推动各个成员国逐渐修改国内立法以符合欧盟的总体政策。欧盟希望通过加强 CCS 立法和实施机制的制度化和规范化来应对全球气候变化以及化石燃料可持续利用的需要，也希望借此在技术领域保持十足的竞争力，在未来可以通过技术输出获得收益。因此，欧盟近年来不断加强有关 CCS 的政策和法规建设，于 2009 年通过了全球第一个详细规定 CCS 的法律——欧盟《CCS 指令》。

（一）欧盟 CCS 立法的历史发展

根据 2005 年第二个气候变化计划书的指导，欧盟设立了 CCS 工作组，用来专门研究 CCS 技术作为专门的温室气体减排手段的可行性，分析 CCS 技术可能面临的法律障碍并寻求相应的应对措施。早在 2006 年发布的《欧洲可持续、竞争和安全能源策略》绿皮书中，欧

盟 CCS 工作组就在研究报告中指出，应当将 CCS 技术确定为应对能源安全和气候变化挑战的三大政策优先项目之一，并为 CCS 技术的发展制定必要的政策和监管框架。[①] 其后，该小组又在 2007 年有关 CCS 的会议上讨论了 CCS 的监管框架，建议对 CCS 监管框架的影响范围进行评估，明确 CCS 风险的管理方法，以此来推动 CCS 技术的发展。2007 年，欧盟发布了《欧盟能源政策》这一能源和气候变化的战略性文件，将 CCS 列为欧盟能源政策的重要议题之一。EC 认为，在确保可持续电力生产方面，CCS 技术有助于推动清洁煤生产技术，进而接近 CO_2 零排放。与此同时，欧盟非常重视 CCS 技术在应对气候变化问题中的重要作用，EC 的讨论认为，除非采取 CCS 技术，否则欧盟将无法在较短时间内解决气候变化问题。[②] 也正因为此，欧盟将 CCS 技术视为一项重要的减排技术，并将 CCS 项目定为解决能源安全和气候变化挑战的三大政策优先项目之一。

在此背景下，EC 于 2008 年发布了 CO_2 封存指令草案，确定了 CO_2 地质封存的根本目标，明确指出发电厂的选址要利于 CO_2 的捕获，到 2020 年为止所有的新建燃煤电厂将配备 CCS 设施，到 2025 年所有电厂产生的 CO_2 的 90% 必须进行捕获和封存。最终，该指令于 2009 年 4 月 6 日在欧盟理事会上得以通过，并于 2009 年 6 月 25 日正式生效，为 CCS 勾画出了一个大致的风险管理框架。至此，世界上第一部关于 CCS 的详细立法——《CCS 指令》正式生效。作为"欧盟气候变化一揽子计划"的组成部分，《CCS 指令》的首要目的在于承认 CCS 技术的合法性，保障环境安全，明确责任承担，进而为 CCS 技术的应用排除法律障碍。该指令要求各欧盟成员国必须于 2011 年 6 月

[①] The Second European Climate Change Program, "Carbon Capture and Storage: European Union", 2006, https://ec.europa.eu/clima/policies/eccp/second_en.

[②] 师怡:《环境权、航权与国家主权：欧盟航空排放指令的合法性反思》,《甘肃政法学院学报》2013 年第 3 期。

25 日前将 CCS 技术纳入国内立法，因此其既具有授权性法律规范的特点，也具有强制性法律规范的色彩，它的出台为欧盟范围内进一步发展和利用 CCS 技术提供了必要的法律依据。

此外，欧盟还于其后进行了相关配套制度的建设，EC 在《CCS 指令》颁布后也随即对设计 CCS 的相关指令进行了修改，包括对 CCS 装置的要求（Directive 85/337/EEC）、对封存地的要求（Directive 2000/60/EC，Directive 2004/35/EC）、对火电装机的要求（Directive 2001/80/EC）等，以确保欧盟成员国在实施 CCS 项目时不受到现行法规体制的限制。2012 年，欧盟更是讨论修订了欧盟碳排放权交易机制（EU-ETS），将 CCS 纳入该机制当中，并在 2012 年的远景规划中提出了对 EU-ETS 机制的修改，与 CCS 相关的 3 项修正案包括：解释 CCS 在 EU-ETS 机制当中的定位、有关拍卖和免费配额的规定，以及有关 CCS 融资制度的相关规定，目前相关建议已经以《在欧盟范围内推动碳捕获与封存》的报告形式提交 EC 讨论审议。

（二）欧盟 CCS 的法律制度安排

整体地看，欧盟现有关于 CCS 的法律制度的建设主要集中于《CCS 指令》确定的相关制度当中，其基本情况和制度框架主体如下。

1. 欧盟《CCS 指令》的适用范围及目的

根据《CCS 指令》的规定，它适用于成员国领域及其专属经济区和大陆架范围内进行的 CCS 活动。其目的在于确保 CCS 活动的安全，通过对 CO_2 进行永久封存，阻止其给环境和人类健康带来的风险和负面影响。事实上，《CCS 指令》是欧盟成员国之间进行政治博弈和利益调和的结果。《CCS 指令》明确规定，各成员国有权决定是否在本国开展 CCS 活动。之所以进行这样的制度安排，是因为如果强制欧盟成员国采用 CCS 技术将违反欧盟排污权交易机制所确立的市场化机制，进而破坏市场的公平，并且，如果对各成员国实施 CCS 进行强制性规定不仅将给成员国带来过大的压力和成本,也难以发挥 CCS 技术在改善空气质量、优化能源技术领域应有的作用。

2. 碳捕获预留(CCR)原则

根据《CCS 指令》的规定,碳排放主体应该为 CCS 的采用进行准备性的工作,EC 将于 2015 年对 CCR 条款进行评估审查,设定有关 CO_2 的排放绩效标准,从而对碳排放主体排放的碳总量进行限制。在 CCR 制度的具体实施条件方面,《CCS 指令》还修改了《大型燃烧工厂指令》,要求凡是额定输电量在 300 兆瓦以上的电厂必须对其日后能否利用 CCS 技术进行评估,在满足以下三个条件的前提下,就应当为安装 CO_2 捕集设备和压缩设备留出足够的空间:(1)有适当的封存地点;(2)建设运输设施兼具经济上和技术上的可行性;(3)安装捕集设备具有经济上和技术上的可行性。

3. CCS 捕集许可制度

依照《CCS 指令》的规定,CO_2 的捕获必须遵守欧盟《综合污染预防与控制指令》(简称《IPPC 指令》)以及《环境影响评估指令》(简称《EIA 指令》)的规定。首先,依照《IPPC 指令》的规定,捕获 CO_2 应当事先获得行政许可,取得 IPPC 许可证后,并确保公众的参与,以控制 CO_2 及相关污染物向空气、水和陆地排放。其次,为避免 CCS 活动的开展可能带来的环境影响,《EIA 指令》第 31 条规定,必须对捕集设备对环境可能带来的重大影响进行评估,并根据评估结果来确定是否颁发 IPPC 许可。

4. CCS 选址与勘探制度

根据《CCS 指令》的规定,CO_2 必须注入适当的封存地点,以防止任何可能对环境和人类健康带来威胁的泄漏风险的发生。在此方面,《CCS 指令》附件一规定了选址程序,规定 CCS 运营主体应当按照附件一的规定来收集与封存场地及周围环境相关的数据,并在这些数据信息的基础上建构 CO_2 封存场地的三维地质模型图,用来预测和模拟

CO_2 注入地质结构后的状态。由于地质结构的复杂性对 CCS 的选址至关重要，因此《CCS 指令》允许进行提前勘探作业。对此，《CCS 指令》要求成员国必须保证由拥有必要专业知识储备的申请人来申请勘探许可证，并根据客观、公开和平等的原则授予许可证。对此，《CCS 指令》第 7、8、9 条规定了申请勘探许可证的最低标准、准许勘探许可的条件，并规定必须按照《EIA 指令》的要求对封存地点进行风险评估，并以评估结果作为封存许可申请的一部分提交审查。只有获得了相应的勘探许可证，经营者才能进行相关的勘探和选址活动。

5. CCS 封存许可的条件和程序

在确定了封存地点之后，项目经营人即可申请获取 CO_2 地质封存许可证。对此，CCS 的运营人必须在申请书中证明自己符合获得封存许可的条件要求。首先，在经济实力方面，经营者必须提供担保，证明其能够承担项目运营期间、封存地点闭合后到责任转移前的所有费用。一旦经营者未履行《CCS 指令》规定的义务，主管机关有权启用担保金。其次，在技术能力方面，经营者必须提交其具备进行 CO_2 封存的相关技术证明材料，并对雇员进行必要的技术培训。再次，经营者还必须在封存许可申请中详细列明进行封存的 CO_2 的基本情况，包括 CO_2 的总量、来源、运输方式以及有关 CO_2 附带成分的处理等。最后，项目运营人还必须制定一系列针对封存地点进行运营和闭合的计划，明确封存地点的监管办法和发生 CO_2 泄漏事故和危害环境及人类健康时的补救措施。只有在封存许可申请获得了成员国主管机关的审查和批准之后，经营者才能在许可范围内从事相关的 CCS 作业。在此方面，《CCS 指令》第 7、8、9 条还规定了获得许可证的最低申请标准以及准予许可的基本条件。必须强调的是，为了确保经营者按照主管机关许可的条件和范围进行操作，《CCS 指令》第 10、11 条规定了许可的改变和撤销情形。其中，指令第 11 条规定封存许可在项目运营期间必须定期接受强制性审查，主管机关可以进行定期或不定期的审查，并根据检查情况对经营许可的范围进行变更、调整，在经营者违法时甚至可以撤销经营许可。

6. 监督、报告和检查制度

《CCS 指令》第 12—16 条主要规定了有关 CCS 的监督、报告、检查以及相关的补救措施。一是对 CO_2 流实行风险评估的制度。对此，《CCS 指令》第 12 条规定，在 CO_2 流中也可以包括其他物质，但这些物质不得给运输设备、封存场地、环境和人类健康带来风险。为此，CCS 项目运营主体必须事先对 CO_2 流进行风险评估，并对拟封存的 CO_2 流的总量、特征和成分进行登记。二是对 CO_2 的封存实行监督的制度。《CCS 指令》第 13 条规定，之所以要对 CCS 项目进行监督，其目的是及时发现问题，防止碳泄漏给环境、饮用水以及人类健康带来负面影响。因此，应当按照已获批准的监督计划书对 CCS 项目实施监督。三是对 CCS 运营情况实行报告制度。对此，《CCS 指令》第 14 条规定，CCS 项目运营主体每年至少提交一次报告，将封存场地的监测情况以及继续为 CCS 项目的运营提供资金保障的情况写入报告。而一旦发生碳泄漏或重大事故，根据《CCS 指令》第 16 条的规定，CCS 项目运营主体应当及时向监管机构报告，并采取相应的补救措施。四是对 CCS 项目运营实行检查的制度安排。《CCS 指令》第 15 条规定，监管机构应针对封存场地以及环境进行定期或不定期的检查，其中主管机关应在每年进行不少于一次的定期检查，并在特定情形下进行不定期的检查。监管机构应当对检查的情况制作报告并在检查后的 2 个月内向社会公众公布。五是对监管机构的管理责任的安排。《CCS 指令》第 16 条规定，在监管机构已经承担 CCS 项目的管理责任的情况下，一旦发生碳泄漏和其他非正常情况，如果运营主体没有采取必要的补救措施，则监管机构应当进行补救，由此产生的费用可事后向 CCS 运营主体进行追偿。

7. 封存地点闭合及其闭合后的责任制度

当 CO_2 进行封存后，需要对封存场地进行关闭以防止泄漏带来的安全隐患,而当场地进行封闭后,由谁来承担闭合后的责任也是一个至关重要的问题。在此方面,《CCS 指令》第 17、18 条做了详细规定。其中,《CCS 指令》第 17 条规定了封存地关闭的相关要求,要求运营主体在做出关闭封存场地的决定前,必须对事先拟定的关闭计划书进行审查和必要修改,监管机构则应当对修改后的关闭计划书进行详细审查,对符合条件的关闭计划书进行修改。而在责任的承担方面,《CCS 指令》第 18 条规定,一旦封存场地关闭后,运营主体需要将监督责任转移到监管机构身上。这种责任的转移必须满足以下四个要件:其一,封存场地的状况较为稳定,运营人须向主管机关提交报告证明其已具备责任转移的基本条件。其二,从封存场地的关闭到封存场地的责任转移需要经过至少 20 年的观察期,当然,如果主管机关经审查对已封存的 CO_2 情况表示认可,也可提前转移法律责任,但对必须转移责任的时间上限没有规定。其三,CCS 运营主体应当为监管机构在监督期内提供至少 30 年的费用开支,以作为主管机关进行监督的经济担保。其四,运营主体已经关闭了封存场地,并将相关的 CO_2 注入设备撤离封存场地。一旦经营主体与监管机构之间履行完相关责任转移手续后,便无须承担监督封存场地的义务,也无须承担《欧盟排污权交易指令》和《欧盟环境责任指令》(Environmeat Liability Directive,简称《ELD 指令》)规定的责任。但是,如果 CCS 运营主体在经营封存场地的过程中存有过错,监管机构可以根据第 18 条的规定向其进行追偿,并要求其承担相应的法律责任。

8. CO_2 封存的应急处理机制

一旦 CO_2 封存出现泄漏或其他重大异常时,项目运营人有义务及时采取补救措施,防止 CO_2 从封存地点散逸出去。通常情况下,如果主管机关在封存许可被撤销时已经接管了封存地点的法律责任,或运营人没有及时采取必要补救措施,主管机关必须进行补救。但是,主管机关可以事后向项目运营人追偿因采取相关补救措施所产生的费用,必要时也可要求项目运营人事先提供相应的担保资金。在此方面，《ELD 指令》也针对 CCS 项目引起的环境损害进行预防及救济进行了规制。与《CCS 指令》不同的是，《ELD 指令》规定主管机关可以随时针对 CCS 项目中的突发状态进行预防和补救，但这种约束并非强制性的；但根据《CCS 指令》的规定，只有在运营人没有对环境损害采取补救措施时，主管机关才有必要进行补救，这种补救具有补充性和强制性效力。

9. 第三方准入制度

CCS 的基础设施建设需要耗费一定的成本，在条件允许的情况下，能否允许第三方使用 CCS 的基础设施，也成为 CCS 制度建设中备受关注的一个问题。对此，《CCS 指令》第 21、22 条规定，各成员国必须确保 CCS 项目基础设施对第三方的非歧视和透明化，本国的基础设施网络提供商必须进行额外的投资来提高设施的供应能力，以推动 CCS 基础设施在特定条件下为第三方所用。但是，第三方在使用相关 CCS 基础设施时必须按照相关规定支付使用费，而在基础设施网络供应能力不足时，基础设施网络提供商也可以拒绝第三方的使用。

10. CCS 发展资金制度

CCS 技术要想得到发展，必须获得相应的资金支持，这就必须为 CCS 项目设立相应的发展资金制度，在此方面，欧盟在《CCS 指令》和 ETS（European Union-Emission Trading Scheme）的制度安排下，旨在从以下几个方面来推动 CCS 的融资：其一，依托碳价格机制，在排污权交易收入中创设专门的 CCS 基金，赋予 CCS 项目一定的碳信用，进而将 CCS 与 CDM 及 JI 机制联合起来，共同助推碳信用机制的发展；其二，成员国应当对 CCS 示范项目提供财政补贴，通过财政支持来为 CCS 项目提供发展资金；其三，加大低碳能源使用的激励机制建设，包括投资激励、配额制度、税收优惠等机制的建立。

11. CCS 信息公开制度

根据欧盟《CCS 指令》的规定，与 CCS 相关的公众环境信息权必须得到维护。因此，指令第 26 条规定，一方面，公众具有关于 CCS 环境信息的知情权，欧盟成员国必须确保公众能够充分享有《奥胡斯公约》及欧盟相关立法对公众赋予的权利保障；另一方面，各成员国必须对 CCS 相关的环境信息进行公开，以便公众了解 CCS 当中存在的环境风险。当然，在有关 CCS 的敏感商业信息的公开方面，欧盟《CCS 指令》暂持审慎态度，根据指令第 25 条的规定，如果相关 CCS 技术涉及商业秘密，对于已获登记的封存许可证和封存场地，主管机关不得进行公开。

整体来看，欧盟《CCS 指令》涵盖的内容十分丰富，其不仅明确肯定了 CCS 的合法地位，制定了严格的 CCS 风险管理制度，而且采用了一系列能够推动 CCS 技术发展的激励机制。合理的制度体系设计不仅推动了 CCS 在欧盟范围内的发展，也有效地控制了 CCS 技术的风险。然而，遗憾的是，《CCS 指令》并没有规定如何解决 CO_2 封存过程中涉及的民事责任问题，这些问题的处理主动权依然保留在各成员国，须各成员国通过国内法的规定对涉及个人健康及财产损害的责任问题进行解决。

二、英国 CCS 的立法发展与制度内容

（一）英国 CCS 的立法发展

在落实和推进欧盟《CCS 指令》方面，英国是欧盟国家中的"领头羊"。[①] 早在 2005 年英国贸易与工业部出版的《碳减排技术战略》中就指出，CCS 在温室气体排放上起到了重要的基石作用。2007 年，英

[①] 早在 2003 年，英国提出了"低碳经济"（Low Carbon Economy）的概念，英国是世界上第一个将温室气体减排目标进行法律规制的国家，是第一个实施"碳预算"（Carbon Budget）的国家，也是第一个对 CCS 商业化予以明确法律规定的国家。

国在《能源白皮书》中正式提出了发展 CCS 技术的新能源政策。[①] 2008年 7 月，英国商业、企业与监管改革部又发布了《迈向 CCS》的报告，就 CCS 的监管问题继续进行了讨论，为 CCS 的监管原则和监管框架提出了极为有益的建议。在推动 CCS 的实质性发展方面，英国于《2008 能源法》中正式引入了《二氧化碳地质存储国家管理办法》，该条例于 2009 年 4 月正式生效，第一次确定了 CCS 发展的法律地位。此后，英国又于 2010 年制定出台了《2010 能源法》，该法针对英国 4 个关于 CCS 的示范项目[②]制定了经济激励机制，确立了政府促进 CCS 发展的权力，正式启动了 CCS 的商业化运作，并开始建立海洋 CO_2 封存库的监管框架。此后英国又于 2011 年对能源法进行了修订，2011 年 10 月 18 日开始生效的《2011 能源法》规定了因安装 CO_2 运输管道进行强制征地的问题，也解决了为实施 CCS 示范项目而拆除近海基础设施的问题。除了能源法治建设之外，英国政府于 2008 年颁布的《规划法》和《气候变化法》这两部法律也对 CCS 的发展及其需要的资金支持提供了重要的法律保障。

在与欧盟《CCS 指令》接轨方面，2009 年 5 月，英国举办了题为"向碳捕获与封存前进"的专家咨询会，研讨 CO_2 封存许可制度等问题。此后，2009 年 12 月，英国政府讨论起草了《二氧化碳管理与许可草案》，并根据欧盟《CCS 指令》起草了《二氧化碳运输第三方管理办法》。此后，英国又于 2010 年 4 月制定出台了《二氧化碳地质封存管理办法》，2010 年 5 月开始实施二氧化碳地质封存许可制度，2010 年 12 月制定出台了《二氧化碳运输管理办法》。2011 年 10 月 11 日英国又制定了《二氧化碳封存条例》，对《2008 能源法》禁

---

① The UK DTI, *Meeting the Energy Challenge*, London: TSO, 2007, pp. 170-179.
② （1）英国石油替代能源国际有限公司，BP Alternative Energy International Limited；（2）德国意昂集团英国子公司，E. On. UK PLC；（3）英国沛尔集团，Peel Group；（4）苏格兰电力公司，Scottish Power。

止 CCS 活动的规定进行了修改，即规定未经许可，不得在英格兰、威尔士和北爱尔兰的陆上及其管辖的内水进行 CCS 活动。此后，英国又于 2011 年制定了《二氧化碳封存许可终止条例》及《二氧化碳封存基础设施使用条例》，对欧盟《CCS 指令》的规定进行了衔接和细化。

（二）英国 CCS 制度的内容

就 CCS 技术的发展而言，英国不仅在技术上占有领先优势，且在地理环境上具有其他国家不可比拟的优势。[①] 为此，英国制定了非常细致的法律规范来推动 CCS 的商业化发展。由前述可知，英国对 CCS 的相关立法体系较为完善，既有法律层面的规定，也有行政法规、规范性法律文件的制度安排。但总体而言，在推动 CCS 的健康有序发展方面，英国主要在《能源法》和《气候变化法》中对 CCS 的相关制度及实施机制进行了详细规定。

1. CCS 立法的适用范围

根据英国《2008 能源法》的规定，未经许可不得进行近海 CCS 勘探和封存作业。此后，英国又通过了《二氧化碳封存条例》，规定未经许可不得在英格兰、威尔士和北爱尔兰的陆上及其管辖的内水进行 CCS 活动，进而扩大了未经许可不得进行 CCS 活动的封存范围。苏格兰于 2011 年通过的《苏格兰二氧化碳封存实施条例》也做了类似规定，将其适用范围扩大到苏格兰陆上 CCS 和内水（12 海里以内），规定未获封存许可不得在近海、陆上以及内水进行 CCS 活动。

2. CCS 许可证的核发制度

2010 年，英国政府通过了《二氧化碳封存许可颁发条例》，并于

---

① 英国北海地区拥有大量适宜存储二氧化碳的岩层，其空间超过了除挪威以外的所有北欧国家的总和，这意味着英国可以将碳储存许可出售给其他国家，每年可获利高达 50 亿英镑。

2011年通过了许可废止规范、设施利用规范和其他规范。在许可条例中对从事CCS活动的运营者如何取得许可、许可的内容、所提供的财务保证、关闭场址以及责任转移制度均进行了规定。该项条例与欧盟《CCS指令》的要求一致，规定运营者必须对CO_2的组成、流量以及成分进行详细说明，方能获得主管机关颁发许可。与此同时，运营单位负有年度报告义务，必须将年度监测报告、CO_2流的技术细节、财务安全以及相关必要资料向主管机关汇报。

3. CCS责任转移制度

在责任转移制度方面，英国实现了与欧盟《CCS指令》的衔接，于2011年7月11日推出了《二氧化碳封存许可终止条例》，该条例参考欧盟《CCS指令》第18条和第20条进行了制度安排，规定在场址封闭后，运营方至少要经过20年的时间，方能将责任转移至主管机关。在责任转移至主管机关前，运营人必须履行相关义务，提供经济担保以确保能够承担责任转移前的监督和管理费用。而一旦责任转移后，则由主管机关来承担责任，运营者应当向主管机关提供所有运营资料。与欧盟《CCS指令》不同的是，英国还规定了运营者在场址封闭后的报告义务和披露义务，以实现更好的监管。

4. 第三方准入制度

在第三方使用CO_2封存地点和运输网络方面，英国也在2011年通过了《二氧化碳封存基础设施使用条例》，该条例针对第三方使用CO_2封存地点和运输网络的问题，规定应由指定的主管机关来审批是否准许第三方利用相关基础设施，第三方申请使用CCS设施的，必须满足相关条件。根据该条例的规定，基础设施的所有人必须提供基础设施可供他人使用的证明，协助第三方安全利用这些基础设施。第三方一旦未经许可进行使用，将遭受一定的惩罚。

5. CCS资金支持制度

作为世界上第一部关于气候变化的专门立法，英国《气候变化法》

为其国内解决气候变化问题提供了具有约束力的法律框架。[①] 根据英国气候变化委员会的建议，CCS 技术应当广泛用于所有与温室气体相关的行业，因为该项技术在削减温室气体排放中居于重要的位置，能为英国实现低碳经济的目标发挥重要价值。而在 CCS 的资助方面，英国通过《气候变化法》创设了"碳预算制度"，要求政府在有关碳减排的建设方面进行妥善的碳预算，气候变化委员会则具有为政府制定碳预算制度提供意见的义务，需要向国会报告英国削减温室气体的进程。在 2011 年的财政预算中，英国政府决定，从财政支出中提供一定比例的资金来支持 CCS 的发展。

6. CO_2 封存地的产权制度

在 CO_2 的封存地点选择方面，《2011 能源法》规定了英国首相具有为二氧化碳运输管道的建设划拨土地的权力。此外，为了解决建设 CCS 示范项目过程中可能涉及的对近海基础设施进行拆除的问题，能源法还授权首相来决定哪些设备和管道可用于包括 CCS 在内的项目建设，通过土地所有权和设备使用权的明确，以为 CCS 的运营提供发展的空间。

7. 碳捕获预留（CCR）制度

根据欧盟《CCS 指令》第 33 条提出的碳捕获预留（CCR）原则，英国政府也宣布从 2009 年 4 月开始，英国所有新建的产电量超过 300MW 的火力发电厂都应当为 CCS 设施预留空间。为了更好地落实 CCR 原则，英国《电力法》第 36 条明确将 CCR 作为政府采购的一项前置条件，CCR 制度强调了以下几个基本要素：其一，新建电厂必须为将来部署 CCS 设施预留空间；其二，应当对未来进行 CCS 的技术改造做出可行性评估；其三，对进行 CO_2 封存的可能运输路线提前规划和设计；其四，确保 CO_2 封存地点的可行性。英国希望在新建的火

[①] 王慧：《英国〈气候变化法〉述评》，《世界环境》2010 年第 2 期。

力发电厂实施 CCR 制度，不断提升火力发电厂进行碳捕获的能力，进而控制温室气体的排放。

8. CO_2 排放交易制度

英国认为，要实现电力行业的减排，从长远看应当与欧盟实施的 CO_2 排放交易制度接轨。在此方面，英国强调通过经济手段来促进低碳技术的实施，通过市场规律来对 CCS 技术的发展提供指引。一方面，这可以给发电企业在发展核电、可再生能源以及煤电方面更多的选择，另一方面可以通过碳排放交易机制为 CCS 技术的发展筹集资金。据英国 CCS 协会的首席执行官 Jeff Chapman 估计，如果采用碳排放交易制度，可以为 CCS 技术筹集到近 620 亿欧元的资金[1]，这无论对于英国 CCS 技术的发展，还是全球低碳市场的发展而言，都具有非常重要的推动意义。

三、德国 CCS 的立法发展与制度内容

（一）德国 CCS 的立法发展

相比英国而言，德国是欧盟成员国中 CCS 法律进展较为缓慢的国家之一。德国政府虽比较注重可再生能源的开发和利用，但考虑到国内仍有近 60% 的电力生产依赖化石能源，德国政府仍将 CCS 技术认定为一项在化石能源发电行业非常具有潜力的 CO_2 减排技术。2007 年 9 月，德国经济部、教研部和环境部联合发布了《德国碳捕获与封存发展与展望》报告，提出了德国 CCS 技术发展应用的总体规划，并明确了德国 CCS 技术的四步走方案：第一阶段是到 2008 年，主要进行 CCS 的技术开发，启动 CCS 的封存地点勘探工作，建立 0.5 兆瓦

---

[1] C W. Schmidt, "Carbon Capture & Storage: Blue-sky Technology or just Blowing Smoke?" *Environmental Health Perspectives*, 115(11), 2007, pp. 538-545.

级的实验设备；第二阶段是到 2010 年，规划和批准 CCS 技术应用试点电厂，勘探批准封存地，建立 3 万千瓦级的实验项目；第三阶段是到 2015 年，建设小规模的 CCS 示范电站，建设 CO_2 封存地，建设 30 万千瓦级的示范电厂；第四阶段是到 2020 年，将在发电站建设中大规模使用 CCS 技术，100 万千瓦级的 CCS 技术电厂投产使用，碳封存地及相应设施开始投入使用，进一步完善 CCS 技术并实现技术出口。

但是在立法规范方面，与英国的积极态度相比，德国在相关 CCS 的立法方面显得相对审慎和消极。2009 年 4 月 1 日，为实施欧盟《CCS 指令》，德国联邦政府公布了专门的 CCS 法案，内容涵盖了封存地点选择、封存许可、操作规范、长期监管等法律制度。然而，由于公众对该法案的通过存在较大异议，德国政府决定将其推迟到 2009 年大选结束之后再审议。2010 年 7 月，德国重启 CCS 法案，旨在减少燃煤发电厂 CO_2 的排放量，进一步为 CCS 技术的发展扫清法律障碍。然而，该项法案依然没有得到公众的认可。此后，为响应欧盟《CCS 指令》，所有欧盟成员国必须于 2011 年 6 月 25 日之前将指令规定纳入国内法律的规定，德国议会于 2011 年 7 月 7 日起草了一份关于 CCS 的议案，该议案主要针对提高 CCS 技术的环境安全性、确保产业部门投资的积极性以及平衡环境和经济利益方面做出了安排。然而，由于德国民众对于 CCS 技术的安全性存在争议，各政党也存在不同的立场和观点[1]，该项议案在 2011 年 9 月 23 日遭到了众议院的否决，这使得 CCS 活动无法在某些行政辖区内进行，该议案在曲折坎坷中以失败告

---

[1] 德国政党关于 CCS 主要存在积极和消极两种态度，德国基民盟、基社盟、社民党以及自民党对发展 CCS 技术持积极态度，它们认为，CCS 技术是今后全球范围内实现二氧化碳减排的重要技术措施，为此要大力支持该技术领域的开发，加快协调低碳或零碳排放化石燃料电厂的技术研究和示范工作；而绿党、左翼党则对此持反对态度，绿党认为 CCS 在当前仍非常不成熟，无法为火力电厂的二氧化碳减排发挥作用，左翼党则认为，随着可再生能源技术的发展，德国在未来将逐渐淘汰火电厂，到 2050 年将没有对此项技术的市场需求。参见王志强：《欧盟和德国碳捕获与封存技术发展现状及展望》，《全球科技经济瞭望》2010 年第 10 期。

终。此后，德国又在 CCS 问题上经历了漫长的利益博弈，德国政府持续加大了对 CCS 技术的宣传，让公众更好地了解 CCS 技术。与此同时，政府还对 CCS 封存地点的所有权、征用补偿等法律问题进行了修改明确，以减轻公众的疑虑。最终，联邦议会和联邦众议院达成一致意见，于 2012 年 4 月 13 日颁布了《关于二氧化碳捕集、运输和永久封存技术的示范与应用法律草案》（简称《KSPG 法案》），用以规范德国 CCS 项目的示范和应用。该项草案在德国个别州开展 CO_2 的示范封存问题上达成了一致，通过技术评估过程，各州可以指定在哪些地区封存 CO_2 以及哪些地区不适合封存。该项草案通过根据不同的区域情况来进行考虑，进而有利于加强德国民众对 CCS 的接受度，也为德国得到欧盟支持来开展 CCS 测试项目提供了先决条件。尽管《KSPG 法案》的出台是多方妥协的结果，但它的出发点仍然是基于对人类健康和对后代利益的保障，通过对 CCS 项目进行勘探、实验和示范环节的规范，最终将 CO_2 永久地封存。此外，德国 CCS 活动还须符合《环境影响评估指令》《水利法》以及《采矿法》的相关规定。

（二）德国 CCS 的法律制度

1. CO_2 封存量限额制度

由于德国对 CCS 技术的运用是否恰当仍未达成统一意见，因此《KSPG 法案》对 CO_2 的封存量进行了较为审慎的规定，它要求德国每个示范项目每年进行封存的 CO_2 不得超过 130 万吨，且所有示范项目每年封存的 CO_2 总量不能超过 400 万吨。并且，根据该法案的规定，只有在 2016 年 12 月 31 日前提出申请的项目才能获得批准。

2. CCS 的计划确定制度

根据《KSPG 法案》的要求，无论是 CCS 项目中的运输管道建设，还是相关设施的运营和重大改造，都必须经过"计划确定程序"方能获得许可。换言之，运营方对 CCS 项目的封存地点选址、设备安装、运营、封存地点闭合以及闭合后的照管义务，都必须做出相关计划，主管机关对计划审核合格后方能获得相关许可。以 CO_2 管道运输为例，其必须经过计划确定和计划批准两道程序，才能获得相关的许可。

3. 工业生产装置改造许可审查制度

由于工业过程中产生的 CO_2 往往来自于大规模的工业生产装置，这些装置的妥当与否直接决定着 CO_2 排放量的大小。根据《联邦注入控制法》的规定，对现有的生产装置进行任何改造必须获得主管机关的许可。因而，在对 CCS 设备进行安装和改造时，必须遵守该法律的规定，通过许可审查。

4. 封存地点的责任转移制度

《KSPG 法案》同样对封存地点的法律责任以及责任转移问题进行了规定。根据该法案的规定，封存地点闭合 40 年之后，项目运营人可将其对封存地点承担的法律责任转移给主管机关。事实上，在议会最初通过的草案中，规定运营人的责任期为 30 年，但由于各方利益的争执，联邦议会调解委员会与联邦参议院相互妥协，将其责任延长了 10 年。

5. 环境影响评估制度

由于 CCS 的实施将对人体健康和环境带来影响，因此它的计划和批准也必须遵守相关的环境影响评估法律制度。对此，CCS 的实施必须依照德国《环境影响评估指令》的环境影响评估制度和相关程序进行评估，尽可能地预测其对环境可能造成的影响。

四、美国 CCS 的立法发展与制度内容

（一）CCS 在美国的立法发展

在气候变化问题上，尽管美国已经退出了《京都议定书》，但在应对气候变化问题上，美国并非毫无作为。从现有法律中可以看到，美国《清洁空气法》《环境政策法》以及《能源政策法》当中均涉及应对

气候变化的法律规范。如《清洁空气法》对温室气体排放贸易的规定、《环境政策法》对环境影响评价制度的规定以及《能源政策法》关于发展能源技术、改善能源经济安全的规定等。因此，在美国，CCS 技术的发展必须要遵守已有的环境、自然资源等方面的法律法规。

在针对 CCS 进行专门立法的问题上，考虑到煤电在美国依然占有重要位置，美国政府较早地就将 CCS 技术作为控制 CO_2 排放的技术进行大力推动，并为之开展了大量的研发和政策研讨工作。2006 年 9 月，美国公布了气候变化技术计划（CCTP），主张通过收集、减少以及储存的方式来控制温室气体的排放。[①] 2008 年 7 月 15 日，美国环境保护署首次对 CO_2 的地下封存提出法律规制议案，旨在更新 1974 年的《安全饮用水法》，将为 CO_2 的灌注井纳入监控管理的范畴，以防止其污染饮用水。[②] 2009 年 5 月，美国又通过了《清洁能源与安全法》，专设一章来规范 CCS 的实施，并要求环保署建立专门的监管机制来管理 CO_2 的地质封存活动。为了克服 CCS 在市场化、规模化道路上存在的难题，美国的 CCS 跨部门特别小组在 2010 年的报告中指出，为防止 CCS 项目的实施过程中出现的市场失灵，在制定 CCS 的相关法律和政策的过程中，政府部门应当根据市场失效的性质和规模，建立能够对其进行相关调整的政策，确保政策的激励性，并将纳税人和消费者为此承担最低限度的成本作为政策目标。而要实现这些目标，政府必须提升特殊部门在监督和管理 CCS 当中的能力，制定 CCS 技术的相关规范标准，建立完善的碳价格机制，不断提高公共机构和公共建设的能力，以为 CCS 的技术创新提供财政支持和税收抵免。[③] 此后，美国环境保护署（Environmental Protection Agency，简称"EPA"）又于 2010 年 11 月

[①] 赵绘宇：《美国国内气候变化法律与政策进展性研究》，《东方法学》2008 年第 6 期。

[②] 汤道路、苏小云：《美国"碳捕捉与封存"（CCS）法律制度研究》，《郑州航空工业管理学院学报（社会科学版）》2011 年第 5 期。

[③] 《2011 全球 CCS 发展现状报告》，第 87 页。

签署了《安全碳存储技术行动条例》，对CCS项目的具体实施进行了规范，要求主管机关实时监控CO_2封存设施的运行，并对相关数据进行汇报。2011年3月2日，美国参议院全票通过了将CO_2封存纳入法律规范的提案（HB 259），强调CCS技术对于美国环境和经济发展的重要作用。2011年5月16日，美国又在参议院能源与自然资源委员会的听证会上通过了《二氧化碳捕集技术法案》以及《碳捕集与封存规划修正案》两项重要法案，主张对CCS进行技术创新和资金支持，以确保煤炭资源能够在未来得以长期使用。

除了联邦政府以外，美国各州也在CCS方面提出或颁布了法律，以监管封存过程中的各步骤，或为运营商提供财政激励或保证，一些州的立法工作甚至在联邦政府之前。据不完全统计，美国已有21个州落实了覆盖CCS活动链中的一部分或全部组成部分的法律法规。其中，怀俄明州是美国第一个通过CCS专项法规的州，该州提供了一个关于CCS许可标准和监管框架的法案。该法案规定，"对资源的开采钻探权利在法律上优先于CO_2气体地下封存权利"，并明确，"谁将CO_2气体注入地下，谁就将永远背负法律责任"。[①] 密西西比州制定了第2723号法案，明确了对CCS的监管，使EOR作业在不与EPA地下注入监管计划相冲突的前提下继续进行。根据该法案，原有石油和天然气的开采过程中对CO_2的封存进行监管的权限被取消，而主张建立一些新的法律规范来监管CO_2的封存、运输以及封存点长期债务补贴资金的设立。2001年，伊利诺伊州也通过了《清洁煤未来发电法案》，为FutureGen 2.0项目制定了全面的责任体系。根据该法案，FutureGen联盟不仅应该在整个操作过程中遵守私人保险政策，而且应当为项目的运作提供一个补充保险金的信托基金。加利福尼亚州则起草拟议立

---

① 中国21世纪议程管理中心：《碳捕集、利用与封存技术进展与展望》，科学出版社2012年版，第123页。

法以解决空隙空间所有权,并指导州立法机关开发一个用于寻求示范地质封存项目的量化方法,其中包括在通过 CO_2 提高石油采收率的同时将其进行封存。该方法将纳入加州基于市场的遵约机制,以及在加州法律下温室气体性能标准的遵约的温室气体报告与实施。[①] 此外,美国北达科他州和蒙大拿州也都通过立法来管理 CO_2 封存,主要对地下空间的所有权及相关责任予以了规定。这两个州和怀俄明州一样,也将地下空间的所有权给予了地表所有者。

(二)CCS 在美国的制度设计

总体而言,美国关于 CCS 的制度设计也可以从联邦和州两个层面予以揭示。在美国,有关气候变化减缓工作主要依靠自愿而非强制性的技术发展来驱动,这是因为美国联邦和各州在 CCS 项目上均具有独立的立法权,因此很难通过一部统一的 CCS 立法来规范 CCS 活动。因此,对美国 CCS 制度的考量也需要从联邦和各州确立的法律制度着手。

1. 美国联邦层面的 CCS 法律制度

在联邦层面,美国有多个政府部门涉足了 CCS 的监管工作,其中美国能源部主要负责主持 CCS 技术的研发和示范,加强 CCS 的国际合作,美国运输部主要负责管制 CO_2 的管道运输,EPA 则一直以来都是最为活跃的立法者,也是 CO_2 封存操作和审计的主要立法机构,其主要根据《地下注入管理办法》建立有关 CO_2 注入与封存的公众健康和安全法规。这些政府部门所确立的相关制度主要体现为以下几个方面。

(1) CO_2 的减排目标

美国《清洁能源与安全法》不仅对 CCS 的技术发展明确了激励措施,还对未来燃煤电站的 CO_2 排放标准进行了规定。该法案规定,凡是 CO_2 的年排放量在 25000 吨以上的厂家或进口商都必须获得相应的

[①] 《2012 全球碳捕集与封存现状报告》,第 92 页。

排放许可。其中，凡是在 2009 年到 2015 年期间获准修建的电厂必须运用 CCS 技术，按照规定的装机容量在 4 年内至少减少 50% 的 CO_2 排放；而如果是在 2020 年后获得大气污染许可证的，新的燃煤电厂必须至少减少 65% 的 CO_2 排放。可见，根据该法案的规定，发电企业应当尽早采用 CCS 技术，以尽快进行碳减排。与此同时，美国的相关法律还要求温室气体报告表汇总的信息应当使 EPA 可以追踪到由这些设施封存的 CO_2 总量，以进行有效监测。2012 年 3 月 27 日，EPA 更是发布了其拟用于新的化石燃料发电厂的排放性能标准，限制 CO_2 排放为 1000 磅／兆瓦时；而对于配备 CCS 设施的新发电厂，则拟议是实现每年的年度标准或满足 30 年的 CO_2 平均排放量。

（2）CCS 的风险评价制度

根据美国《CO_2 捕集、运输和封存指南》，CCS 项目的实施必须符合《清洁空气法》和《安全饮用水法》的规定，对所有封存项目进行风险评估。尤其在封存场地的选择上，应远离水源地，优先选择风险较小的场地，以确保 CCS 项目的运作风险最小。美国对 CCS 的风险控制法律规定主要体现在对地下饮用水的保护上，修订后的《安全饮用水法》提出了对 CO_2 封存的一些要求，以确保 CO_2 封存过程中钻井能够钻探在合适的地点、经过必要的建设、通过严格的检验、严密的监测和完善的填堵。2011 年 8 月 4 日，EPA 在发布的修正议案中声明："只要 CO_2 气体能按规定的条件管理，就不会对人体和环境带来侵害"，换言之，倘若 CO_2 按照《安全饮用水法》的规定注入指定的井中，它就不应属于有害废物的范畴。截至 2012 年，EPA 已为《第六类（Class VI）注入井规则》开发技术指导材料，并已经发布了 7 个有关注入井的测试与监测、首要应用与实施、场地特征描述、区域审查评估与纠正措施、井建设、经济责任和地质封存井的公众参与考虑的指导性文件。此后，EPA 还将继续评估 CO_2 封存对饮用水源、人类健康和环境的风险，其将发行另外 6 个与《安全饮用水法》相关的指导性文件。

（3）CCS 的监管制度

根据美国相关法律的规定，由 EPA 对 CCS 的地质封存，尤其是对 CO_2 的体积、浮力、粘性以及腐蚀度等因素进行监管，以防止风险的发生。具体的防控项目以及要求涵盖了 CO_2 从注入到封存的全过程（如表 5 所示）。

表 5 美国联邦层面 CCS 的监管项目以及基本要求

监管项目	基本要求
封存场址的特性	1. 可接受 CO_2 注入的区域 2. 阻隔区在注入区的上方，它包含了所有的流体 3. 所有权人和运营者提供了有关封存区域的地层结构、震级等基本情况
审查区域	1. 审查区域范围界定 2. 辨识及评估所有具有渗透和其他功能的认为设备带来 CO_2 泄漏的可能性 3. 在适当的时候进行修补
注入井建造	1. 注入井的组件设计能够避免 CO_2 流体流动，防止进入地下饮用水区域
注入井操作	1. 不可注入可能造成裂缝的区域 2. 监控注入的压力、流速、体积及注入流体之性质 3. 进行机械完整性测试
封存场址监控	1. 确认 CO_2 流动与相关区域压力的关系 2. 监控 CO_2 流和压力 3. 酌情监测地表空气与土壤气体
注入后的场址维护	1. 注入后的场址维护期规范应为终止注入后的 50 年，但若为示范场址且 CO_2 流稳定及压力消散时，将可视情况弹性修改维护期 2. 堵漏材料必须可兼容 CO_2 流体 3. 所有权人与营运人需负担维护责任
财务责任	1. 运营人应当负担防堵泄漏措施、封闭注入井及改善措施的财力责任

（4）利用公共资金支持 CCS 发展

美国《清洁能源与安全法》以及《能源政策法》对 CCS 技术的早期研发和实践提供了有效的财政激励和信贷制度。其中，针对 CCS 项目发展的不同阶段，《清洁能源与安全法》分别确立了根据减排效率和

"先到先得"的原则对政府资金进行分配的方案；《能源政策法》则为支持煤基发电的清洁煤基金提供了20亿美元资金，建立了相应的税收返还政策，并为 CCS 项目发放了共计3亿美元的信贷资金。

（5）有关 CCS 的政府补贴

2008年，美国国会提出了《利伯曼——华纳气候安全法》，其中明确了推广 CCS 发展的三个机制：一是免费排放额度，为使用 CCS 技术的企业提供一定量的免费排放额度；二是在新火电厂中实施强制性的排放性能标准；三是对 CCS 技术的发展提供适当的财政补贴。这一法案的提出为政府加大对 CCS 的补贴，推广 CCS 的实施提供了重要的法律支持，也为其他国家推动 CCS 技术的研发和示范提供了可供借鉴的立法思路。

（6）有关 CCS 的税收减免

在 CCS 制度的财政支持方面，美国在2008年制定了《减碳科技桥梁法》。根据该法案，政府应当对 CCS 的设备安装，CO_2 运输、封存以及驱油、驱气等项目提供每吨 CO_2 最高30美元的税收减免，对私营企业加强 CCS 技术的研发和投资进行鼓励。而在金融危机后美国参议院通过的7000亿美元的救市法案中，就有近25亿美元用来支持研发 CCS 技术的公司。此外，为加大对 CCS 技术的信贷支持，救市法案提出对 CO_2 的捕集和封存提供每吨20美元的信贷支持，并为 EOR 项目减免每吨10美元的税收。

（7）CCS 信托基金制度

2009年7月22日，美国制定了《碳存储管理信托基金法》，规定联邦政府将对储存地点进行长期管理，并试图成立一支信托基金来弥补封存的成本和债务。根据该信托基金办法的要求，美国拟为 CCS 技术的发展成立专门的信托资金，为 CCS 的大规模商业化运行筹集资金，政府也将通过该基金对项目的补贴来建立 CCS 示范项目。CCS 信托基金将集中接收政府在限制温室气体排放方面取得的收入，包括拍卖温室气体排放许可所得到的资金、在电力生产和煤炭购买领域征得的税收等，用来支持 CCS 项目的建设和发展。此外，美国的 CCS 制度同样适用《超级基金法》的规定，该基金法规定，对有关环境污染的治理可以采用"先治理、后追责"的做法，以环境基金会为纽带，赋予政府对危险废物在紧急情况下立即做出清理污染政令的权力，通过这样的方式既防止了污染，也实现了责任的追究。①

（8）有关 CCS 与 EOR 活动的关系

美国早在 1976 年就制定了《资源保护及回收法》，经过 4 次修订之后，最终确立了减量化、再利用、再循环的 3R 原则，将对废弃物的单纯清理向对其进行分类回收、减量及资源再利用的综合性管理转变。而在有关 CCS 技术的利用层面，《资源保护及回收法》修订时明确将 CCS 与 EOR 活动相结合，将 CO_2 纳入可以再生利用的范畴，而将它排除在危险废弃物的范畴之外。

2. 美国各州层面的 CCS 法律制度

在具体的制度设计上，美国的各个州都根据自己的实际情况对 CCS 做出了不同的考量。根据现有 21 个州所制定的与 CCS 相关的法律规范来看，各州 CCS 制度都独具特色（如表 6 所示）。

表 6　美国各州有关 CCS 的立法

州	主要法律规定及制度安排
加利福尼亚州	要求该州能源资源保护委员会和其他主管部门共同出台如何加快发展 CCS 的建议报告，规定公众共同参与，推动 CCS 的激励发展方案
科罗拉多州	要求建立先进煤炭技术的示范项目，促进燃煤电厂低排放发电
伊利诺伊州	明确由该州承担 FutureGen 碳捕集项目的责任；要求成立 CCS 立法委员会，负责报告关于 CCS 的法律问题并提出相关立法建议

① 张志慧、王淑敏、潘岳:《完善碳捕获与封存技术立法的思考》,《党政干部学刊》2012 年第 12 期。

续表

州	主要法律规定及制度安排
堪萨斯州	免除或者降低与 CCS 相关的财产税或所得税，提议建立地质封存信托基金支付长期监管费用，对 CO_2 注入井进行管理
印第安纳州	将 CO_2 运输管道的管理纳入印第安纳州法典的法律制度
肯塔基州	要求发展能源政策、技术、科技和创新，成立专门研究小组对燃煤电厂的碳排放进行研究，并将 CCS 作为可采用的技术手段加以研究
马萨诸塞州	要求环境保护部门确定碳封存的标准
路易斯安那州	宣布 CCS 关系到公共利益，规定应为开展相关活动创造条件；制定 CCS 责任制度、CCS 信托基金制度
密西西比州	降低 CCS 项目产生的所得税税率
明尼苏达州	规定为 CCS 的研究提供经济支持
新墨西哥州	建立能源税信用制度，鼓励电厂安装 CCS 设备，并确立碳捕集目标
蒙大拿州	要求新燃煤电厂必须捕集并封存 50% 以上的 CO_2，否则该州的公共服务部门不予支持；将 CO_2 运输管道定义为一般运输工具等
俄克拉荷马州	颁布《二氧化碳地质封存法》，将 CO_2 定为商品，成立 CO_2 地质封存专门工作组为 CCS 提出立法建议；规定 CCS 活动的许可条件和相关财产权利
北达科他州	建立地质封存许可制度，授权该州的工业委员会管理 CCS 相关活动；规定运营人在封存地点闭合后的 10 年间承担法律责任等
南达科他州	将运输管道纳入该州公共事业委员会监管范畴
宾夕法尼亚州	要求环保部门发布该州利用 CCS 潜在经济利益报告
犹他州	要求该州立法机关就涉及选址、许可程序、技术水平和监管条件等方面的 CCS 活动提供立法建议等
得克萨斯州	将 CO_2 运输管道视为一般运输工具；为加速发展 FutureGen 项目修改法律，规定该项目封存的 CO_2 所有权属于该州
华盛顿州	为地质封存修改《地下注入控制规则》，制定地质封存实施标准
西弗吉尼亚州	规定 CCS 的设备符合《联邦水污染控制法》规定的条件；成立工作组解决 CCS 科技和立法问题等
怀俄明州	规定地上所有权人有权控制用来进行碳封存地下孔隙空间；授权该州的环境质量部管理长期封存的 CO_2，规定 CCS 的实施必须申请地质封存许可并提供资金担保

五、澳大利亚 CCS 的立法发展与制度内容

（一）澳大利亚 CCS 的立法发展

从煤炭储量来看，澳大利亚居于世界第四位，该国 80% 的电是由燃煤电厂供应的。为了使本国煤炭利用"清洁化"，澳大利亚正努力促进包括 CCS 在内的清洁煤技术的发展。在此方面，澳大利亚的政府部门制定 CCS 相关政策，对 CCS 活动提供了监管措施，并对 CCS 项目的运转提供财政方面的支持。为了做好立法的科学研究和讨论工作，澳大利亚于 2003 年成立了 CO_2 CRC 以及澳大利亚联邦科学与工业研究组织，主要用于澳大利亚 CCS 活动的问题研究。此后，澳大利亚于 2004 年制定了 CCS 技术发展路线图，2008 年又在此基础上进行了修改，确立了在 2025 年实现 CCS 技术的商业化运用的目标。

近年来，澳大利亚在制定 CCS 的法律法规方面取得了重大进展，成为世界上 CCS 立法最为成熟的国家之一。在澳大利亚，碳捕获和封存通常是被许可进入整体石油、天然气作业的一部分，因此该国联邦和州政府所制定的法律均为从石油、天然气开采中分离出来的 CO_2 的捕集与封存提供了依据。联邦层面，澳大利亚各州于 2005 年签署了《二氧化碳捕集与地质封存的监管指导原则》，在全国范围内建立了 CCS 监管框架的一般准则。2008 年，澳大利亚联邦政府又在《近海石油法案》的基础上通过了《近海石油修正（温室气体封存）法案》（2008）（以下简称"OPGGS"），允许 CO_2 在近海地区注入和封存。该法案涉及有关 CCS 活动的选址、风险识别、检测程序、权力监管、补救措施等内容，用以规范海洋 CO_2 的封存。此后，澳大利亚政府委员会（Council of Australian Governments，简称"COAG"）又于 2009 年 5 月出台了《CO_2 捕集与封存指南》，要求所有 CCS 项目的实施必须执行《生态可持续发展原则 1992》《职业健康和安全原则 2002》《行业

监督管理原则1985》《澳大利亚二氧化碳捕获与封存的指导原则1992》以及澳大利亚矿业石油部制定的《利益相关者参与原则》等法律规范，并对CCS的环境影响评价制度、利益相关者制度进行了更加详细的法律规范。此后，澳大利亚又通过了多项支持CCS发展的法案，包括解决CCS活动对环境影响的法规，规范温室气体井的操作管理、数据和安全法规等实施细则，指导原则以及解释性文件（如表7所示）。

表7 澳大利亚联邦政府层面的CCS立法

法规名称	颁布时间	主要内容
近海石油和温室气体封存（环境）条例	2009	确保以生态可持续发展的方式在近海进行与石油和温室气体有关的活动
近海石油和温室气体封存（温室气体作业井管理）条例	2010	授权石油勘探和生产许可证的持有人在批准的区域勘探封存地点的权利
近海石油和温室气体（安全）条例	2010	将近海温室气体封存作业纳入近海石油活动的安全条款
近海石油和温室气体封存（资源经营管理）条例	2011	确定了资源经营管理的三个主要目标
近海石油和温室气体（注入与封存）条例	2011	规范近海注入与封存活动

澳大利亚的各州也在CCS技术的运用方面进行了积极的立法，维多利亚、昆士兰、西澳大利亚等州相继制定了相关法律，允许在它们的管辖范围内进行CCS活动。针对陆上CO_2封存方面，维多利亚州立法会于2008年颁布了《温室气体地质封存法》，该法于2009年12月1日开始生效，该法为陆上地质封存结构的利用制定许可制度，以规范维多利亚州的陆上CCS活动；2010年3月23日，维多利亚州又通过了《近海石油与温室气体封存法》，该法与OPGGS的规定一脉相承，为近海温室气体封存地点的勘探和经营进行了规定。2009年，昆士兰州颁布了陆上CCS法规——《温室气体封存法》，随后，该州又于2010年颁布

了《2010 温室气体封存条例》，用以规范 CCS 活动的具体实施。此外，西澳大利亚州也于 2003 年修订了《石油和地热能源法案（1967）》，通过《巴罗岛法案》来对特定的项目立法，而新南威尔士州则将《温室气体封存法规（2010）》的立法重心放在 CCS 对农业的影响之上。

（二）澳大利亚 CCS 的制度设计

由于澳大利亚的联邦和地方政府都涉足了 CCS 的立法，因此对于该国法律制度的探讨也应从联邦和州两个层面来进行。在联邦层面，OPGGS 为澳大利亚全国确立了统一的立法标准，因此本章对联邦层面的法律制度介绍主要以 OPGGS 为主，以其他法律规范为辅；而在各州立法层面，则主要针对各州在法律责任制度上所实行的变通规定进行重点介绍。

1. 澳大利亚联邦层面的 CCS 法律制度

（1）CCS 项目许可制度

OPGGS 的规定，CCS 项目运营人在利用 CCS 技术进行节能减排时，必须获得法律许可。因此，该法在承认 CCS 活动合法性的同时，也对它的实施进行了规范。它要求项目运营人必须获得 CO_2 注入许可证才能实施项目，且应确保 CCS 项目符合健康、安全和环境要求，满足公共利益。此外，当满足上述条件后，项目运营人还必须申请封存地点闭合许可证：其一，当停止 CO_2 注入和封存作业后，项目运营人必须申请封存地点闭合许可证；其二，当运营人不按 OPGGS 的规定履行义务，发生应当撤销 CCS 许可的情形时，应提出闭合封存地点的申请；其三，当 CO_2 的注入许可因为石油保留地租赁期限过期抑或生产许可失效而失效时，也应提出闭合封存地点的申请。

（2）CCS 闭合保证期制度

根据 OPGGS 的规定，项目运营人必须承担闭合许可证签发 15 年以内的责任，在此期间内，法律风险不发生转移。只有当 CCS 项目的运作符合以下条件时，闭合保证期才可以结束：其一，已注入的 CO_2 状况良好，符合项目实施的基本预期；其二，CCS 项目不存在对地质封存结构、环境、人类健康和安全产生的重大风险；其三，CCS 项目实施完毕后，未再次进行注入作业。

（3）长期责任转移

OPGGS 的规定，当联邦政府签发了有效的封存地点闭合许可证，宣告闭合保证期届满时，原本由项目运营人承担的法律责任即可转移给政府。此时需要明确的是，项目运营人所转移的法律责任是损害赔偿责任，并且该项法律责任必须在闭合保证期届满之后，才能转移给政府来承担。但是，如果责任不符合转移的条件，则仍由项目运营人来承担。对此，OPGGS 规定，对于未经授权的 CCS 项目，因运营人的作为或不作为产生的法律责任，仍由项目运营人承担。[1]

（4）CCS 监管法律制度

在澳大利亚，有关 CCS 活动的监管框架是全球最发达的框架之一。目前，澳大利亚政府拥有联邦海域的管辖权，已经制定完成了监管 CCS 离岸活动的初级和次级立法。然而，由于这种监管仅限于离海岸基线 3 海里的澳大利亚的沿海水域或海域[2]，因此如何对该管辖范围内的其他 CCS 活动进行监管成为澳大利亚监管机构所必须考虑的问题。在此方面，澳大利亚的监管机构正在通过一个跨司法管辖区的机构——CCS 工作组来对澳大利亚有关 CCS 立法进行协调，该工作组在 COAG 能源与资源常务委员会的指导下进行运作，主要针对以下几个方面的问题展开研究：一是建立国家长期负债的一致性；二是如何进行跨司法管辖区的 CO_2 封存的问题；三是利用废弃的油气井与储层

---

[1] 参见 OPGGS 的相关规定。

[2] 在澳大利亚，联邦政府对联邦水域享有独自管辖权，公共用水的范围从澳洲大陆架边缘至沿海 3 海里之间水域。各州和地区的政府管辖海岸地区和沿海水域，范围自海岸线起至沿海 3 海里范围之内。

进行封存的问题；四是确定潜在的 CO_2 管道的问题。

（5）CCS 的环境评价制度

澳大利亚《CO_2 捕集指南》规定，本国所有的 CCS 项目在建设及使用过程中必须进行环境评价。首先，由于 CCS 的风险存在于捕获、分离、运输、注入和封存的每一个环节，因此需要在每一个实施环节都明确环境风险和核准规定。其次，CO_2 存储选址的地质地貌与风险密切相关，因此封存地点也必须受到环境保护部门连续的风险评价与核准。再次，在注入 CO_2 的过程中，可能泄漏进而导致 CO_2 和盐水进入蓄水层，影响地下水资源，因此环境风险评价也应包含对地下水资源的影响评价。最后，CCS 项目涉及相关公众和利益相关者的利益，因此 CCS 项目必须对管理者、公众、当地社区和媒体开放，通过接受社会监督、听取公众意见来确保它的安全实施。

在公众参与机制的落实方面，澳大利亚还专门成立了澳大利亚联邦科学与工业研究组织（Commonwealth Scientific and Industrial Research Organisation，简称"CSIRO"），承办一些大型低碳技术知识研讨会，并针对公众对 CCS 技术的接受程度进行了社会调查[①]。调查发现，在 2008 年 2 月至 2009 年 2 月这一年的时间里，各地约 60%—80% 的受访者在讲座前对 CCS 技术持不确定或反对态度，讲座后这一比例大幅度下降至 15%—55%，同时各地持支持态度的被访者比例由 20%—40% 上升至 45%—85%（如表 8 所示）。这表明，知识的普及、信息的公开能够在一定程度上改变公众对事物的看法，加强对好的环保技术的接受程度。只有为公众提供更多的具有科学依据的、量化和客观的信息支持，才能增进公众对气候变化的了解，进一步提高公众对 CCS 技术的接受程度。

---

① World Resource Institute, "Guide Lines for Carbon Dioxide Capture, Transport, and Storage", http://pdf.wri.org/ccs_guidelines.pdf.

表 8 CSIRO 公众意识项目调查反馈

研讨会	2008年2月 青年组 29人参加		2008年3月 布里斯班 60人参加		2008年6月 墨尔本 47人参加		2008年11月 珀斯 62人参加		2009年2月 阿德雷得 131人参加	
	前%	后%	前%	后%	前%	后%	前%	后%	前%	后%
不确定及反对态度（包括如下）	69	53.6	69	49.1	78.7	25.6	62.9	37.1	57.2	16
强烈反对	6.9	3.6	8.6	10.2	2.1	2.1	1.6	4.8	1.5	0
非常反对	13.8	10.7	5.2	1.7	2.1	4.3	4.8	4.8	3.1	2.3
一般反对	0	14.3	6.9	5.1	14.9	4.3	1.6	6.5	5.3	3.8
不确定	48.3	25	48.3	32.1	59.6	14.9	54.9	21	47.3	9.9
支持态度（包括如下）	31	46.4	31	50.9	21.3	72.3	37.1	61.3	41.3	84
一般支持	13.8	35.7	8.6	27.1	6.4	40.4	22.6	37.1	10.7	22.1
非常支持	13.8	7.1	17.2	13.6	8.5	19.1	9.7	17.7	13	38.2
强烈支持	3.4	3.6	5.2	10.2	6.4	12.8	4.8	6.5	17.6	23.7
无回应	0	0	0	0	0	2.1	0	1.6	1.5	0
总计	100	100	100	100	100	100	100	100	100	100

2. 澳大利亚州层面的 CCS 法律制度

维多利亚州是澳大利亚较早进行 CCS 立法的州。该州政府致力于减少化石燃料使用时的温室气体排放，明确提出到 2050 年时，较 2000 年减少 60% 的温室气体排放，并对 CCS 相关技术进行推动。2008 年，维多利亚州政府制定的《温室气体地质封存法》适用于该州的六个区域，内容包含地质探勘、灌注、监测及地底永久封存，力图将相关区域的 CCS 风险控制到最低限度。该法不仅为运营者进行 CCS 的产业投资提供了法律支持，也为社区和环境安全提供了有效保障。类似的，昆士兰州也在 2009 年通过了《温室气体封存法》，为该省管理地底封存地点勘探和执行提供了法律框架。该法规定，州政府拥有地底封存库的所有权，凡是在该省进行有关 CO_2 封存的地质调查、探勘、灌注和封存需依法取得主管机关同意，取得探勘许可、灌注及封存租赁证。

与联邦层面的 CCS 立法不同，澳大利亚各州层面的立法的不同之处主要体现为两个方面：一是与联邦主要针对近海 CO_2 封存进行法律规范不同，各州主要是对陆上 CCS 地质封存进行了法律规定，例如维多利亚州的《温室气体地质封存法》以及昆士兰州《温室气体封存法》皆为对陆上 CCS 活动的规范；二是责任制度上的不同。澳大利亚联邦政府关于近海 CCS 法律责任制度的规定颇具特色，它要求联邦政府必须承担长期责任转移的责任。但各省在责任制度的制定方面却有所区别，尽管联邦政府的法律规定了封存点的长期责任向政府转移的实施细则，然而在一些州的法规框架下，经营者仍负有长期责任。如维多利亚州、昆士兰州规定运营人必须承担所有的法律责任，而西澳大利亚州却是通过与联邦政府签订协议的方式来分担长期责任。因此，澳大利亚必须要解决由联邦政府和地方州政府对 CCS 法规的共享能力问题，并且必须在联邦和州政府法律之间就处理长期责任问题达成一致。[①]

六、加拿大 CCS 的立法发展与制度内容

（一）加拿大 CCS 立法的历史发展

加拿大的石油储量达到 1790 亿桶，居于世界第二，仅次于沙特阿拉伯，且加拿大的煤业十分丰富，仅阿尔伯塔省的煤储量就有 33Gt。因此，在加拿大运用 CCS 技术极为重要。

---

① GCCSI, "The Global Status of CCS: 2010", https://hub.globalccsinstitute.com/sites/default/files/publications/12776/global-status-ccs-2010.pdf.

加拿大实行的是联邦立法机制，对 CCS 的监管也涉及联邦法律和地方各省法规政策两个层面。根据加拿大宪法对联邦政府和各省政府立法权力的分配，一些与 CCS 相关的事务属于省政府的管辖范围，一些事务由联邦政府管辖，还有些事务由联邦和省政府共管。因此，不同的项目各级政府对其管辖程度的大小各不相同。在加拿大，CCS 项目由联邦政府和省政府共同推动，阿尔伯塔省、萨斯喀彻温省以及新斯科舍省均为发展 CCS 技术的主导力量。为了解决与 CO_2 封存相关的产权问题，阿尔伯塔省还于 2008 年建立了加拿大阿尔伯塔省生态能源 CCS 特别工作会议组。该会议组建议，应将现行有关油气和水域活动的立法扩展到 CO_2 封存物权，同时还建议，CCS 监管机构应当归属于现有的油气监管机构，当注入活动发生在联邦政府管理的领海或领土上时，由联邦油气监管机构管辖，而当 CO_2 的注入发生在各省范围内时，则由各省管辖。

加拿大的省政府领先于国家制定了 CCS 法律法规。在地方立法层面，加拿大阿尔伯塔省、不列颠哥伦比亚省、新斯科舍省及萨斯喀彻温省制定了 CCS 相关法规。其中，阿尔伯塔《碳捕集与封存章程修正法案》于 2010 年 12 月开始生效，并于 2011 年初建立了 CCS 监管框架评估（Regulatory Framework Assessment，简称"RFA"），对有关 CCS 封存的场地地质特性描述与场地关闭、关闭后的资金管理、监测、测量与核查要求以及环境风险等方面的问题进行了详细的考察。2012 年 2 月，不列颠哥伦比亚省发布了《天然气战略》，旨在通过开发一个监管框架与修订现有的立法来推进 CCS 技术的发展。该省将 CCS 监管框架建立在现有的石油与天然气法律法规上，即《2008 年石油和天然气活动法案》，根据这一法案，封存储层的探索与利用被归为石油与天然气活动的范围，由该省的石油与天然气委员会监管。新斯科舍省的 CCS 研究财团也于近些年研究了捕集新斯科舍省燃煤发电厂的 CO_2 并进行陆上与离岸封存技术的可行性研究，并在 2012 年公布了一份与

CCS 相关的法律与监管报告。萨斯喀温彻省政府也开始对管辖范围内的 CCS 活动进行监管，萨斯喀彻温省的气候变化立法——《管理与减少温室气体法案》——在 2010 年获得了批准，并于 2012 年 11 月公布生效，该法案设定该省的减排目标为每年降低 2% 的碳排放量。此外，该省还对《管道运输法》《皇家矿产法》《石油与天然气保护法》等法律规范进行了修正，以更好地促进二氧化碳的运输与封存。

在联邦立法层面，加拿大联邦政府于 2010 年公布了制定温室气体法规的目的，要求所有新建燃煤电厂和未达到经济寿命末期的电厂都要遵循严格的排放标准。但是，直到 2011 年下半年，加拿大政府针对公众意见发布了其拟议的减少燃煤发电机 CO_2 排放的法规。根据该法规规定，新的燃煤发电机以及即将退役的成熟机组将被要求遵守严格的、基于高效 NGCC 发电厂排放绩效的性能标准。最终，加拿大政府在 2012 年 9 月 5 日宣布了最终法规，并明确该法规于 2015 年 7 月 1 日生效。

（二）加拿大 CCS 立法的制度内容

整体而言，加拿大联邦政府和各省现行的油气法涵盖了 CCS 的某些方面，主要涉及 CCS 项目运营过程中的三个问题：一是财产权的问题，主要涉及孔隙空间的所有权问题；二是许可和监管的问题，主要包括如何获得封存许可、如何选择监管机关以及如何进行风险监管的问题；三是法律责任问题，主要涉及如何进行长期责任转移的问题。此外，加拿大的 CCS 立法还涉及相关资金支持制度等方面的问题。

1. 孔隙空间所有权问题

在加拿大，与 CO_2 封存相关的产权问题极为引人关注，但绝大部分区域对 CO_2 的产权，即孔隙空间的所有权究竟应归矿产所有权人所有还是归地表不动产所有权人所有仍未达成共识。对此，加拿大阿尔伯塔省在《碳捕集与封存法规修正案》中明确规定，应当由政府保留对土地和矿产的所有权，孔隙空间的所有权属于省政府，不得转移对地下孔隙空间享有的权利。为了确保修正案的顺利实施，阿尔伯塔省出台了《碳固权条例》，明确了如何为实施 CO_2 地质封存取得孔隙空间使用权的程序，要求只有已经获得评估许可证的机构才有权力对是否适合进行 CO_2 封存进行评估。该条例还制定了 CO_2 封存地的租赁制度，承租人可以租赁钻井来进行评估和试验，并向地质储层注入 CO_2，租赁期为15年。但是，承租人必须符合规定的条件才能租赁相应的封存区域，即只有当"封存的 CO_2 处于稳定且可预测的状态，且日后没有重大泄漏风险"时，能源部长才能签发封存地点闭合证书。

2. CCS 的风险监管

根据加拿大各省关于 CCS 的法律规定，CO_2 的注入皆由各省来管辖，除非注入活动发生在由联邦政府管理的领海或领土上时，才由联邦政府来进行管辖。CCS 监管机构应当归属现有的油气监管机构，他们可以对类似的地下活动，包括油气生产、天然气存储、CCS 活动进行监管。在《碳捕集与封存法规修正案》中，阿尔伯塔省就明确了一系列关于 CCS 的监管目标，包括建立 CCS 的管理标准、谨慎地选择地质结构和封存地点、增强公众对 CCS 项目安全的认识等方面。此外，阿尔伯塔省建立了一项监管评估制度来检验其监管制度是否到位，对 CCS 涉及的建设、健康和安全等方面的问题进行有效评估，以决定他们是否能满足 CCS 技术推广的需求。在 CCS 的监管方面，联邦政府和地方政府还将开展监管协调工作，以确保项目 CCS 相关责任和义务的一致性和协调性。

3. CCS 责任制度

根据加拿大《环境评估法案（1992）》的要求，CCS 项目必须经过严格的环境评估后才能获得相关许可，否则联邦政府在此方面将承担责任。而根据阿尔伯塔省《碳捕集与封存法规修正案》的规定，应根据注入 CO_2 量的数据规定将长期职责转移给政府，进而做好责任的转移工作。

4. CCS 的资金支持制度

在资金支持方面，加拿大政府成立了专门的清洁能源基金，为联邦和省级的多个 CCS 项目提供了约 30 亿美元的资金支持。其中，加拿大的生态能源技术项目（Eco Energy Technology Initiative）在诸多行业中资助了 7 个 CCS 项目，资助金额达到 1.51 亿美元。此外，阿尔伯塔省和萨斯喀彻温省也计划为大规模的 CCS 项目提供资助。例如，阿尔伯塔省的《碳捕集与封存法规修正案》就为 CCS 项目设立了"闭合后照管基金"，要求经营者在注入 CO_2 期间必须按规定缴纳基金费用，以为 CCS 项目的运营提供经济支持。

七、挪威 CCS 的立法发展与制度设计

（一）挪威 CCS 的立法发展

尽管挪威对全球温室气体排放的影响非常小，但在 CCS 的技术示范、政策制定以及国际合作方面，挪威一直处于领先地位。1991 年，挪威便率先对大陆架上开展的油气开采活动收取 CO_2 排放税。此后，挪威政府又通过研究组织或私人部门的研究为 CCS 的研发提供强有力的智力支持。

尽管挪威并非欧盟成员国，但是它却是欧洲自由贸易联盟（European Free Trade Association，简称"EFTA"）的成员，并在欧洲经济区（European Economic Area，简称"EEA"）协议下与欧盟成员国一同加入单一欧洲市场。因此，在欧盟内部市场的交易中，挪威也有义务采纳与市场相关的所有欧盟立法，包括欧盟 CCS 法案。而在本国立法方面，为了克服 CCS 技术在发展以及市场推广当中存在的困难，挪威也决定在企业活动、市场法制监管方面推行新的政策。目前，挪威的 CCS 活动除了由《石油法》《污染防治法》来进行监管外，还由另外的

两部法规——《CO_2 运输与封存法》和《CO_2 安全封存法》——分别对 CCS 的运输与封存、CCS 的封存进行规范。

（二）挪威 CCS 的制度设计

在挪威，开展 CCS 活动需要遵循严格的许可制度。根据挪威《石油法》的规定，挪威海域内的油藏归国家所有。因此，不论是出于提高原油采收率的目的，还是出于在大陆架上永久封存 CO_2 的目的，CCS 作为石油业务的一部分，实行许可证制度。此外，挪威还根据《污染防治法》规范了 CCS 的相关许可。根据该法的规定，工厂排放的 CO_2 被视为污染物，大量排放 CO_2 的公司必须取得排放许可。并且，在签发许可证之前，必须完成在海底咸水层封存 CO_2 的环境影响评估。

挪威政府还在《污染防治法》中确立了有关 CCS 的监督制度，即在 CO_2 的风险控制方面，主管部门可以就气体泄漏的监督检查设定条件，以规范责任。在此方面，挪威现行的《污染防治法》介绍了与 CCS 法规相关的几个主题，包括许可证的申请要求、许可证的收回、主管部门的责任和其提供信息的职责、检查的权力等，以此为 CCS 的法律监督提供指引。除了资源管理相关的法律之外，挪威还根据《挪威温室气体排放交易法》以及欧盟排放机制的规定建立了 CCS 领域的碳排放交易制度，凡是在挪威安装 CCS 技术的电厂都必须提交相当于其剩余排放量的配额，以更好地实现市场交易。

八、日本 CCS 的立法发展与制度内容

就日本而言，CCS 作为政府应对气候变化的重要措施之一，正日渐受到政府重视。2007 年，日本首相宣布了"地球凉爽 50 年计划"，即《凉爽的地球——创新能源技术计划》，要求日本的碳排放量到 2050 年削减 50% 以上，同时明确要通过公私合作来推动 CCS 的发展，

推动碳减排这一宏伟目标的实现。[①] 而在 2008 年《建立一种低碳经济的行动计划》中，日本政府又一次强调，CCS 技术作为 21 世纪的创新能源技术将获得政府财政支持，并在其中详细介绍了日本高效进行燃煤发电和推动 CCS 技术发展的路线图。

在有关 CCS 的立法上，日本政府于 2007 年对有关海洋污染和灾害预防的全国性法律进行了修订，明确对在近海海底的 CO_2 封存进行管理。2007 年 11 月 1 日修订的《伦敦议定书》在日本同样有效，根据该议定书，任何一方计划在海底地质构造中进行 CCS 项目，必须向环境部申请许可，且应提交环境影响评估，以预防泄漏事件的潜在影响。此外，日本政府还通过了 3 个与 CCS 相关的环境保护条例，对如何取得 CCS 许可、如何确定场地、如何确定 CO_2 的纯度、如何进行报告、如何进行环境影响评估、如何进行监管等问题进行了明确。在 2010 年，日本内阁又批准了《全球变暖对策的基本法案》，主张建立一种国内 ETS 和碳税条款。

第二节　域外发展中国家 CCS 技术立法的现状考察及评析

随着 CCS 技术的发展，对它的制度约束不仅在发达国家中日趋得到重视，也为许多发展中国家所关注。尽管许多发展中国家并未在 CCS 方面建立完善的立法和监管框架，但是它们正在采取实际行动来推动 CCS 的发展，通过政策引导的方式将 CCS 整合到未来气候变化减缓战略的发展框架当中。本节将以巴西、印度、印度尼西亚、马来

[①] 王慧、魏圣香：《国外陆上碳捕获和封存的立法及其启示》，《气候变化研究进展》2012 年第 1 期。

西亚等国为例，探讨这些国家在有关 CCS 立法层面所做的努力。

一、巴西关于 CCS 的法律及制度发展

由于巴西具有丰富的水电资源，化石能源产生的 CO_2 仅占其国内温室气体排放的 25%，因此相较其他国家而言，巴西对 CCS 技术的关注要少一些。但是，这并不代表巴西在全球气候变化问题上无所作为。2010 年 12 月，巴西通过了一个法律规定，计划到 2020 年减少预计排放的 CO_2 总量。巴西政府还成立了一个气候变化和环境质量秘书处，专门负责与气候变化相关的事项，并负责对碳排放市场进行监督。但在是否推广 CCS 技术方面，巴西虽然对其持肯定态度，但并不主张将其纳入 CDM 的框架内。2010 年年中，作为 UNFCCC 的非附件一成员国，巴西发表了是否将 CCS 纳入 CDM 的正式表态：它明确肯定 CCS 是一种用于缓解气候变化的合法选项，并表达了对加快 CCS 技术的开发、推广的支持。但是，它同时表示 CCS 不适合纳入 CDM 架构，且认为 CCS 项目不具有信用资格。[1] 由此可见，巴西对于 CCS 技术的发展依然持审慎态度，截至目前，巴西仍没有直接与 CCS 相关的法律规定。

二、印度关于 CCS 的法律及制度发展

印度是世界上排名第三的煤炭消费国，煤炭占到该国能源供应量的 62%，并且这一数据还在进一步增加。[2] 作为 UNFCCC 非附件一的

---

[1] GCCSI, "The Global Status of CCS: 2011", https://hub.globalccsinstitute.com/sites/default/files/publications/22562/global-status-ccs-2011.pdf.

[2] IEA, "World Energy Outlook 2007", https://www.iea.org/publications/freepublications/publication/weo_2007_cpt20.pdf.

国家，印度承诺完成温室气体排放清单，但却并不被要求完成《京都议定书》所要求的具有约束力的减排目标。因此，印度在2009年发布的《国家气候变化行动计划》中，针对CCS技术的发展依然持一种谨慎的态度，对这种清洁煤技术的成本和封存的永久性持怀疑态度。但作为碳封存领导人论坛的创始成员国之一，伴随着印度各社会组织逐步加紧与国际组织就CCS展开对话，印度政府对CCS的态度逐渐有所改观。2010年7月1日，印度政府拟对本国生产或进口的煤炭征收每吨50卢比的税收，并通过了将征收煤炭税所增加的收入用于创建"国家清洁能源基金"，这两项制度的出台对CCS的发展具有重要的推动作用。

三、印度尼西亚关于CCS的法律及制度发展

印度尼西亚的煤层气资源储量较高，超过8万亿立方米，该国加里曼丹的南苏门答腊、巴里托和库泰盆地都具有较高的煤层气储量。因此，该国对进行CCS的运营具有极大的需求。总体而言，印度尼西亚对CCS的发展持积极肯定的态度。早在2008年，印度尼西亚总统就依法设立了气候变化国家委员会，由其制定碳减排、技术转化和碳交易方面的机制来控制气候变化。2009年，印度尼西亚财政部发布了《减缓气候变化的经济和财政政策战略绿皮书》，其中分析了对化石燃料的燃烧征收碳税的潜在影响，并指出，随着碳税政策向排放交易机制的过渡，在每吨CO_2 8万卢比的基础上，价格将在2020年以前每年上涨5%左右。2009年底，印度尼西亚政府又发布了《应对气候变化路线图》，明确根据该国《加快1000万千瓦电力计划》"第二阶段"的计划安排，如果没有诸如CCS这样的特别减排措施，印度尼西亚未来几年的CO_2排放量将成倍增长。基于此，印度尼西亚于2010年底发布了《印度尼西亚的温室气体减排成本曲线》，指出一个新建的结合

EOR 的燃煤 CCS 电厂每吨 CO_2 减排成本大约是 14 美元。与此同时，该国还在同一时期发布了《国家中期发展计划》（2010—2014），强调减缓气候变化是印度尼西亚四个环境核心行动计划之一，有必要引入主流减排政策支持该计划的发展。

四、马来西亚关于 CCS 的法律及制度发展

在马来西亚，最大的 CO_2 排放源集中于马来盆地。根据学者 Darman 的预测，马来西亚未经开采的天然气总量为 4000 亿立方米左右，其 CO_2 含量为 28% 到 87% 不等，因此，该国气田具有巨大的 CCS 和 EOR 发展潜力。[①] 马来西亚与 CCS 技术的开发相关的战略政策主要有《国家绿色技术政策》（2009）、《国家气候变化政策》（2009）、《新能源政策》（2016—2020）、《清洁空气行动计划法规》和《第 11 个马来西亚计划》（2016—2020）。尽管这些政策文件都未明确提及 CCS 技术，但都为其发展奠定了基础。而在马来西亚提交给 UNFCCC 的相关信息中已经对 CCS 有所涉及，其中提到："应充分依赖先进科技来实现到 2020 年降低自愿减排强度的目标，清洁煤、CCS 等新兴技术均应当被考虑，并由此来为碳减排提供便利。"

五、墨西哥关于 CCS 的法律及制度发展

在墨西哥，CO_2 的排放源主要集中在该国与美国的加利福尼亚、得克萨斯州交界的边境地区，且这些地区 60% 的 CO_2 纯度低于 15%，这就给 CO_2 封存带来了一定的挑战和难度。为了更好地推动 CO_2 减排

---

① N. H. Darman, A. Harun, "Technical Challenges and Solutions on Natural Gas Development in Malaysia", The Petroleum Policy and Management Project, 4th Workshop on the China-Sichuan Basin Case Study, Beijing, http://www.ccop.or.th/ppm/document/CHWS4/CHWS4DOC08_nasir.pdf.

工作，墨西哥在 2007 年制定的《气候变化国家战略》中，将 CCS 技术列为能源生产、利用以及减排研发的重点。墨西哥政府于 2012 年 4 月通过了《墨西哥气候变化法》。2016 年 4 月 4 日，为应对气候变化的挑战，墨西哥出台了一项长远规划——《应对气候变化特别计划》。此外，在推动将 CCS 纳入 CDM 的谈判中，墨西哥还在第 16 届联合国缔约方大会坎昆会议中起到了关键作用，积极促成各方在有关 CCS 问题上达成共识。

六、南非关于 CCS 的法律及制度发展

作为一个对化石能源具有强烈依赖的发展中国家，南非的发展同样面临着严峻的气候变化挑战，必须不断改善能源供应、降低工业活动排放强度来追求经济的可持续发展。也正因为此，南非在 2010 年末发布的《国家气候变化回应绿皮书》中提出了支持政府减排目标的意见，该计划中明确提到了 CCS 技术，并主张应当建立支持 CCS 的法律法规和监管制度。在南非，CCS 等资源政策的制定均由该国能源部主导，南非碳捕集与封存中心（SACCCS）可以为 CCS 技术的发展提供建议。为了推动 CCS 在南非的落地，SACCCS 于 2009 年发布了 CCS 的发展路线图，相关步骤为：第一阶段，调查 CCS 的发展潜能；第二阶段，完成地质封存地图的采集；第三阶段，进行 CO_2 的注入实验；第四阶段，建立 CCS 的示范场地；第五阶段，实现 CCS 的商业推广。截至目前，第一到第三阶段的工作均已完成，SACCCS 正在进行第四阶段的示范场地建设。而在法律规范的制定方面，南非也取得了初步进展，该国能源部、环境事务部、矿产资源部、贸易和工业部、科技部、国库委员会与运输部于 2012 年成立了一个 CCS 跨部门专责小组（IDTT），用于专门研发 CCS 在其中试、示范阶段及最终的商业推广阶段的监管框架。此外，SACCCS、能源部与 IDTT 正在开展合

作，共同致力于完成有关 CO_2 注入测试与 CCS 预留的法律和监管制度研究。

由上可知，发展中国家对 CCS 技术的态度不一，法律制度的发展参差不齐。尽管，这些发展中国家当中的大部分已经认识到 CCS 技术在碳减排活动中的重要战略地位，但囿于国际义务的"软约束力"和经济发展的刚性驱动，发展中国家在 CCS 技术的立法层面显得较为滞后，有关 CCS 的制度建设主要停留在政策层面，有关 CCS 的法律和监管制度建设需要进一步加强。

第三节 CCS 技术在域外国家和地区的立法成效评析

总体来看，由于 CCS 技术的应用仍然存在某种程度上的不确定性，加之各国经济背景、法律制度以及技术发展存在巨大差异，因此不同国家对 CCS 技术所持有的态度及采取的政策和法律手段不尽相同。纵观域外国家的立法，可以看到，国外有关 CCS 的政策和法律体系正在建设当中，有关 CCS 的制度主要见之于封存政策、封存法律以及封存的法规当中。其中，封存政策主要见于国际条约提出的关于 CO_2 地质封存的可行性意见以及各国国内相关法案、议案和规划当中；封存法律主要包括相关的 CCS 立法以及相关法律的修订，如欧盟、美国、澳大利亚等国家制定的关于 CCS 技术实施的法律，而相关的法律修订包括对能源、水土、管道等相关领域涉及 CCS 技术发展的法律的修改；封存的法规和规章则主要包括各地区具体部署 CCS 技术过程中涉及的相关问题的实施细则和解决方案。通过对以上法律制度的介绍，可以发现当前域外国家在 CCS 的立法建设方面存在两个较为突出的特点：其一，发达国家的立法进展明显超过了发展中国家，法律制度建设相对健全。如果说发达国家的 CCS 立法具有鲜明的"法定性"的话，发展中国家的 CCS 立法还带有深刻的"政策性"，这也决定了发达国家的 CCS 技术更为成熟、商业化程度更高。其二，即便是发达国家的 CCS 法律建设依然未形成较为完备的法律法规体系，一方面 CCS 法律建设当中的责任转移、产权问题仍未达成共识，存在很多差异；另一方面未能根据各地区的实际情况和 CCS 技术的不同领域和环节进行更为细致的法律规定。因此，有关 CCS 的法制建设依然任重道远。

仅就发达国家现有的 CCS 的立法情况来看，CCS 的立法和监管框架大多处于"动态变化"之中，新的法律制度正在不断出台、旧的不合时宜的法律制度正在逐步修订中。这些法律法规既有基于现行立法进行修正，以不断涵盖 CCS 的特定问题，将 CCS 纳入法律的规制范围内；也有对 CCS 进行专门性的立法，建立自成体系的法律规范。① 而就立法所涉及的问题可以看出，各国关于 CCS 的监管框架当中，有关 CCS 的勘探和封存许可、产权许可、封存的全过程风险管理、封存的场地选择、CCS 的核查和监测标准等方面的问题是各国关注的重点。但值得注意的是，各主要国家或地区虽然在制定相关 CCS 的法律制度的必要性和紧迫性上得到了广泛的认同，但大部分制度仍处于初步建设阶段，其发展和完善仍然需要经历一个相对复杂的过程。

一、域外国家和地区 CCS 法律与政策的主要特点及其制度成效

当前，对 CCS 技术进行有效规制的首要途径是建立完善的制度已

---

① 中国 21 世纪议程管理中心：《碳捕集、利用与封存技术进展与展望》，科学出版社 2012 年版，第 123 页。

成为世界各国的共识。纵观近年来发达国家在 CCS 的法律和政策，主要呈现出以下特点和发展态势：

（一）发达国家的 CCS 立法较为成熟且处于领先地位

综观域外国家层面有关 CCS 的立法情况可以看到，发达国家在该领域的立法已相对较为成熟，以欧盟、美国、英国、澳大利亚为代表的发达国家或地区均已建立了与 CCS 相关的法律和政策规范。如英国是世界上第一个用法律手段来推广 CCS 的国家，《2008 能源法》为英国开展近海碳封存提供了基本的法律规范，《2010 能源法》又将 CCS 的发展视为重点，旨在通过税收和资金拨付的方式来支持 CCS 项目的商业化运行。此外，美国 2008 年出台的《CO_2 捕集、运输和封存指南》也为美国开展 CO_2 的封存项目提供了有效的指引，2009 年欧盟的《CCS 指令》以及澳大利亚的《CO_2 捕集与封存指南》均为 CCS 项目的运营提供了有力的法律保障。这些国家和地区之所以极为重视 CCS 法律问题，是因为它们早已深刻地认识到，在应对气候变化问题上需要全球的大规模行动，当前必须由强有力的行动来推动 21 世纪实现能源消耗的"去碳化"。CCS 技术在能源领域和相关行业的应用能够有效减少碳排放量。从发展趋势来看，CCS 技术的商业化将是未来国际低碳能源发展的核心和重点，谁最先掌握了这项技术，就意味着谁将获得主导全球低碳经济的话语权。[1] 因此，各国认为，伴随着 CCS 的发展，必须为 CCS 技术的发展、成本约束以及风险管控建立一个有力的监管框架。[2] 进入 21 世纪以来，为应对气候变化和保障能源安全，发达国

---

[1] 吕江：《英国未来能源法律政策的发展趋势及其影响》，载《中国能源法研究报告 2010》，立信会计出版社 2011 年版，第 4 页。

[2] Rachel Amann, "A Policy, Legaland Regulatory Evaluation of the Feasibility of a National Pipeline Infrastructure for the Transport and Storage of Carbon Dioxide", September 10, 2010, http://www.secarbon.org/files/pipeline-study.pdf.

家和地区不断加紧对 CCS 技术的立法规制，相关法律制度正日臻完善。

（二）CCS 立法的政策性较为明显

从域外国家有关 CCS 的立法过程可以看到，CCS 不仅仅是一个法律问题，也带有强烈的"政策性"，它需要正确的政策指引。由于发达国家都希望在国际能源秩序和国际气候谈判方面掌握主导权和话语权，因此，CCS 立法在某种程度上受到政治的影响也较为明显。美国虽然退出了《京都议定书》，但却极为重视自身在国际环境与气候变化的影响。2009 年美国制定了《清洁能源与安全法》，一方面是为了通过温室气体的减排来缓解全球气候变暖的趋势，另一方面则是为了重塑美国在国际环境与气候变化领域的领导地位。在 CCS 技术发展方面，美国试图利用其在技术方面的优势，加强清洁能源的开发，进而抢占未来市场发展的制高点。英国在 2009 年 9 月发布的政策文件《零碳英国——引领全球》中也明确指出："英国应当在国际气候变化政策的制定上发挥更大的作用，以推动其他发达国家和发展中国家共同致力于碳减排工作。"可以看到的是，发达国家的 CCS 立法在很大程度上受到了政府政策影响，这些国家在 CCS 立法方面不断推陈出新，从表面上看是为了促进低碳经济的发展和应对气候变化的挑战，但究其实质来看，则是为了掌控国际能源秩序和国际气候政策谈判的主导权和话语权。[①]

（三）CCS 立法的共通性和差异性并存

就域外 CCS 立法的差异性而言，主要体现为立法模式和监管架构方面具有较大的不同，在此，仅以美国、欧盟以及澳大利亚的 CCS 相关政策法规的对比为例（如表 9）来说明这些法规之间的区别。首先，

---

① 杨泽伟：《发达国家新能源法律与政策：特点、趋势及其启示》，《湖南师范大学社会科学学报》2012 年第 4 期。

表 9 美国、欧盟、澳大利亚等制定的 CCS 相关法律政策对比

比较项目	美国的《CO_2 捕集、运输和封存指南》	澳大利亚的《CO_2 捕集与封存指南》	欧盟的《CCS 指令》
与其他法律的关系	必须满足清洁空气法和清洁水法的要求	所有的碳捕捉与封存项目必须符合已存在的法律法规	和欧盟的相关法律保持一致
环境风险评价	对于所有的封存项目，必须进行风险评价	所有的碳捕捉与封存项目在相关法律制度框架下必须进行环境评价和核准，环境风险评价将贯穿于项目的整个生命周期	强调封存过程的环境风险评价，包括危险识别、暴露评价、影响评价、风险识别
封存场地选择	形成一套准则使泄漏风险最小化，早期项目应该优先选择风险低的场地	封存地必须接受连续的风险评价，必须提供封存地址详细的地质特征等以支持满足核准条件的评价和认定	修订相关指南，完善封存场地选择管理
准证核准和颁布	必须提交包括期望成本、注入率、储存能力等参数的准证申请	核准必须包括风险评价和监测，核准过程必须对公众公开和透明	修订相关指南，明确准证申请和颁发程序
监测	实施可测量、可监测、可核实的检测方法	对注入的 CO_2 进行监测并提供证明监测范围至少包括封存地址的安全性、环境保护、公众健康和资源管理等	建立监测与报告指导方针予以解决
安全	强调制定管道和封存 CO_2 的安全标准	碳捕捉与封存项目符合《职业健康与安全准则》	强调封存地点的永久封存评价，强调对运行、监测以及场地关闭和关闭后的管理
注入和关闭前	项目运营商应该制定透明的运行和执行计划；进行注水试验；注入井及其设备应该符合联邦和各州的建筑和设计管理条例	与《伦敦议定书》的规定一致，注入海洋的必须是 CO_2。仅有的杂质物质必须是自然存在的，或是捕集/分离出来的类似蒸汽的物质，或者添加剂等	CO_2 注入地下面临着一些法律层面的障碍
场地关闭和后关闭条件	关闭期间执行连续的监测；运营商应该建立一套包括位置、关闭条件、完整性压力测试等的数据；经批准的关闭场地应该移交有资质的经营实体管理	必须满足场地关闭标准	当达到允许的场地关闭工作状态，或者运营商请求权力部门授权是否可以进行场地关闭等

续表

比较项目	美国的《CO_2捕集、运输和封存指南》	澳大利亚的《CO_2捕集与封存指南》	欧盟的《CCS指令》
事故处理	风险评价应该提供不可预料事故的减缓或补救计划，这些计划应该提交项目管理方以支持建议的计划	尚未明确	按照《ELD指令》处理突发环境事故

从立法的目的来看，囿于国情的不同，各国对CCS技术的立法目标有不同的侧重。就美国、加拿大和澳大利亚而言，由于这些国家对煤炭资源和化石燃料的依赖严重，他们对CCS的立法主要强调在不增加能源进口的同时将当地和区域的环境损害降到最小；而就英国而言，其之所以加紧对CCS的立法，更多地在于追求"多元化"的能源组合，以推动经济的可持续发展、创造就业和提高自身经济竞争力。而在某些碳减排任务并不紧急的国家，如新西兰的CO_2排放主要来源于农业部门和汽车尾气，这些国家在CCS的立法上往往持消极态度，尚未建立较为完善的CCS法规。[1] 其次，各国立法模式也存在较大差异，主要体现为以下两个方面：一是因分属法系的不同而做出的区分。英美法系国家在CCS技术立法上的共同点在于：CCS技术的相关法律并非由同一个部门统一制定，而是散见于若干个法律文件当中，且这些法律文件分别由不同的机构制定或颁布。以美国为例，国会主导通过了《美国气候安全法》《减碳科技桥梁法》等与CCS技术相关的法律；而IEA作为主要的立法机构之一，在其主导下完成了《安全饮用水法案》《清洁空气法》以及《安全碳储存技术行动条例》等法规，积极推动建立一个全面的CCS技术法律体系。而大陆法系国家和地区CCS立法的基本特点在于通过制定综合性的法律来规范CCS技术的合理实

---

[1] 彭峰：《坎昆气候大会碳捕捉与封存技术国际规则新发展》，《环境经济》2011年第1期。

施。① 二是因立法体制的不同而做出的区分。联邦制的国家通常系由联邦与各州分别立法，各自对 CCS 的事务具有不同程度的管辖权，如美国、加拿大、澳大利亚均采用了这种立法模式；而英国、日本、挪威等国则大体采取的是由政府统一立法的模式来对 CCS 进行规制。以日本为例，日本政府主要通过修改《海洋石油与海洋灾害预防法》来许可 CCS 技术的使用，并通过了 3 个与 CCS 相关的环境保护条例。② 再次，监管架构方面的差异主要体现为：一是监管的法律框架不同，有些国家是通过制定全新的 CCS 立法来进行监管，如德国等；而有些国家则是通过对现行的石油立法、清洁能源立法进行"扩容"，在现有的法律框架之下实现对 CCS 的监管，如澳大利亚、美国等。二是监管权力的划分不同，CCS 的法律监管权因国家管理体制的不同也有所区别，一些国家将主要的 CCS 法律监督权赋予国家机构，如日本、荷兰皆通过统一的监管机构来对 CCS 进行风险监管；另一些国家则将 CCS 监督权更多地赋予地方政府，如美国、加拿大各州（省）政府在 CCS 领域的监管权限更多，管辖的事务范围和领域更广。最后，具体的制度规范存在差别，其中最为明显的一个例子体现为各国在地下空间开发权方面存在较大的立法差别，如美国规定地下空间权可以为私人所有；而澳大利亚则规定地下资源虽然属于国家，但政府可以通过授权许可的方式准予私人使用。③

就共性来看，各发达国家在 CCS 立法方面的理念日渐趋同，主要确立了以下几个基本理念，并逐步通过这些理念来引领本国的 CCS 立法：一是低碳经济理念。从高碳能源向低碳能源转变，是世界能源发展

---

① 黄亮：《碳捕获与封存（CCS）技术的法律制度构建探析》，《政法学刊》2014 年第 4 期。
② 王慧、魏圣香：《国外陆上碳捕获与封存的立法及其启示》，《气候变化研究进展》2012 年第 1 期。
③ 张志慧、王淑敏、潘岳：《完善碳捕获与封存技术立法的思考》，《党政干部学刊》2012 年第 12 期。

的基本趋势，在此方面，各国皆将 CCS 技术作为能源低碳化的一项重要的战略措施来实施。这尤其体现为以英国、澳大利亚为代表的国家普遍建立了 CCR 制度，要求任何新建电厂发电能力超过一定标准的都必须安装"碳捕获预留"设备，以便为将来实施 CCS 提供技术改造的空间。二是风险监管理念。从 CCS 技术的构造来看，它隐藏着一定的健康和环境风险。因此，目前仍有许多发达国家对 CCS 的发展持观望态度，而从主要发达国家所确立的 CCS 立法来看，也无一不将 CCS 的风险监管作为重要内容。在此方面，欧盟《CCS 指令》不仅对 CCS 建立了全过程监督的制度，且对相关流程做出了详细的规定。三是市场化的基本理念。在 CCS 技术的推广中，这种技术能否在能源市场上胜出，是否具备经济性和可竞争性是各国普遍面临的问题。为了更好地推动 CCS 的市场化运作，各发达国家均推出了与 CCS 相关的碳排放交易制度、融资贷款制度，以吸引更多的投资者进入 CCS 技术开发领域。对此，美国 2009 年的《清洁能源与安全法》明确提出要在联邦机构实施合同式的节能管理，以推动清洁能源的市场化运作；英国也在 2010 年的《能源绿皮书》中指出应以市场为基础，吸引投资者进入能源领域，以实现能源产业的革新。四是国际合作的理念。在 CCS 所需实现的减缓全球气候变化的根本目标方面，各国可联合它们在政治和经济方面的影响力，共同来实现低碳经济的目标。因此，各国在有关 CCS 的立法当中也极为强调通过加强国际合作来应对气候变化方面的挑战，对于发达国家而言，他们已经在 CCS 技术、CCS 市场、CCS 管理方面取得了诸多优势，可以通过推广成熟的技术路线和管理模式与发展中国家达成合作，进而推动全球在未来气候变化领域中共同承担责任。

（四）CCS 的监管体制较为完善

为确保 CCS 的安全运行，对其进行有效的监督和管理至关重要。从各国 CCS 立法当中有关 CCS 的监管体制建设来看，CCS 的监管可以根据监管权的分配方式不同划分为垂直分配与水平分配两个层面。其中，垂直分配是指监管权力在中央（联邦）政府、地方政府之间的分配。西方国家根据国情不同可以将垂直监管划分为两种不同的模式，一是采取中央集中管理的模式，以集中化的方式从国家层面来规定 CCS 活动，如英国、日本；二是采取复合监管但以地方为主的模式，如美国、澳大利亚、加拿大等国家则采取中央政府与州（地方政府）共同监管的模式，地方政府在有关 CCS 的日常监管中发挥着主导作用。① 在此方面，各国通常根据 CCS 活动是否跨地域或国境来决定监管权的分配。例如加拿大的相关法律规定，如果全部 CCS 活动均位于同一省，则由该省行使管辖权；如果 CCS 活动属于跨国或跨省作业，则应由联邦政府行使管辖权。

监管权的水平分配则主要根据 CO_2 的法律定性来决定监管权在中央（联邦）政府和地方政府部门之间的划分。由于国内法和有关国际条约对 CO_2 的法律定性不相同，现有的法律对 CO_2 的定位有危险物、污染物、废弃物和产品等，由此带来的对 CCS 的监管在各国所列属的监管机构也不一致。总体来看，上述国家在有关 CCS 技术的监管方面可以划分为以下几种模式②：（1）环境保护部门独享模式。这主要是指将 CO_2 定位为污染物、废弃物、危险物的国家或地区，在 CO_2 的永久封存方面，通常由环境保护部门独享监管权。如在美国的西弗吉尼亚州、怀俄明州、俄克拉荷马州等地方，均由环境保护部门或环境质量部门行使监管权。（2）行业管理部门或监管机构独享模式。这主要适用于将 CO_2 用于 EOR 等项目的国家或地区，即强调 CO_2 的"再使用"性质的国家或地区，由于 CO_2 被用于驱油、驱气，其在本质上可以成

---

① IEA, "Carbon Capture and Storage Legal and Regulatory Review Edition 1", 2010, https://www.iea.org/publications/freepublications/publication/191010IEA_CCS_Legal_and_Regulatory_Review_Edition1.pdf.

② 陈臻、杨卫东：《碳地质封存国内法规制的若干重要问题》，http://www.ems86.com/lunwen/html/22526.html，2014-01-04。

为一种工业资源或产品,因此对它的监管通常由煤炭、油、气等监管部门来进行。例如,美国北达科他州即由州工业委员会来进行 CCS 的监管。(3)环境保护部门和行业性监管机关共享或分享模式。这种模式综合了 CO_2 的环境危险性和资源性,进而由一些国家或地区的环境保护部门和行业性监管机构来共同或分别实现对 CCS 项目的监管。共享模式如美国蒙大拿州,该州主要由石油天然气委员会和环境审查委员会来共同行使对 CCS 项目的监管;加拿大阿尔伯塔省则采取分享模式,该省的能源和公用事业委员会对整个碳捕捉链条享有监管权,但在地下水的保护问题上则需要与其他部门充分开展合作。由此可见,为尽可能地防止和减少 CCS 活动引发的风险,合理分配 CCS 活动中可能引起的法律责任,确保 CCS 活动顺利、安全运行,各国皆通过监管机构的合理分工,来确保该项技术发挥其应有的经济和社会效用。

(五)CCS 法律制度的综合性较强

法律应当得到有效实施,否则形同虚设。法律的生命力在于公正有效实施,制度的生命力在于其有效落实执行。当前,主要发达国家在建构、完善 CCS 法律体系的同时,也逐步确立了有关 CCS 发展的合理法律制度,这些制度主要体现为:

1. CCS 的前瞻性制度——CCR 制度的实施

从域外国家或地区有关 CO_2 的减排工作可以看到,一些国家已将 CCR 当作推动 CCS 技术发展的一项重要举措,要求发电厂的投资者必须确保所有已知的可能对 CCS 带来阻碍的因素得以识别和排除。它们在 CCR 制度中取得的共性可以概括为以下几方面:其一,将 CCR 纳入法定范畴。无论是欧盟还是英国和美国,都注意到了在 CCS 未走向成熟之时,CCR 所能发挥的重要作用。因而,这些国家和地区都在相应的能源法律规定中直接或间接地规定了 CCR 制度。其二,注重 CCS 制度中的利益协调。由于 CCS 制度是一项牵涉到多方利益的制度,它既牵涉到环境监管部门的监管职责，又关系到电力企业的投资成本与收益，还涉及公众的环境利益和健康。因此，这些国家和地区在将CCR作为CCS制度的一项过渡措施的同时，也较好地通过适度监管和妥善的激励机制来平衡好各方利益关系，使得企业有充分的积极性进行"预备投资"，并从中得到应有的回报。其三，进行较为合理的程序和条件设计。从实施CCR制度的国家中可以看到，碳排放企业在进行新燃料厂的建设过程中必须做好CCR的准备工作，准备的事项主要包括发电厂的位置、捕获的装置要求、运输的管道铺设以及封存的地点及空间要求等多方面，而环保部门则主要侧重于从技术的现实性和可行性以及经济的现实性和可行性两个方面进行评估。其中，技术的现实性和可行性主要侧重的是对 CO_2 储存技术的现实评估，包括封存的地点、地质结构、有无泄漏风险、是否侵犯公众利益等方面；而经济的现实性和可行性则主要从经济的成本效益分析、法律和监管的制度是否健全等方面进行衡量。

2. 合理的前端评估保障机制

设立 CCS 项目许可制度可以从源头控制项目运行风险，在此方面，附随的环境影响评价文件应当作为申请 CCS 项目许可的必要材料。为了从前端防范 CCS 项目的风险，主要发达国家均设立了严格的许可标准。在美国，实施 CCS 项目必须经得环境保护署的许可，未经许可不允许任何单位和个人擅自实施 CCS 项目。欧盟《CCS 指令》规定，CCS 的运营在任何情况下都必须经得许可。在授权许可事项上，成员国还应将 CCS 的申请书和相关草案告知 EC，以提高审查的统一性和可接受性，并使 EC 不受约束地发表意见。澳大利亚《温室气体地质封存法》针对陆上 CCS 设置了许可制度，要求有关 CCS 的运营主体必须获得勘探许可、封存许可以及正式的租赁合同。而根据日本相关法律的规定，任何人计划在海上实施 CCS 项目都必须向环境部申请许可证，需要提供的材料包括实施计划、环境影响评估和监测计划等。为了确保 CO_2 长期封存过程中的安全和可靠保障机制的建立,大部分国家都引入了环境影响评估机制,并将其作为实施行政许可的必要条件,如澳大利亚的《CCS 技术环境指南》、美国的《二氧化碳捕获、运输和封存环境指南》、欧盟的《CCS 指令》均在关于 CCS 活动的环境影响评价中做出了有益的立法实践。此外,一些国家还将封存场地的事前投保包含在 CCS 项目的许可条件当中,强制投保的金额主要根据环境评估报告所确立的风险等级加以确定,进而从资金层面保障碳泄漏可能引发的损害赔偿问题。

3. 有效的中端风险监控制度

在 CCS 技术的发展应用过程中,捕获、运输及封存环节所蕴含的风险对各国现行环境法律制度的挑战最大。为此,在 CCS 立法制度中,各国皆通过适宜的监管制度、有效的激励机制、必要的信息披露和公众参与来对 CCS 的事中运营进行有效的监控和激励。

首先,纵观现有发达国家的 CCS 立法,大部分国家都建立了符合本国国情的 CCS 监管体制。从 CCS 的法律监管制度来看,它所涉及的主要是立法模式的选择和监督权力的配置。以美国为例,环境保护署、能源部和运输部分别负责有关 CCS 的实施。其中,作为综合性的环保执法部门,环境保护署拥有对致力于 EOR 的 CO_2 注入方案的管辖权;能源部的作用在于主导 CCS 技术的研发和示范活动;交通运输部则主要管理 CO_2 的管道运输。这三个部门分工负责,相互配合,共同确保美国 CCS 项目的安全运行。[①] 在英国,则主要是由能源与气候变化部下属的顾问委员会来专门负责对 CCS 法律问题的研究,并对 CCS 项目是否适用国内现有的石油法、污染控制法、重大危险源管理法等法规提出建议。此外,在推动煤炭电厂的 CCS 示范项目实施方面,英国还成立了专门的煤气电力市场办公室,全面监管 CCS 示范项目的运

---

① 彭峰:《坎昆气候大会碳捕捉与封存技术国际规则新发展》,《环境经济》2011 年第 1 期。

行,并有权对违法的能源企业进行行政处罚甚至刑罚。日本则是由环境部来负责 CCS 项目的行政许可、环境风险评价和环境监测工作。荷兰政府则专门创设了 CCS 专责小组,由能源、环境、运输等部门的相关人员组成,全面负责 CCS 项目的实施。

其次,在 CCS 的研发和商业化推广方面,各国普遍通过政策或立法来进行资金资助。英国就制定了激励 CCS 发展的"碳捕获预留"原则,通过对实行 CCR 的企业提供技术和资金支持,来确保企业在选择 CCS 技术上的动力。美国、加拿大也在一些立法文件中明确了建立 CCS 发展基金,为 CCS 提供贷款支持、财政补贴以及税收减免的相关政策,这些资金机制能够有效地鼓励企业进行 CCS 技术的研发,进而解决 CCS 项目在投资方面的市场失灵。如美国《二氧化碳捕集技术法案》专门建立了相关激励机制,对 CCS 技术领域的创新进行奖励,该国《碳捕集与封存规划修正案》为某些商业化的 CCS 项目确定了国家保险规划,《利伯曼—华纳气候安全法》为 CCS 项目的实施提供了财政补贴,《减碳科技桥梁法》则为 CCS 项目的实施提供了税收减免。

最后,为了减轻公众对 CCS 运营所带来负面影响的怀疑,加强公众对 CCS 项目的认知,大部分发达国家还在法律制度的建设中要求 CCS 监管机构和运营主体主动向公众披露有关 CCS 的风险信息,并通过邀请利害关系人参与 CCS 项目认证与决策的方式不断扩大公众对 CCS 项目的参与,不仅有效地缓解了公众对于 CCS 的抵制,而且使公众成为 CCS 项目监督体系的有效组成部分。从世界各国现有关于 CCS 公众参与的案例来看,尽管在 CCS 公众参与方面有一些普遍性的策略,但各国在不同的 CCS 的操作案例中,通常都是根据各个工程项目所处社区位置以及根据当地背景来量身定做公众参与方案的。从表 10 中可见,尽管公众参与的方式不尽然相同,但大体都采用听证、信息公开、现场咨询、场地参观等方式尽可能地使公众参与到 CCS 项目的运作和讨论当中。并且,公众参与的效果也极为明显,在表 10 所列项目中，公众参与往往成为 CCS 项目成败的关键因素。

表 10　CCS 公众参与案例分析 ①

项目领导者	项目类型	所采用的关键参与方式	项目成果
壳牌公司	炼油厂 CCS 项目（30 万吨 CO_2/年）	1. 正式的听证会作为影响评估工作的一部分 2. 项目公布后的一年时间，在大型购物中心设立信息中心 3. 网站及信息单页 4. 国家部长进行私人访问	项目因长期延误及缺乏当地支持而取消
Battelle, Big Sky Carbon Sequestration Partners(BSCSP)	造纸厂 CCS 研究	1. 分组座谈会 2. 使公众能够获得项目相关的信息 3. 公众进行场所参观	最初社区居民呈现抵制情绪；项目方修改方案后将其移至当地居民认可的新场所
未来电力和美国能源部	研究性的联合 CCS 的整体煤气化联合循环发电系统（100 万吨 CO_2/年）	1. 强调经济发展远景 2. 对当地居民进行对谈并普及项目相关知识 3. 公众听证会	项目的最初计划方案得到了地方社区居民的大力支持；后期由于项目方案的重新设计导致当地居民获利减少而遭到拒绝
CO_2 CRC	研究规模注入（65000 吨）	1. 正式的社会科学评估以及双向协商会议计划 2. 成立社区居民咨询小组 3. 项目方选派一个社区联络人	项目获得当地巨大支持
纽约詹姆斯敦公共事业委员会（JBPU）	50MW 新建煤发电厂的 CCS 研究	1. 区域会议 2. 提供信息的社区居民会议 3. CCS 专题讨论会 4. 媒体的关注	开发人员在为项目筹措充足的资金时仍有居民强烈反对
英国石油替代能源总部 Mission Energy	500MW 的整体煤气化联合循环发电系统中的 CCS 研究	1. 联合国家及地方官员召开简报会 2. 为社区关键组织召开简报会 3. 强调项目效益	项目开发人员不再继续参加项目实施工作，取而代之的是关注和研究另一地区的一个同类项目

---

① WRI, "CCS and Community Engagement", https://www.wri.org/sites/default/files/pdf/ccs_and_community_engagement_executive_summary.pdf.

续表

项目领导者	项目类型	所采用的关键参与方式	项目成果
法国道达尔公司（Total）	CCS示范项目中的含氧燃料燃烧（12万吨CO_2/年）	1. 提早与政府监管机构共同召开简报会 2. 公共磋商会议 3. 项目现场参观 4. 与邻近居民召开单独会议及信函交流 5. 市政当局专题讨论会 6. 公众调研	厂区于2010年1月开始运营
德国地球科学研究中心和Verbundnetz Gas	大规模注入研究	1. 公开报告 2. 互联网站 3. 场区参观	项目受到地方社区居民的支持

4. 科学的末端责任追究机制

由于CO_2的封存是一项长期的事务，对其的监督需要长达数百年甚至上千年，因此为了确保CCS运输和储存场地的安全，大部分国家和地区都在立法过程中明确了CCS的短期责任和长期责任的划分。以欧盟《CCS指令》为例，短期责任方面，它要求企业对给气候和环境造成的损害负责，这种责任即便是在CO_2储存场所关闭后仍将继续存在，责任承担期为场所关闭后至少20年；长期责任方面，一旦企业获得的CCS许可期届满，企业则可将CCS的监管责任转移给CCS的监管机构，由监管机构来专门负责封存场地关闭后的监督责任。对此，美国、澳大利亚等国均有类似的制度安排。此外，由于CCS责任制度关系着CCS的成败，不同的责任制度将影响到碳封存的成本大小，因此以欧盟为代表的国家或地区还为CCS的发展创设了长期的责任保险制度，要求CCS运营主体对CCS封存场地进行投保，从而有效解决碳泄漏所带来的责任问题。可见，通过创建有效的责任分担体制，能够平衡CCS技术的风险和利益关系，进而有效推动CCS的发展进程。

5. 有效的财力支持和资金保障制度

由上可知，大部分国家在 CCS 的发展过程中均经历了"小步示范"到"大力推广"的过程，而 CCS 的商业化经营必然离不开有效的资金支持。对此，主要发达国家均通过政府财政支持和市场化融资的制度，将资金作为 CCS 新技术发展当中的催化剂。首先，在 CCS 的示范项目当中，由于 CCS 的风险未知，因此很少有企业愿意参与相关试点工作，国家的财政支持就成为推动 CCS 发展的重要支撑。从一些国家在 CCS 项目的法律规定上来看，均承诺要对 CCS 进行相应的财政支持。其次，随着 CCS 的大规模商业化推广，它必须要建立一定的市场融资制度来回应资金制度的需求，在此方面，美国、加拿大等一些国家建立了相关的 CCS 基金制度来为 CCS 融资，并通过保险制度来尽可能地减少项目运作过程中的成本（表 11 所示）。

表 11　各国家及地区政府对 CCS 的资金投入

国家或地区	资金	资金来源
加拿大	85 亿加元（合 83.8 亿美元）	联邦政府提供 65 亿加元（合 64 亿美元）；埃尔伯塔省提供 20 亿加元（合 19.8 亿美元）
欧盟	10.5 亿欧元（合 15 亿美元） 3 亿 EU-ETS 单位的拍卖额	10.5 亿欧元属于欧盟经济复苏计划，支持欧洲 7 个 CCS 项目；3 亿 EU-ETS 单位的拍卖额为 CCS 与新能源共有
美国	34 亿美元	2009 年经济复苏政策
英国	95 亿英镑（合 143.5 亿美元）	2010 年的《能源法案》，承诺资助 2—4 个完整的 CCS 示范项目
澳大利亚	40 亿澳元（34.9 亿美元）	政府提供 25 亿澳元（合 22 亿美元）；省政府提供 5 亿澳元（合 4.3 亿美元）；煤炭企业提供 10 亿澳元（合 8.6 亿美元）
日本	1080 亿日元（合 11.6 亿美元）	自 2008 年起用于 CCS 的研发和示范
挪威	9.05 亿美元投资；Mongstad CCS 项目的建设投资和运营费用 3000 万美元/年的研发经费	欧盟为新成员提供 2.05 亿美元的资助；欧洲 CO_2 技术中心（European CO_2 Technology Center Mongstad）提供 7 亿美元的资助；Mongstad CCS 项目提供建设投资和运营费用 3000 万美元/年

二、域外国家和地区 CCS 法律与政策的缺陷分析

通过对国际上主要国家法律框架和制度安排的分析,我们可以看到,尽管当前针对 CCS 的实施制定相应的法律和监管框架已被越来越多的国家所接受和认可,大部分发达国家已经制定了与 CCS 相关的法律和技术规范,明确了有关 CO_2 减排的效益评价机制。但是,我们还应客观地认识到,CCS 的法制建设仍然处于一个初级阶段。由于 CCS 技术还没有一个全面的、科学的定位,CCS 的法律和政策无论是立法层面还是执法层面都存在不同程度的困境与阻碍,对它的发展和完善仍需要一个长期的过程。

(一)法律制度的制定尚不完善

尽管上述诸多国家已经根据各自的国情对 CCS 建立了相应的法律规范和制度体系,但是由于 CCS 在许多国家仍然未能全面投入商业化运营,且很多技术环节还不够成熟,以至于在一些制度建设方面仍不够细致和全面。以欧盟的《CCS 指令》为例,就存在风险管理机制和政策影响评估方面的缺陷。在有关 CO_2 封存的风险管理机制方面,《CCS 指令》规定,一旦 CO_2 在封存期间发生泄漏,企业封存许可证将被收回,但却未对如何防范泄漏风险的方法和责任进行规定,也未对损失成本的界定和估算、泄漏 CO_2 的容量、外部社会成本和业主的经营成本等多方面进行规范,这就在一定程度上增加了 CO_2 封存的不确定性,为整个 CCS 项目埋下了风险隐患。[①] 此外,欧盟的相关法令中尽管涵盖了对 CCS 影响进行评估的内容,但这些规范在很大程度上仍缺乏可操作性,有关 CCS 的战略环境评估方法依然不甚明确。再以

---

① 范英、朱磊、张晓兵:《碳捕获和封存技术认知、政策现状与减排潜力分析》,《气候变化研究进展》2010 年第 5 期。

加拿大、日本等国为例，这些国家尽管对有关 CCS 的许可、监管制度制定了初步的法律框架，但是对于有关 CCS 技术直接带来的损失赔偿，有关 CCS 的基金管理制度以及 CCS 的技术责任保险制度等仍然缺乏，不能对 CCS 全面有序的开展提供配套的制度支持。

（二）CCS 制度实施的协调机制面临困境

由于 CCS 制度的实施并非专属于某一个国家或某一个行政区域的事情，它的大规模推广需要在国家之间、区域之间达成共识才能有效推进。但就目前欧盟这一区域性的国家联盟以及美国、加拿大、德国等联邦国家而言，做好 CCS 制度在国家间、区域间的协调依然面临多重困境。一方面，在欧盟国家，由于经济发展程度和对化石能源的依赖程度不一，各国在遵守和适用《CCS 指令》的速度和进程上也有快慢之分。据统计，截至 2011 年 7 月 31 日，仅有丹麦、法国、意大利、立陶宛、马耳他、荷兰、葡萄牙、罗马尼亚、斯洛伐克、西班牙和英国在规定时间内完成了转换（如表 12 所示），其他国家尚未完成欧盟《CCS 指令》在国内的转换，这就给 CCS 制度在欧盟地区的协调带来了挑战和冲击。另一方面，在联邦国家，也面临联邦和州之间的 CCS 制度的监管协调问题。以澳大利亚为例，目前联邦政府的法律规定了封存点的长期责任向政府转移的实施细则，然而，在一些州的法规框架下，经营者仍负有长期责任，这就需要在联邦和州政府之间就 CCS 的长期责任问题进行协调和调整，以确保法律实施的统一性。

表 12　欧盟 CCS 法案的转换现状

欧盟成员国	转换现状
奥地利	正在进行法律转换
比利时	正在进行法律转换
保加利亚	正在进行法律转换

续表

欧盟成员国	转换现状
塞浦路斯	正在进行法律转换
捷克共和国	正在进行法律转换
丹麦	完成转换
爱沙尼亚	正在进行法律转换
芬兰	正在进行法律转换
法国	完成转换
德国	正在进行法律转换
匈牙利	正在进行法律转换
希腊	正在进行法律转换
爱尔兰	正在进行法律转换
意大利	完成转换
拉脱维亚	正在进行法律转换
立陶宛	完成转换
卢森堡	正在进行法律转换
马耳他	完成转换
荷兰	完成转换
波兰	正在进行法律转换
葡萄牙	完成转换
罗马尼亚	完成转换
斯洛伐克	完成转换
斯洛文尼亚	正在进行法律转换
西班牙	完成转换
瑞典	正在进行法律转换
英国	完成转换

（三）公众对 CCS 技术的立法认同有待提升

国家立法的合法性来源于民众的授权。无论立法制度的设计多么完善，其最终都要依靠各国国内法的转化来实现，也必须依托本国民众的遵从来实施。但就各发达国家来看，民众对 CCS 的态度并不尽一致，相关研究表明，仅有 3%—6% 的被调查者对 CCS 的风险状况一无所知，一些国家的公众对于 CCS 技术的应用仍持有怀疑，担心 CCS 项目会导致环境安全、人身健康以及财产价值的损害风险。[①]CO_2 大爆炸的画面、高昂的成本和能效的下降都将使 CCS 技术失去其应有的诱惑力。[②] 这从根本上说是因为信息公开渠道受限，民众在对 CCS 信息的了解上存在信息不对称。公众对 CCS 活动的程序规定和制度安全全过程参与的缺乏将直接影响一国 CCS 立法的进度。以德国为例，该国曾试图试点一个小规模（30MW）的富氧燃烧热电厂 CCS 一体化项目，但却因为当地公众的强烈抵制而以失败告终。在立法方面，德国联邦议会也曾在 2011 年的 7 月 7 日通过了一项关于 CCS 的议案，但由于该国公众对 CCS 技术的安全性存在疑义，该项议案最终因不能在众议院得到通过而被否决。因此，在未来 CCS 的发展过程中，必须通过普及 CCS 知识、加强信息的披露和公开来扩大 CCS 技术在解决全球气候变化领域的正面影响，通过增强公众对 CCS 技术的了解，使其更好地对 CCS 法律政策的制定实施监督。

（四）CCR 制度的普及度不甚广泛

当前，虽然有关 CO_2 减排的激励措施正在发展和加强，发展 CCS 的障碍也逐步减少，但由于 CCS 依然存在极大的不确定性，在没有健全的法律规范和落实到位的经济驱动的背景下，有些燃煤企业基于利益的考量可能不会马上建设 CCS 设施。但由于这些工厂会排放大量的 CO_2，因此会带来大量的"碳锁定"现象。为了防止这些负面影响的产生，欧

[①] C. R. Palmgren, M. G. Morgon, Wändi Bruine de Bruin, etal., "Initial Public Perception of Deep Geological and Oceanic Disposal of Carbon Dioxide", *Environment Science &Technology*, 38 (24), 2004.

[②] 韩文科等：《当前全球碳捕集与封存(CCS)技术进展及面临的主要问题》，《中国能源》2009 年第 10 期。

盟和英国已经实施了强制性的 CCR 制度，南非也将 CCR 的一些要求列入了国家拟建新的火电厂的决策过程的一部分，这些地区和国家旨在通过 CCS 预留制度的实施来推进 CCS 技术的改进，也为未来更大规模地推广 CCS 制度预留空间。但整体地看，当前世界范围内 CCR 制度并未达成全面共识，现有采取 CCR 制度的国家仍在少数，这就使得碳锁定的现象依然将长期存在，并对世界范围内的碳减排效率带来影响。

（五）CCS 的长期责任制度尚未取得共识

长期责任问题被认为是有关规范 CO_2 封存活动的法规中最为棘手的问题。当前，就已经完成 CCS 法律框架制定的国家和地区（如欧盟、澳大利亚、美国）来看，它们就这一问题并未达成共识。在面对这一难题时，一些国家和地区主张将长期责任转移到相关政府部门，由其来承担后续监管责任，欧盟《CCS 指令》、澳大利亚联邦《近海石油与温室气体封存法案》、加拿大阿尔伯塔省发布的 CCS 法规即采用了此种做法；而另外一些国家和地区则根本不讨论长期责任问题，主张由经营者来对封存点承担永久性责任，如澳大利亚的维多利亚州和美国的一些州。事实上，这对于经营者是不公平的，他们之所以会在 CCS 项目上进行投资是因为其在运营的过程中有利可图，而当 CO_2 封存以后，收益率日渐变小，而风险却逐渐增大，如果此时由其来负担完全的风险责任将极大地降低经营者在 CCS 项目投资上的积极性。加上 CCS 的商业化运行成本较高，达到每吨 70 美元左右，企业要长期承担较重的负荷。就此而言，应当进一步加快有关 CCS 的长期责任分担机制，为经营者设定一定的责任年限，通过责任转移机制将相关责任转移至政府监管者身上，由其统一进行监管。

（六）偏重陆上 CCS 制度而疏于近海 CCS 制度

就封存地点不同，可分为近海 CO_2 封存和陆上 CO_2 封存两类，前

者将 CO_2 封存在海底地质结构中，而后者将 CO_2 封存在非海洋领域的地质结构之中。但就目前来看，各国多对陆上 CO_2 封存做出了相应规范，而很少对海洋 CO_2 封存进行调整；且就现有陆上 CCS 的相关规范来看，也更为侧重规范捕获和运输过程，而很少对注入和封存过程进行规范。目前，仅有澳大利亚联邦政府重视对近海注入与封存活动的法律规制，其颁布的 CO_2 海洋封存的相关法律规范，包括 OPGGS 以及《海洋石油和温室气体储存规则》（2010），而其他国家和地区多关注陆地 CCS 的操作，这就使得某些依靠海洋资源进行发展的国家和地区依然没能为 CCS 的推广提供良好的法律和制度基础，制约了 CCS 制度在近海上的实施。

第五章　实践研究：我国 CCS 技术法律规制的基本现状和主要问题

当前，降低碳排放已成为全球应对气候变化的共同目标，我国也不例外。在国际上，我国已经成为全球碳排放量较大的国家之一，政府在全球气候变化的谈判进程中正不断遭受国际舆论的减排压力。尤其是在德班会议之后，我国将在 2020 年后加入强制减排的队伍当中，担当起一个负责任的国家的角色，通过强有效的手段来加快碳减排的步伐势在必行。就国内层面而言，以煤炭、石油等化石燃料为主的能源消费结构已经使我国诸多地区出现了严重的空气污染问题。2013 年以来，全国大部分地区出现的雾霾肆虐，使我国不得不警惕空气污染带来的环境和社会问题。在国内外一致要求碳减排的呼声中，CCS 被公认为解决全球气候变化问题的重要战略技术之一。近年来，我国政府也日渐重视 CCS 技术在我国的商业化发展，无论是在政策层面、实践层面还是法律层面都取得了有效的进展，但也面临着诸多的问题。

第一节　我国发展 CCS 技术的背景与现状

一、分歧与权衡：我国发展 CCS 技术的观念评述

就国际视野来看，CCS 的技术理念自 20 世纪 70 年代产生以来，

就经历了从基础科学研究,到技术实施和示范应用,再到大规模商业化应用等发展阶段。随着科学技术的发展,CCS 技术也日渐成为我国碳减排的重要选项。但是由于 CCS 本身存在诸多不确定性,在 CCS 技术发展之初,能源界对于中国是否应当大力发展 CCS 持保守态度。业界人士普遍认为,在中国缓解气候变化与化石能源消费的矛盾当中,CCS 技术所具有的高成本、高危险等特点导致该技术在研发和推广中存在较大的不确定性。虽然 CCS 技术是减少化石能源行业 CO_2 排放的最佳选择,但由于目前该技术发展不够成熟,我国仍然需要在重视 CCS 技术的同时审慎地对待它的发展。[1]

随着我国对煤炭能源依赖日趋增大,环境所能承载的碳排放容量有限,学者们对 CCS 技术的研究热情和兴趣日渐增长,开始对中国大力发展 CCS 技术持积极的态度,并建议政府采取相应的政策来推动 CCS 技术发展。针对"太贵"的问题,低成本、低能耗的"革新性" CCS 技术的出现也让一部分人的态度发生了转变。[2] 越来越多的学者主张,在节能增效及低碳能源充分利用仍然不能有效实现减排目标的前提下,CCS 技术作为一项带有过渡性、候补性的技术不仅有助于推动我国化石能源的可持续利用,而且还可以提升我国在国际上的履约能力和碳交易市场的占有率。[3] 因此,应将 CCS 视为我国减少 CO_2 排放的一项重要技术,大力推广 CCS 技术的研发、示范及商业化。

《中国应对气候变化报告 2010》指出,中国已积极开展 CCS 技术的研发应用,并已制定 CCS 发展路线图,建立了有关支撑 CCS 技术发展的产业技术创新联盟。此后,2012 年的《中国应对气候变化的

---

[1] 朱磊、张建兵、范英:《碳捕获和封存技术认知、政策现状和减排潜力分析》,《气候变化研究进展》2010 年第 5 期。

[2] 徐建中:《加快制定 CCS 发展路线图》,http://news.sciencenet.cn/sbhtmlnews/2011/5/244867.html,2014-05-20。

[3] 李小春、魏宁、方志明、李琦:《碳捕集与封存技术有助于提升我国的履约能力》,《中国科学院院刊》2010 年第 2 期。

政策与行动 2012 年度报告》又指出，中国已经开始海洋生物固碳监测试点和海底碳封存技术试验，科技部也正在部署大规模的燃煤电厂烟气 CO_2 捕获、驱油和封存技术项目的开发和应用。目前，我国已通过国家高科技项目将 CCS 纳入到"十一五"规划（2006—2010）、"十二五"规划（2010—2015）、"十三五"规划（2016—2020）和《国家中长期科学和技术发展规划纲要》（2006—2020）中，《中国应对气候变化科技专项行动》（国科发社〔2007〕407 号）、《"十三五"应对气候变化科技创新专项规划》（国科发社〔2017〕120 号）均将 CCS 技术列为重点支持、集中攻关和示范的领域。

《"十三五"应对气候变化科技创新专项规划》明确了"十三五"期间应对气候变化科技创新的发展思路、发展目标、重点技术发展方向、重点任务和保障措施。[①] 此后，《中国应对气候变化的政策与行动 2018 年度报告》重点介绍了我国 2017 年以来应对气候变化的最新进展和主要成就，中国政府始终积极建设性参与气候变化国际谈判，坚定维护公约的原则和框架，坚持公平、共同但有区别的责任和各自能力原则，与各方携手推进全球气候治理。[②]

总体而言，我国在 CCS 技术的发展方面已从观念上的消极怠慢发展为积极主动。因此，逐步加大对 CCS 技术的研究，逐步建立符合中国国情的 CCS 项目，有效减少温室气体的排放，已成为我国政府和学者们的一致共识。但总体来看，我国 CCS 技术发展还处于示范阶段，相关技术尚未成熟，在政策法律的规制和商业化运行机制上仍存在较大的不足。有鉴于此，我国应当在法律机制、能力建设、市场推动等多方面推动 CCS 技术的开发和应用。

[①] 参见科技部原环境保护部气象局关于印发《"十三五"应对气候变化科技创新专项规划》的通知，科技部原环境保护部气象局，2017 年 4 月 27 日。

[②] 2018 年 11 月 26 日，中国气候变化事务特别代表解振华在国新办举行的《中国应对气候变化的政策与行动 2018 年度报告》发布会上介绍有关情况。

二、我国发展 CCS 的必要性及可行性考察

中国是煤炭消费大国，以煤为主的能源消费结构使中国面临着环境和资源方面的双重压力。近年来，中国经济的持续高速增长导致能源消耗力度加大，特别是煤炭消费大幅度增长使得 CO_2 减排形势十分严峻。伴随着中国政府在国际上承担遏制全球变暖的政治压力越来越大，中国的目光必然会投向 CCS 技术——迈向低碳时代的加速器。总体而言，中国之所以要将 CCS 技术放在节能减排政策的重中之重，主要基于以下几个基本考虑。

（一）我国发展 CCS 的必要性考察

1. 履行国际碳减排义务的需要

由于 CCS 项目是减少 CO_2 最为直接和有效的措施，能够将大量的 CO_2 进行封存，因此国际社会普遍将其认定为解决全球变暖的重要举措和化解人类生态危机的关键路径。尽管依照相关气候公约的规定，我国作为发展中国家，无须承担强制性的碳减排义务，但是，作为一个负责任的国际社会的主要成员，我国积极应对全球气候变化的态度一贯坚定。2009 年的哥本哈根气候会议上，我国承诺到 2020 年单位国内生产总值的 CO_2 排放量相比 2005 年下降 40%—50%，这一目标比美国提出的 17%、欧盟提出的 30% 都要高，这也超出了《巴厘路线图》对发展中国家的要求。一方面，这表明了我国进行碳减排的重大决心，树立了负责任的大国形象，但另一方面，这一目标的提出也在无形中加大了我国面临的减排压力。[①] 对于这份在国际社会做出的承诺，

[①] 高玉冰、宋旭娜、王可：《高度关注碳捕获与封存技术潜在环境风险》，《WTO 经济导刊》2011 年第 7 期。

我们应当积极地履行，除了对新能源和再生能源继续开发和利用外，还应当引入国外先进的技术和设备，为节能减排做好充分准备。当前，大部分国家已经成功引入 CCS 技术，并开始将其投入商业经营和实践，但由于 CCS 技术的发展不仅受到技术、成本、资金、风险、政策法规等多重因素的阻碍，而且很难获得社会公众的认可和支持，因此它在各国发展的进展缓慢，收效甚微。因此，要想在我国成功运营 CCS 项目，就必须克服上述障碍，做好 CCS 的相关立法准备，为 CCS 项目的成功运营奠定基础。

2. 建设低碳经济的必然需求

低碳经济是人类社会在从工业文明向生态文明过渡的过程中所探索出来的一种新型经济发展模式，它以低能耗、低污染、低排放为基础，其实质是推动能源的高效率利用和清洁化。在我国落实科学发展观、建设节约型社会的背景之下，低碳经济的发展模式为我国节能减排、发展循环经济、构建社会主义和谐社会提供了方向，是推动中国经济可持续发展的必经之路。然而，当前我国在推进新型工业化、城镇化的进程中，能源需求不断增长，而其中煤炭等化石能源依然在我国能源结构中居于主导地位。由燃煤发电带来的 CO_2 排放量居高不下，如何推动煤炭和电力行业的低碳化发展是我国发展低碳经济过程中绕不开的一大难题。就现有经济发展格局来看，增加对煤炭等不可再生能源的消费固然可以推动经济增长，但长此以往，必然导致能源的耗竭。因此，只有通过提高技术水平、发展 CDM 项目、提高能源效率等途径，方可实现碳减排和经济增长的双重目标，否则经济发展将陷入不可持续的危机当中。[①] 在此方面，CCS 作为一项具有较大潜力的技术，可以贯穿煤炭开采、加工、利用的整个环节，无论是燃烧

---

① 刘奂成：《低碳经济视阈下我国利用碳捕获与封存技术的对策分析》，《南华大学学报（社会科学版）》2013 第 10 期。

前的液化或气化处理，还是燃烧后的废气处理，CCS 技术都能为煤炭的清洁利用提供可能。就此而言，CCS 技术的使用不仅可以发挥替代能源、提高能效等技术所没有的优势，而且可以大大降低总减排成本。因此，应当大力引入 CCS 技术，发挥其在低碳经济发展中的"先锋作用"。

3. 我国能源消费结构路径依赖的突破口

我国既是世界上的煤炭储备大国，也是煤炭消费大国。当前，以煤炭为主的能源消费结构和生产结构成为我国单位能源使用排放的 CO_2 高于其他国家的直接原因。就能源储备结构来看，目前我国探明的煤炭储量为 1145 亿吨，占到世界总量的 14%；而就能源消费结构来看，我国 1991—2016 年煤炭的生产总量占能源总量的平均比重达到 75%（如表 13、表 14），是世界上最大的煤炭消费国。根据相关数据预测，2020 年中国的煤炭需求预计在 2012 年的基础上增长 30%，将达到 34 亿吨左右，在未来的很长一段时期内，煤炭资源仍然是我国能源消费结构中的主力，这是难以改变的现实。可见，在我国产业结构中，高能耗、高污染、低附加值的低端产业依然占据主导地位，这种发展模式决定了我国将在未来较长时期内保持极高的能耗水平。在此背景下，如何维系稳定的能源消费结构又不导致过度的污染和气候变化成为我国面临的重大难题。目前，尽管我国已在水能、风能、太阳能和核能的使用上取得了显著进步，但这些能源只占较小一部分，真正要在以煤炭为主的能源消费结构上寻找出路，必须将 CCS 技术作为解决矛盾的"良方"，其能够为我国通往新能源道路预留更广阔的发展空间，有助于我国在继续使用煤炭资源的同时做好能源的清洁利用，进而为我国走出一条全新的环保型的发展低碳能源经济的道路做出积极探索。

表 13　1991—2016 年中国能源生产总量及构成

年份	能源生产总量（万吨标准煤）	占能源生产总量的比重（％）			
		煤炭	石油	天然气	水电、核电、风电
1991	104844	74.10	19.20	2.00	4.70
1992	107256	74.30	18.90	2.00	4.80
1993	111059	74.00	18.70	2.00	5.30
1994	118729	74.60	17.60	1.90	5.90
1995	129034	75.30	16.60	1.90	6.20
1996	132616	75.20	17.00	2.00	5.80
1997	132410	74.10	17.30	2.10	6.50
1998	129834	73.30	17.70	2.20	6.80
1999	131935	73.90	17.30	2.50	6.30
2000	138570	72.90	16.80	2.60	7.70
2001	147425	72.60	15.90	2.70	8.80
2002	156277	73.10	15.30	2.80	8.80
2003	178299	75.70	13.60	2.60	8.10
2004	206108	76.70	12.20	2.70	8.40
2005	229037	77.40	11.30	2.90	8.40
2006	244763	77.50	10.80	3.20	8.50
2007	264173	77.80	10.10	3.50	8.60
2008	277419	76.80	9.80	3.90	9.50
2009	286092	76.80	9.40	4.00	9.80
2010	312125	76.20	9.30	4.10	10.40
2011	340178	77.80	8.50	4.10	9.60
2012	351041	76.20	8.50	4.10	11.20
2013	358784	75.40	8.40	4.40	11.80
2014	361866	73.60	8.40	4.70	13.30
2015	361476	72.20	8.50	4.80	14.50

续表

年份	能源生产总量（万吨标准煤）	占能源生产总量的比重（%）			
		煤炭	石油	天然气	水电、核电、风电
2016	346000	69.60	8.20	5.30	16.90

数据来源：根据国家统计局网站公布数据整理

表 14　1991—2016 年中国能源消费总量及构成

年份	能源消费总量（万吨标准煤）	占能源消费总量的比重（%）			
		煤炭	石油	天然气	水电、核电、风电
1991	103783	76.1	17.1	2.0	4.8
1992	109170	75.7	17.5	1.9	4.9
1993	115993	74.7	18.2	1.9	5.2
1994	122737	75.0	17.4	1.9	5.7
1995	131176	74.6	17.5	1.8	6.1
1996	138948	74.7	18.0	1.8	5.5
1997	137798	71.7	20.4	1.7	6.2
1998	136184	70.9	20.8	1.8	6.5
1999	140569	70.6	21.5	2.0	5.9
2000	146964	68.5	22.0	2.2	7.3
2001	155547	68.0	21.2	2.4	8.4
2002	169577	68.5	21.0	2.3	8.2
2003	197083	70.2	20.1	2.3	7.4
2004	230281	70.2	19.9	2.3	7.6
2005	261369	72.4	17.8	2.4	7.4
2006	286467	72.4	17.5	2.7	7.4
2007	311442	72.5	17.0	3.0	7.5
2008	320611	71.5	16.7	3.4	8.4
2009	336126	71.6	16.4	3.5	8.5
2010	360648	69.2	17.4	4.0	9.4
2011	387043	70.2	16.8	4.6	8.4

续表

年份	能源消费总量（万吨标准煤）	占能源消费总量的比重（%）			
		煤炭	石油	天然气	水电、核电、风电
2012	402138	68.5	17.0	4.8	9.7
2013	416913	67.4	17.1	5.3	10.2
2014	425806	65.6	17.4	5.7	11.3
2015	429905	63.7	18.3	5.9	12.1
2016	436000	62.0	18.3	6.4	13.3

数据来源：根据国家统计局网站公布数据整理

4. 实现我国资源可持续发展的需要

与传统以牺牲资源环境为代价的增长方式相比，CCS 技术则是实现绿色增长、转变经济增长方式的重要途径。CCS 技术的大规模推广应用能够使得高污染企业从技术设备上进行改造和更新，进而通过事前治理的方式来预防环境污染、减少自然环境的负荷，而非通过事后治理的方式来处理已经发生的损害。作为一项跨行业、跨领域的综合性技术，CCS 技术可以应用到煤炭、电力、运输、地质勘探的多个行业，这些行业之间可以发展 CCS 技术为契机，进行高效率的紧密合作，进而推动相关产业的发展。由此可见，依托 CCS 技术发展的企业能够实现经济增长方式的有力转变，进而助力经济的可持续性发展。与此同时，CCS 技术的运用也对公众的生活产生间接影响，使得当代人和后代人不因温室效应而遭受自然灾害的苦难和意外的经济损失，进而为我国实现人口、资源、环境的可持续发展奠定基础。

（二）中国推广 CCS 技术运用的可行性分析

当前，在中国推广 CCS 技术无论是在技术研发、项目建设、资金筹措，还是在能力建设和市场开拓方面都面临着诸多的发展机遇。

1. 中国进行 CO_2 地质封存的市场前景广阔

市场因需求而产生，世界对各种碳减排技术的需求受到气候变化政策环境的影响。目前,国际社会对 CCS 技术的呼声日渐高涨,欧盟、美国、澳大利亚、英国、挪威等发达国家和地区组织均已开始 CCS 的示范项目,并对这些项目的推广给予了较高的资金支持。就其发展趋势来看,CCS 技术很可能被作为重要的碳减排技术加以推广,当国际气候政策逐渐明朗后,CCS 技术将会被大规模应用并形成较大市场。就我国而言,由于对煤炭的高度依赖,我国在应对全球气候变暖问题上设定了积极的自愿减排目标,可以预料的是,我国将成为主要的 CCS 技术应用国。此外,根据专家对我国一些主要潜在封存地址的封存潜力的初步评估,中国的 CO_2 理论封存潜力为 3088Gt。其中,深部盐水层可封存 3066Gt,占总封存容量的 99%;油田封存容量为 4.8Gt;气田封存容量为 5.2Gt;煤田封存容量为 12.0Gt。这表明,CO_2 封存在我国具有较大的潜力。[①] 在此背景下,如果我国可以占领 CCS 技术高地,借助在装备制造方面所累积起来的经验和技术,就能在未来 CCS 市场中占领一席之地,并逐步将我国企业推向国际市场。具体而言,我国可以借助 CCS 技术来拓展以下市场领域:其一,我国可以利用 CO_2 来提高石油采收率,增强我国石油自给能力,并将废弃的油气田开发成为 CO_2 的封存场所,为石油工业提供新的发展契机;其二,CCS 技术在煤炭工业的减排中具有巨大潜力,能为煤炭工业的清洁化发展带来机遇;其三,捕集后的 CO_2 还能被作为"再利用"的资源广泛用于各个领域,它不仅可用于食品工业、化学工业、消防和农业等领域,还可致力于推动二氧化碳基聚合物的未来发展。[②] 不难预料的是,我国未来的碳减排进程中,CCS 技术将会占据越来越重要的地位,因此,我国必须在 CCS 技术的研发和应用领域取得核心竞争力,否则将陷入依赖技术进口的被动地位。因此,当前我国必须加强

[①] 李小春、刘延锋、白冰等:《中国深部咸水含水层 CO_2 储存优先区域选择》,《岩石力学与工程学报》2006 年第 25 期。

[②] 气候组织(The Climate Group):《CCUS 在中国的 18 个热点问题》,2011 年 4 月,第 10 页。

研发和示范，掌握 CCS 的核心技术、提升装备制造水平、积累工程经验和数据、培养科研和技术力量、培育产业发展，确保我国在潜在的 CCS 市场竞争中更加主动，避免在技术上受制于人，甚至实现技术的输出，创造新的商业机会。只有在技术上抢占先机，才能为我国占据世界 CCS 技术市场奠定基础。

2. 中国推广 CCS 技术已经积累了经验和优势

当前，在全球减排热潮的推动下，发达国家正在不断加紧 CCS 项目示范和商业化推广。与之相比，我国也在节能减排战略的推动下成立了相应的 CCS 项目。在技术储备上，我国所具备的经验和优势主要体现为以下两个方面：

一方面，我国对 CCS 技术的应用可以借鉴传统行业的经验和优势。CCS 技术在中国的发展可以借鉴传统行业已有技术的研发和应用经验，如 CO_2 在捕集、运输和封存各环节所使用的技术可借鉴化学工业领域的捕集技术、石油开采中的提高采收率技术等。这不仅可以减少前期研发成本，也可吸引企业的积极参与。事实上，一些在理念和技术上领先的电力、化工、石油天然气企业以及设备、服务提供商已经看到了 CCS 技术发展的商业前景，将其作为带动自身产业发展的良好机遇。

另一方面，我国作为煤炭、油气等能源的消费大国，随着经济的持续发展，减排压力随之加大，已开展了多个 CCS 相关项目，在应用层面获取了一些数据，积累了一定的经验。

2000 年之后，我国"973 计划""863 计划"陆续提上日程，CCS 的商业化运用逐步推进并取得突破。2008 年，华能集团在北京高碑店的 CCS 项目正式投入运营，可捕集到的 CO_2 将近每年 3000 吨；2009 年，华能集团在上海石洞口第二电厂正式投产运营 CCS 项目，该项目的规模空前巨大，实际捕获高纯度的 CO_2 达到每年 12 万吨；同年，中国电力投资在重庆合川双槐电厂完成了 CCS 项目的"中试"，每年能够捕获到的高纯度 CO_2 将近 1 万吨；2010 年 6 月，神华集团投资的 CCS 流程项目在内蒙古自治区鄂尔多斯市伊金霍洛旗开工建设，该项目每年能够封存的 CO_2 量为 10 万吨，在亚洲同类工程中规模最大。2017 年 3 月，亚洲第一个碳捕集和封存商业项目——中国延长碳捕集与封存一体化项目开工建设，标志着我国 CCS 项目商业化运营取得突破。① 目前国内相关 CCS 的示范项目主要由华能、神华、中电投、中石化和中石油等大型企业来负责实施，国内主要的 CCS 项目实施状况如表 15 所示。② 在这些项目中，中国延长碳捕集与封存一体化利用项目为国内首个在建商业项目，其余均为 CCS 示范项目。电厂 CCS 示范项目的捕集方法以燃烧后捕集为主，只有华能绿色煤电天津 IGCC 电厂示范工程项目、连云港清洁能源科技示范项目采用整体煤气化联合循环发电系统（Integrated Gasification Combined Cycle，简称"IGCC"）配合燃烧前捕集技术。石油企业开展的 4 个 CCS 示范项目中，有 3 个项目的 CO_2 来自油田天然气分离，1 个项目的 CO_2 来自电厂捕集。年捕集或者封存 CO_2 达 100 万吨及以上的项目有 3 个，10 万吨级的项目有 4 个。目前所有已投运的 CCS 示范项目当中，所捕集到的 CO_2 主要是以各种形式进行再利用或用于提高石油采收率，仅有 2 个项目正在进行 CO_2 的地质注入工作。值得肯定的是，目前我国 CCS 项目的运营正在逐步向世界靠拢，或将 CO_2 注入油藏来提高采油率，或单独将 CO_2 埋存到地下来获取环境效益。尽管这些项目的经济效益在短期内并未完全实现，但可以肯定的是 CCS 技术的观念已经为越来越多的人认识和接受，人们正期待着 CCS 技术的发展带来清洁煤炭资源领域的革命。

---

① 据英国《金融时报》报道，亚洲第一个 CCS 商业项目——中国延长碳捕集与封存一体化项目开工建设，该项目由陕西延长石油公司建设，每年将从陕西省一家煤制天然气工厂捕集 41 万吨二氧化碳。

② 表 15 中国内相关 CCS 项目数据来源于《中国碳捕获、利用与封存技术进展报告》（科技部社会发展司与国际合作司、中国 21 世纪议程管理中心编撰）、中国碳捕集利用与封存网。

表 15　国内相关 CCS 项目列表

项目	捕集	封存/利用	规模	现状
华能集团北京热电厂捕集试验项目	燃烧后捕集	食品行业利用/工业利用	3000 吨/年	已投运
华能集团上海石洞口捕集示范项目	燃烧后捕集	食品行业利用/工业利用	12 万吨/年	已投运
中电投重庆双槐电厂碳捕集工业示范项目	燃烧后捕集	N/A	1 万吨/年	已投运
中石油吉林油田 CO_2 EOR 研究与示范项目	天然气 CO_2 分离	EOR	80—100 万吨/年	一期完成、二期在建、三期筹备
中海油 CO_2 可降解塑料项目	天然气分离	合成可降解塑料	2100 吨/年	已投运
中科金龙以 CO_2 制备化工新材料示范	酒精厂捕集 CO_2	化工材料制备	8000 吨/年	已投运
华能绿色煤电天津 IGCC 电厂示范工程	IGCC 机组配合燃烧前捕集	EOR	6—10 万吨/年	一期完成、二期在建
连云港清洁能源科技示范项目	IGCC 配合燃烧前捕集	盐水层封存	100 万吨/年	一期完成、二期筹备
湖北应城中盐 35MWth 富氧燃烧小型示范	富氧燃烧	盐矿封存	10 万吨/年	已投运
国电集团二氧化碳捕集和利用示范工程	燃烧后捕集	食品行业利用	2 万吨/年	已投运
新奥集团微藻固碳生物能源示范项目	煤化工烟气捕集	生物封存	2 万吨/年	已投运
神华集团 CCS 示范工程项目	煤液化厂捕集	盐水层封存	10 万吨/年	已投运
中石化胜利油田 CO_2 捕集和封存驱油示范工程	燃烧后捕集	EOR	100 吨/天	已投运
中国延长碳捕集与封存一体化利用商业项目	煤制天然气工厂捕集	EOR	100 万吨/年	在建

3. 中国具备推广 CCS 的长期成本优势

由于我国具有相对较低的人力成本和原材料价格，这在一定程度上降低了 CCS 技术研发、设备制造和设施建设的成本。此外，根据麦肯锡和其他相关机构的估算，在初期示范之后，CCUS 的产能每翻一番，成本能下降10%—20%。① 我国是巨大的 CCUS 应用潜在市场，至 2016 年底全国火电装机的容量就达到 10.5 亿千瓦，其中煤电 9.48 亿千瓦，占全部装机容量的 90.29%。可见，CCS 有望通过大规模应用积累技术数据和工程经验，在未来可预见的时间内大幅减低成本。

4. 中国在推广 CCS 方面已做了大量的科学研究

CCS 作为一项前沿性的技术，其在促进技术研发和示范、加强跨部门合作和国际合作、推动相关学科的发展潜力方面正日渐得到我国政府和相关组织的重视。目前，我国已拥有多个从事 CCS 相关基础研究和技术示范的研究机构和研究队伍，具备推动 CCUS 产业发展的能力。截至 2010 年底，科技部提供了约 3.5 亿人民币的科研经费，如通过"863 计划"支持了 2 个 IGCC 煤液化项目、3 个 IGCC 示范电厂和 1 个 IGCC 电厂的汽轮机示范项目的研发和建设。2011 年初，我国通过了多个与 CCUS 相关的"十二五"国家科技支撑计划项目，包括"30 万吨煤制油工程高浓度 CO_2 捕集与地质封存技术开发与示范"项目、"35MWth 富氧燃烧碳捕获关键技术、装备研发及工程示范"项目和"高炉炼铁 CO_2 减排与利用关键技术开发"项目等。2016 年，科技部公布了 10 项国家重点研发计划，其中包括煤炭清洁高效利用和新型节能技术。② 在 2017 年发布的《"煤炭清洁高效利用和新型节能技术"重点专项 2018 年度项目申报指南》中，科技部明确提出了本重点专项的总体目标，并指明了技术方向，共部署了 23 个重点研究任务。③

---

① Mckinsey, "Climate Change initiative, Carbon Capture & Storage: Assessing the Economics", Mc Kinsey&Company, UK, 2008, https://hub.globalccsinstitute.com/sites/default/files/publications/49611/424-alstom-sub3.pdf.

② 参见中国节能产业网：http://www.china-esi.com/Article/59883.html，2018-02-15。

③ 参见北极星电力网：http://news.bjx.com.cn/html/20171012/854723.shtml，2018-02-15。

5. 中国在推广 CCS 方面已进行了多次国际合作

由于我国相应的 CCS 技术并未走在世界前沿，因此，应当加强国际谈判的深化和广泛开展国际合作来为 CCS 技术的跨国合作研发、转移和共享以及相关市场机制的建立创造条件。据不完全统计，我国负责和参与的 CCUS 国际合作项目已经超过 20 个。目前支持中国开展 CCUS 项目的资助方和合作方主要包括欧盟、英国、亚洲发展银行、世界银行和 GCCSI 等地区、国家和组织。如 2009 年我国与英国签订了《通过 CCS 达到近零排放的煤炭技术合作备忘录》，并于同年与美国、澳大利亚、韩国、日本以及印度等国共同发表了《亚太清洁发展与气候新伙伴计划意向声明》，用以推动 CCS 技术在国内的发展。此外，UNFCCC 已决定有条件地将地质封存的 CCUS 作为 CDM 项目的一种类型，CCUS 纳入 CDM 被正式提上了议程。2017 年 6 月，中国 21 世纪议程管理中心和澳大利亚地球科学局联合主办了中澳 CO_2 地质封存（CAGS）项目国际研讨会。会议邀请了澳大利亚、美国、德国、英国等国和国内 CCUS 相关领域的专家学者做专题报告，旨在交流 CAGS 项目的进展与成果，总结和分享各国的 CO_2 捕获、利用与封存（CCUS）技术与政策经验。[①] 广泛的合作与国际公约的发展进步都为我国逐步引入 CCS 技术提供了广泛的空间。

（三）中国推广 CCS 面临的主要挑战

就本土环境来看，我国所具有的丰富地理环境、国际社会的大力支持以及政府对 CCS 研究和示范项目的大量投入都为我国加紧 CCS 技术的应用奠定了基础，但是囿于某些条件的限制，我国 CCS 技术的发展和应用仍然面临许多困难，这不仅制约了 CO_2 的减排，也不利于

---

① 参见中国碳捕集利用与封存网：http://chinaccus.com/getNews.aspx?mId=3&nId=10335，2018-02-15。

新技术的推广和商业化应用。现有障碍主要体现为以下几个方面。

1. CCS 项目的安全隐患防控技术尚不完备

CCS 项目运行中可能出现的碳泄漏风险需要通过恰当的风险评估方法、监测技术和管理体系来降低风险，但就我国而言，与之相关的技术和管理体系尚不完备。其一，为了保证 CO_2 的永久安全封存，应当在封存地采取必要的监测措施。实施 CO_2 封存监测需要综合采用一系列技术，包括储层深度的地球物理学监测和模拟；追踪仪、土壤气和地下水监测；储层压力和温度监测，近井筒和远场条件的流体和岩石力学模拟等。[①] 但我国现有技术的发展尚未能跟上监测提出的高要求，必须通过更深入的基础研究和技术突破才能保证长期监测的精确性和可靠性。其二，除了监测技术上面临的挑战，CCUS 项目安全管理体系的缺失也是我国亟待解决的问题。CCUS 项目安全管理体系主要涉及项目实施边界的明确、安全事故和长期安全责任机制、监测网络设计和方法、事故应急预案、风险分担机制和赔偿办法、环境影响风险评价机制的建立、监督检查机制、CCS 项目关闭的条件、关闭后运营商的责任以及应急预案的建立等内容，但我国现有 CCS 项目的安全管理体系尚未完善，难以对 CCS 的运作把好安全关。

2. 现有 CCS 示范项目的运营成本普遍居高

经济成本高，是目前 CCS 技术大规模推广的一大障碍。[②] 由于 CCS 技术非常昂贵，如果不能将它商业化运营，不能从中获取利益，那么这项技术的推广将会遇到困难。

[①] Colin Sayers and Tom Wilson, "An Introduction to this Special Section CO_2 Sequestration", *The Leading Edge*, vol. 29, no. 2, 2010, pp.148-149.

[②] 西北大学地质学系 CO_2 捕集与封存国家地方联合工程研究中心副主任马劲风的研究表明，在 CO_2 捕集方面，目前煤化工领域的成本最低，在中国捕集一吨 CO_2 最多需要 100 元人民币，而钢铁、水泥等领域的捕集成本要高很多，每吨大概需要 400 元人民币。参见周辰：《碳捕集的作用意义重大但障碍重重，原因到底是为什么？》，http://www.tanjiaoyi.com/article-22953-1.html，2018-02-25。

在现有技术水平下，不论是 IGCC 电厂采用的燃烧前捕集技术，还是普通热电厂使用的燃烧后捕集技术，都将在 CO_2 的捕集环节带来大量的设备运行成本和维护成本，使总体发电成本大大提高。

对此，西安热工院通过对北京热电厂捕集试验项目的研究发现，该电厂再生塔和吸收塔的成本分别占到设备总投资的 29.3% 和 23.1%，CO_2 捕集的消耗成本是 170 元/吨（捕集效率为 80%—85%，CO_2 产品纯度为 99.7%），CO_2 减排使煤油电价格指数（COE）上升 0.16 元/kW·h[①]。另外，根据亚洲开发银行支持的对华能绿色煤电天津 400MW IGCC 电厂的模拟研究显示，建设捕集效率 60% 的捕集设施，额外资本投入是 6500 万美元[②]。清华大学核能与新能源技术研究院的模拟研究显示，普通燃煤热电厂使用 MEA/MDEA 吸收剂进行燃烧后捕集，将使投资成本上升 80%，发电成本上升 20%，供电成本上升 40%—50%。CO_2 捕集成本为 147—171 元/吨，CO_2 减排成本为 181—233 元/吨。[③] 不仅如此，为确保地质封存的安全性所建立的长期监测、事故应急和保险赔付制度将会加重 CCS 项目的成本负担。

3. CO_2 的封存潜力尚未得以完全挖掘

CO_2 封存潜力的大小直接决定了 CCS 可能实现的 CO_2 减排量。潜在封存地址的地理分布也是进行源汇匹配、运输路径规划和运输方式选择不可或缺的信息，不同封存地点所具有的封存潜力完全不同，如陆地、离岸、油气田、咸水层、煤矿等埋存地点的不同直接决定了 CCS 技术的实施难度，进而直接影响封存技术的研发方向和成本。但

[①] Huang Bin, Xu Shisen, etal., "Industrial test and techno-economic analysis of CO_2 capture in Huaneng Beijing coal-fired power station", *Applied Energy*, vol. 87, issue 11, November, 2010, pp. 3347-3354.

[②] J. Yan, H. Jin, et al., "Roadmap for the Demonstration of Carbon Capture and Storage (CCS) in China", Asia Development Bank, 2010, http://hub.globalccsinstitute.com/sites/default/files/publications/190173/roadmap-demonstration-carbon-capture-storage-ccs-china.pdf.

[③] 参见清华大学核能与新能源技术研究院网站：http://www.tsinghua.edu.cn/publish/inet/index.html，2014-03-01。

就我国而言，CO_2 封存地点的选择将涉及政府宏观规划布局、源汇匹配、公共安全和环境风险等综合性问题，封存潜力评估需要经历漫长而复杂的过程，且就封存潜力评估本身而言，也面临着一些关键的技术挑战，包括区域尺度的封存潜力估算和封存地址的封存容积精算等方面，都有着极高的技术要求，这将在很大程度上影响我国封存潜力评估的准确性和科学性。

4. CCS 项目的运作缺乏有力的资金支持

CCS 的研发和示范需要多元化的资金来源。就国外而言，目前国际上的 CCS 技术研发和示范项目资金主要来源于政府公有资金投入，私营部门进行的投资为数较少。就我国而言，现有的 CCS 项目的运作主要依靠的是政府的补贴和资助，由于 CCS 项目的运作尚未成为一个强制性的要求，且大部分私人投资者依然对 CCS 技术持审慎的态度，因此大多数 CCS 项目很少能吸引私营企业的资金投入。长期来看，如果大量依靠政府的资金支持而缺乏市场主体的支持，不能建立良性发展的 CCS 基金、信贷和保险市场，则难以推动其走上大规模商业化发展的道路。

5. CCS 项目的运作缺乏广泛的公众参与

出于对项目安全性的担忧，公众的态度已经成为其他国家一些 CCS 项目无法顺利进行的主要原因。如荷兰小镇 Barendrecht 的居民就试图阻止 Shell 在 Pernis 的 CCUS 计划，因为这一计划将向小镇附近地下的废气井注入从气化站捕集的 CO_2。[①] 目前来看，我国 CCS 技术的推广还处于起步阶段，公众是否参与并不影响 CCS 的研发和示范工作，但从长远来看，如果 CCS 技术进入大规模的商业化应用，很有可能对公共生活带来影响，如能源价格的调整、公共安全保障机制的建

---

① 甘志霞、杨乐、刘学之：《我国碳捕集与封存技术发展的政策建议》，科技信息资源共享促进国际会议论文，2011 年，第 553—556 页。

立等,这就要求政府进行更广泛的沟通说明,保证公众从项目设计之初便全程参与。因此,长远来看,我国必须在相关CCS项目的实践中加大公众参与的力度。

由上可知,我国进行CO_2的封存具有较为广阔的前景,但也因CCS技术刚刚起步而备受挑战,因此应当大力提倡CCS技术,并尽快开展碳排放源周围的CO_2封存地质场所的潜力评估,制定相应的CO_2地质封存的鼓励政策和创新机制,尤其是应鼓励"近零"排放的清洁绿色煤电厂的兴建。与此同时,我国还应不断向CCS项目较为成熟的域外国家"取经",加强国际合作,通过吸收西方先进的CCS技术,开展试点研究,创设一条产学研一体化的道路,使CCS技术在我国跨入商业化的使用阶段,为改善全球环境发挥应有的贡献。

第二节 我国CCS技术法律规制的基本现状及其问题

CCS技术只要选择合适的封存地,运用科学的管理理念和技术就可以使CO_2安全储存数百万年,但倘若实现不了这一前提,CCS技术则面临重重风险。因此,我国必须做好技术防范和制度监管工作。

一、我国有关CCS技术的环境政策规范及其问题

从政策层面来看,我国政府高度重视对CCS技术的政策引导。目前,我国多个技术政策文件,包括《国家中长期科学和技术发展规划纲要(2006—2020年)》《中国应对气候变化国家方案》《中国应对气候变化科技专项行动》《国家"十二五"科学和技术发展规划》《"十三五"应对气候变化科技创新专项规划》等均将CCUS技术列为重点发展的减缓气候变化技术,积极引导该技术的研发与示范。这些

政策的基本内容主要如下：

2006年2月，国务院发布了《国家中长期科学和技术发展规划纲要（2006—2020年）》，这一规划纲要除序言外包括指导方针、发展目标和总体部署、重点领域及其优先主题、重大专项、前沿技术、基础研究、科技体制改革与国家创新体系建设、若干重要政策和措施、科技投入与科技基础条件平台、人才队伍建设等10个部分。其中，碳捕集、利用与封存技术（CCUS）被该规划纲要列为前沿技术之一。同年，科技部与英国政府和EC分别签署了关于CCS技术研发合作的备忘录，并在接下来的几年里开展了中欧COACH项目、中英NZEC合作项目、中澳CAGS项目和中意CCS合作项目等国际合作工作。

2007年6月，国务院发布了《中国应对气候变化国家方案》，该方案明确了我国应对气候变化的具体目标、基本原则、重点领域及政策措施，是发展中国家颁布的第一部应对气候变化的国家方案。其中，该方案中明确强调应当"大力开发煤液化以及煤气化、煤化工等转化技术、以煤气化为基础的多联产系统技术、二氧化碳捕获及利用、封存技术等"，明确将发展CCUS列入温室气体减排的重点领域。在同一时期，科技部又联合发改委、外交部等14个部门联合发布了《中国应对气候变化科技专项行动》，旨在统筹协调中国气候变化的科学研究与技术开发，全面提高国家应对气候变化的科技能力。该专项行动明确指出，应将CCUS技术作为控制温室气体排放和减缓气候变化的重点领域进行开发。

在2009年的碳收集领导人论坛（CSLF）上，我国科技部部长万钢强调，在目前CCS技术的未成熟阶段，应重点加强CCS的技术开发，发达国家应加强示范CCS技术的资金支持、技术研发和能力建设，帮助发展中国家开发CCS技术，尤其是要关注对CO_2进行资源化利用，在新方法、新技术领域加强合作研究和开发。同时，科技部也通过"973计划""863计划"，用大型科研项目来支持CCS技术的相关研究。同年，国家发改委与亚洲开发银行合作开展了"碳捕集与封存技术示范——战略研究与能力建设"技术援助项目。

2010年，原国土资源部正式将CO_2地质储存调查评价纳入《地质矿产保障工程实施方案（2010—2020年）》，"全国CO_2地质储存潜力评价与示范工程（2010—2012年）"基本建立了我国CO_2地质储存潜力与适宜性评价体系。国家发改委应对气候变化司[①]发布的《中国应对气候变化的政策与行动——2010年度报告》中对由政府主导的CCS相关行动进行了总结，报告指出，"2009年以来，……我国在CCUS技术的研发应用方面制定了发展路线图，并筹建了CCUS产业技术创新联盟。在项目规范上探索将CCS技术与EOR技术相结合，以中国神华、华能集团为代表的企业开展了CCS全流程示范项目建设，已初步建成世界上规模最大的燃煤电厂CO_2捕获工程"。同时，中国政府积极与多国政府加强合作对接，支持和促进相关企业和研究机构开展与CCS技术相关的国际合作。

2011年7月，科技部会同国家发改委、财政部、教育部等十余家单位联合发布了《国家"十二五"科学和技术发展规划》，旨在充分发挥科技进步和创新对加快经济发展方式转型的重要作用，深入实施中长期科技、教育、人才规划纲要。该规划要求"以节能减排为重点、健全激励和约束机制，加快构建资源节约、环境友好的生产方式和消费模式"。对于CCS的技术研发，该规划主张：应"发展林草固碳等增汇技术、土地利用和农业减排温室气体技术以及CCS技术"，"积极发展更高参数的洁净煤发电技术，开发燃煤电站的CCS技术和污染物控制技术，有序建设煤制燃料升级示范工程"。由此观之，《国家"十二五"科学和技术发展规划》将CCUS技术作为培育和发展节能环

---

① 2018年机构改革后，应对气候变化职能由发改委调整到了生态环境部。发改委设有资源节约与环境保护司，承担国务院节能减排工作领导小组日常工作，负责节能减排综合协调等工作。

保战略性新兴产业的重要技术,也将其作为有效应对气候变化的有效措施。此后,与CCUS相关的多个"十二五"国家科技支撑计划项目通过了专家论证,包括"30万吨煤制油工程高浓度CO_2捕集与地质封存技术开发与示范"项目、"35MWth富氧燃烧碳捕获关键技术、装备研发及工程示范"项目和"高炉炼铁CO_2减排与利用关键技术开发"项目等。

为明确我国发展CCS技术的目标定位和研究重点,国家科技部社会发展科技司和中国21世纪议程管理中心发动了来自科研机构和企业的近百位专家于2011年9月共同制定了《中国碳捕集、利用与封存技术发展路线图》。该路线图较为系统地评估了我国CCUS技术的发展现状,提出了我国在未来20年发展CCUS技术的基本目标,明确部署了每一发展阶段应优先开展的研发与示范行动,并为我国CCUS的全过程部署以及相关技术政策和产业政策的发展提出了建议。[①]

2011年9月21日,由世界资源研究所(The Word Resources Institute,简称"WRI")和清华大学合作编写的《二氧化碳捕集和封存技术与实施指南》出台,这是中国第一个关于CCUS监管的详细指南,针对在技术、环境保护和社会利益保障方面如何监管CCS技术给出了详细的参考意见。根据该指南的安排[②]:第1章简要介绍了气候变化、温室气体排放以及CCUS在全球减碳事业中的作用;第2—4章主要针对CCUS项目的捕集、管道运输和封存3个主要环节展开细致论述;第5章专门讨论了各种可能的CO_2利用途径;第6章从完整项目的角度出发,将一个CCUS项目的全部实施过程划分为7个阶段;第7章则根据前面各章的详细叙述内容,针对不同类型的读者归纳了针对CCUS

---

① 科学技术部社会发展科技司、科学技术部国际合作司、中国21世纪议程管理中心:《中国碳捕集、利用与封存(CCUS)技术进展报告》,2011年9月,第3页。
② 沈岱波:《二氧化碳捕集和封存技术与实施指南》,中国碳排放交易网: http://www.tanpaifang.com/tanzhonghe/2012/0618/3128.html,2014-08-31。

项目在中国安全、经济、有效地实施的参考意见。2012年，国家发改委发布了《煤炭行业"十二五"发展规划》，指出中国将大力支持CCS技术的研发和示范项目。

2016年，"两会"授权发布《中华人民共和国国民经济和社会发展第十三个五年规划纲要》。纲要明确指出我国要积极应对全球气候变化，"坚持减缓与适应并重，主动控制碳排放，落实减排承诺，增强适应气候变化能力，深度参与全球气候治理，为应对全球气候变化做出贡献"。据此，国务院印发并实施了《"十三五"国家科技创新规划》，部署启动了"科技创新2030——重大项目"，将煤炭清洁高效利用列为重大工程之一，提出加快研发煤炭绿色开发、煤炭高效发电、煤炭清洁转化、煤炭污染控制、碳捕集利用与封存等核心关键技术。2016年12月，国家发改委正式公布了《电力发展"十三五"规划（2016—2020年）》，重点阐述了我国在"十三五"期间电力发展的指导思想、基本原则、主要目标和重点任务，积极主动地加快煤电转型升级，促进煤电高效、清洁、可持续发展。

总体而言，中国发展CCS技术的路线图已经制定，有关CCS技术实施的指南也已经颁布，为我国进一步开展CCS项目提供了有力的政策和技术支撑，确保我国CCS技术的发展有政策可寻。但是，与域外其他国家的指南更多地涉及有关CCS的法律规定，具有"规范指引"的效力相比，我国的政策法规依旧很缺乏。例如，澳大利亚《CO_2捕集与封存指南》、欧盟《CCS指令》、美国《CO_2捕集、运输和封存指南》以及国际能源署的《CCS技术路线图》均对CCS发展的环境风险评价、封存场地选择、项目核准、检测、安全和事故处理做出了某些法律或政策规定。尽管这些政策规定各有侧重，但却为确保CCS项目的开展有法可依奠定了基础。相比之下，我国的政策规范还不够到位，未能为CCS项目的开展提供相关的法律指引。

二、我国参与相关的 CCS 国际公约的现状及问题

（一）我国参与的国际公约及有关 CCS 的义务规定

1. 我国参与国际气候变化公约的现状

1992 年，我国正式加入了《框架公约》，随后又于 2002 年核准了《京都议定书》，这意味着我国需承担起作为 CO_2 排放总量几乎占全球四分之一的发展中国家的全球温室气体减排重任。尽管近期来看，我国无须承担减少或限制 CO_2 等温室气体排放的强制性义务，但德班会议之后，我国将面临在 2020 年之后加入强制减排的国际法的硬约束。2015 年 6 月 30 日，我国在向《框架公约》秘书处提交的应对气候变化国家自主贡献文件《强化应对气候变化行动——中国国家自主贡献》中宣布，我国的自主行动目标是 CO_2 排放量到 2030 年左右达到峰值并争取尽早达峰，同时，单位国内生产总值 CO_2 排放比 2005 年下降 60%—65%。[①]

对此，我国应该积极寻求应对全球气候变化的有效手段，为承担能力范围之内的减缓气候变化而努力。

2. 我国参与国际海洋公约的现状

在海洋环境国际公约方面，我国于 1996 年批准了《联合国海洋法公约》，于 1985 年加入《伦敦公约》并成为其缔约方。2006 年，我国又正式加入了《伦敦议定书》。根据这些海洋公约的规定，我国必须履行保护海洋环境的责任，防止倾倒废弃物污染海洋。当然，囿于区域位置，我国并没有加入主要对欧洲国家生效、对 CCS 有明确规定的《东北大西洋海洋环境保护公约》。其中，在我国签署的《伦敦公约》中，捕集过程中产生的 CO_2 被定义为工业废物，而《伦敦议定书》又明确地对 CCS 技术的使用进行了规制。因此，我国必须履行与之相关

---

① 《强化应对气候变化行动——中国国家自主贡献》，中央政府门户网：http://www.gov.cn/xinwen/2015-06/30/content_2887330.htm，2018-02-23。

的保护海洋环境和资源的义务。

3. 我国参与跨境环境公约的现状

1991年9月4日，我国加入了《巴塞尔公约》，该公约于1992年在我国生效。根据该公约，我国应当采取必要措施，保证危险废物和其他废物的运输和处置符合人类健康和环境的目的，防止危险废物的跨境转移，保护国内和国际生态环境和人类健康。而对于其他两个调整跨境环境的《埃斯波公约》及《巴马科公约》，我国也囿于地理位置而没有加入。

（二）现有国际公约规定的"采纳"或"转化"

"有约必守"是公认的国际习惯法原则，也是我国一向奉行和遵守的国际法原则。一般认为，各国缔结或参加的国际条约并不能当然成为其国内法律，而必须由国内立法机关对国际条约进行"采纳"或"转化"，才能在国内得到适用，此即为条约的适用问题，它所解决的根本问题是被接受为国际条约，是否需要国内的补充立法才可以在国内的司法与行政机关予以适用的问题。通常而言，条约的适用在实践中可以划分为两种方式，一为直接适用，即为条约的国内法"采纳"，是指一些国家根据宪法或其他国内法的规定，把条约直接纳入国内法，在国际上获得效力的条约在国内自动生效，无须再通过国内立法进行转化；二为间接适用，即为条约的国内法"转化"，是指条约必须经由国内立法的形式将其转换为国内法，才能使条约在国内生效。①

就我国而言，尽管《中华人民共和国宪法》（以下简称《宪法》）并没有明确规定条约的适用方法，但就现有相关环境领域的做法来看，主要采取的是"直接采纳"的办法。例如，《中华人民共和国海洋环境保护法》（以下简称《海洋环境保护法》）（2017）第96条规定："中华

---

① 邵沙平：《国际法》，中国人民大学出版社2007年版，第268页。

人民共和国缔结或者参加的与海洋环境保护有关的国际条约与本法有不同规定的,适用国际条约的规定;但是,中华人民共和国声明保留的条款除外。"这条规定明确了有关海洋环境方面的国际条约在我国可以直接适用,而无须转化为国内法。因此,如果我国实施的CCS项目违反了海洋环境法律的规定,就可以直接适用《伦敦议定书》中关于CCS的相关规定。

(三)现有国际公约履行中存在的问题

当前,有关CCS的国际公约并未能在我国得到全面的运用,其存在的问题及成因主要可以概括为以下几个方面:其一,我国只加入了部分涉及CCS的国际法条约,在气候变化公约上,尽管我国核准了《京都议定书》,但由于我国并非附件一所列的国家,因此这种碳减排的义务带有极大的"非强制性"。其二,现有国际法条约中只对CCS项目的操作进行了较为简要的框架式的规定,对缔约方在某一领域所应当履行的环境保护义务规定较为笼统和模糊,且条约大部分内容是关于技术性的规章、规则和标准的规定,难以明确缔约方是否存在实际的可执行的法律义务。[①] 就此而言,现有国际环境保护领域的公约更多的是对缔约方进行"软法"约束,无法强制要求。其三,由于我国《宪法》并未明确条约的采纳与转化适用,因此当国内法律并未明确条约的采纳,又未进行适当的义务转化时,将使得条约的适用缺乏法律依据,这也将直接导致条约在国内的"空心化"。这就使得国际公约在我国的适用带有明显的"软法"特性,对此,我国应加快条约义务的转化进程,将与CCS相关的国际法规则嵌入国内立法当中,明确我国在运用CCS技术当中的基本义务。

---

① 王铁崖:《国际法》,法律出版社2004年版,第352—353页。

三、我国涉及 CCS 技术的国内立法现状及问题

就我国而言，CCS 技术尚处于起步阶段，法律基础也较为薄弱。目前，我国尚未制定专门针对 CCS 技术的立法，有关 CCS 技术的法律规范只能从现有关于环境保护和污染控制等方面的法律中进行援引适用。当前，我国与 CCS 相关的法律规范主要有：（1）《中华人民共和国环境保护法》（以下简称《环境保护法》）、《海洋环境保护法》、《中华人民共和国大气污染防治法》（以下简称《大气污染防治法》）、《中华人民共和国水法》（以下简称《水法》）、《中华人民共和国水污染防治法》（以下简称《水污染防治法》）等法律中关于污染控制、废弃物处置、防止水污染、防止海洋环境污染的相关规定以及《中华人民共和国环境影响评价法》（简称《环境影响评价法》）中关于环境影响的评价和许可规定。（2）《中华人民共和国土地管理法》（简称《土地管理法》）、《中华人民共和国矿产资源法》（简称《矿产资源法》）及《中华人民共和国物权法》（简称《物权法》）对矿业权和地役权的规定等。（3）《中华人民共和国民法总则》（简称《民法总则》）、《中华人民共和国侵权责任法》（简称《侵权责任法》）中关于高度危险作业致人损害的民事责任规定。（4）有关工程建设、采矿、石油和天然气等法律法规。然而，这些法律规范对于 CCS 项目的发展而言是远远不够的，目前我国仍缺乏对碳捕获、运输及封存过程中环境影响评估制度的涉及，也未明确相关 CCS 封存的法律责任制度。

（一）我国现行涉及 CCS 技术的国内立法
1. 现行环境保护立法中与 CCS 技术相关的法律规范
（1）《环境保护法》与 CCS 技术

作为环境保护领域的基本法，《环境保护法》对 CCS 技术的发展具有指导性的作用。我国于 2014 年 4 月 24 日修订通过的《环境保护

法》，不仅在总则中进一步强调了保护环境的战略地位，将国家采取有利于节约和循环利用资源、保护和改善环境、促进人与自然和谐的经济、技术政策和措施，使经济社会发展与环境保护相协调确定为一项基本的方针，并明确了环境保护应当坚持保护优先、预防为主、综合治理、公众参与、损害担责的原则。《环境保护法》第40条规定，国家应当促进清洁生产和资源循环利用。这不仅要求国务院有关部门和地方各级人民政府采取措施，推广清洁能源的生产和使用，而且要求企业优先使用清洁能源，采用资源利用率高、污染排放较少的工艺、设备，废弃物综合利用技术以及污染物无害化处理技术，减少污染物的产生。与此同时，《环境保护法》第41条规定，建设项目中防治污染的设施，应做到"三个同时"——与主体工程同时设计、同时施工、同时投产使用。防治污染的设施应当符合经批准的环境影响评价文件的要求，不得擅自拆除或者闲置。此外，《环境保护法》第53条规定，公民、法人和其他组织依法享有获取环境信息、参与和监督环境保护的权利。各级人民政府环境保护主管部门以及其他负有环境保护监督管理职责的部门，应当依法公开环境信息、完善公众参与程序，为公民、法人和其他组织参与和监督环境保护提供便利。这些新原则和新规则的确立，与CCS技术的发展初衷相吻合，即通过运用新技术来减少化石燃料燃烧产生的CO_2排放，以控制气候变化，且CCS技术还应当遵守保护人体健康和生态安全的原则，强调公众的参与和环境监督，以尽可能地避免相关污染和泄漏事故的发生。

（2）《环境影响评价法》与CCS技术

由于CCS项目有可能带来较大的环境污染，因此从事CCS运营的主体应当对CCS技术的应用可能带来的环境风险进行分析、预测和评估，及时提出预防或减轻不良环境影响的对策措施，并对CCS的实施进行跟踪监测。对此，我国2018年修订的《环境影响评价法》旨在规范有可能对环境造成影响的项目。该法第三章规定了有关建设项目环境影响评估的相关条款。例如《环境影响评价法》第16条规定，国家应当根据建设项目对环境影响程度的不同，对其环境影响评价实行分类管理。其中，对于可能带来重大环境影响的，还应编制环境影响报告书，对产生的环境影响进行全面评价。第17条则规定，一份完整的建设项目环境影响报告书应包含以下主体内容：①建设项目概况；②周围环境现状；③对环境可能造成影响的分析、预测和评估；④环境保护措施及其技术、经济论证；⑤对环境影响的经济损益分析；⑥实施环境监测的建议；⑦环境影响评价的结论。对此，CCS项目作为建设项目中的一类，也应当严格按照《环境影响评价法》的规定来进行评估。此外，环境影响评价不仅关系到CCS项目是否顺利运行，更关系到公众对项目的接受程度。对此，《环境影响评价法》第21条还规定，除规定的保密情形外，对环境可能造成重大影响、应当编制环境影响报告书的建设项目，建设单位应当在报批环境影响报告书前，举行论证会、听证会或者其他形式的活动，征求有关单位、专家和公众的意见，并附具对有关单位、专家和公众的意见采纳或者不采纳的说明。环境影响评估对于所有具有环境风险的建设项目而言是同等适用的，因此在CCS项目的建设过程中，也应当受到该法的监管，进行相关的监管核查，给予公众充分的知情权和监督权。

（3）《水法》《水污染防治法》与CCS技术

根据我国2016年修订的《水法》的相关规定，该法目的在于合理开发、利用、节约和保护水资源，防治水害，实现水资源的可持续利用，适应国民经济和社会发展的需要。《水法》第33条规定，国家应当建立饮用水水源保护区制度。省、自治区、直辖市人民政府应当划定饮用水水源保护区，并采取措施防止水源枯竭和水体污染，保证城乡居民饮用水安全。我国2017年修正的《水污染防治法》则要求，应当防治水污染，保护和改善环境，保障饮用水安全。该法第19条、第21条规定，凡是新建、改建、扩建的直接或者间接向水体排放污染物的建设项目和其他水上设施,均应依法进行环境影响评价,并为这些项目和设施的建设确定了许可制度、"三同时"制度以及验收合格制度。此外,《水法》第32条第四款、第34条以及《饮用水水源保护区污染防治管理规定》第4条还对饮用水水源保护区的水质标准、水质监测、禁止性措施等做了规定,对饮用水水源保护起到了重要作用。因此,CCS项目的选址应当避开水资源保护区,防止对水资源造成污染和酸化。

(4)《节约能源法》与CCS技术

CO_2可以用来强化驱油和采气,增强煤田、气田的寿命,与此相关的CCS技术则通常被视为节约能源的重要举措。对此,根据我国2018年修订的《中华人民共和国节约能源法》(以下简称《节约能源法》)的规定,推动全社会节约能源、提高能源利用效率、保护和改善环境、促进经济社会全面协调可持续发展是其核心目标追求。该法第56条规定,国务院管理节能工作的部门应会同国务院科技主管部门发布节能技术政策大纲,指导节能技术研究、开发和推广应用。第57条进一步明确,县级以上各级人民政府应当把节能技术研究开发作为政府科技投入的重点领域,支持科研单位和企业开展节能技术应用研究,制定节能标准,开发节能共性和关键技术,促进节能技术创新与成果转化。由于CCS技术在节能减排、保障能源安全和促进新能源技术发展方面都有着极大的潜力,可以视为一项新兴的能源技术,因此这些法律的规定都可以视为用以鼓励CCS发展的法律依据。

(5)《大气污染防治法》与CCS技术

我国2018年修订的《大气污染防治法》的立法宗旨在于防治大气污染、保护和改善生活环境和生态环境、保障公众健康、推进生态文明建设、促进经济社会的可持续发展。尽管国际社会普遍不将CO_2视为大气污染物,我国也持相同观点,但如果在CCS的实践操作中,所捕获、运输和贮存的气体掺杂了其他污染性的气体,同样要受到《大气污染防治法》的约束。[①] 对此,《大气污染防治法》第18条明确要求,企业事业单位和其他生产经营者建设对大气环境有影响的项目,应当依法进行环境影响评价、公开环境影响评价文件;向大气排放污染物的,应当符合大气污染物排放标准,遵守重点大气污染物排放总量控制要求。第20条则规定,企业事业单位和其他生产经营者向大气排放污染物的,应当依照法律法规和国务院环境保护主管部门的规定设置大气污染物排放口。该法第四章第一节专门规制的是燃煤产生的大气污染,其中第34条要求国家应当采取有利于煤炭清洁高效利用的经济、技术政策和措施,鼓励和支持洁净煤技术的开发和推广。国家鼓励煤矿企业等采用合理、可行的技术措施,对煤层气进行开采利用。从事煤层气开采利用的,煤层气排放应当符合有关标准规范。

（6）《海洋环境保护法》与CCS技术

有关CCS项目的海洋运营应当根据2017年修正的《海洋环境保护法》来进行相关的海洋环境影响评估。根据《海洋环境保护法》的规定,该法的主要目的是保护海洋环境和资源,维护生态体系的健康和安全。就该法的适用范围而言,主要涉及中国内海和领海领域的废物处置。但由于我国对于捕集到的CO_2是否构成工业废物尚无定论,因此该法暂时无法对CCS项目进行相应的规范和调整。

2. 现行民事法律制度中与CCS相关的法律规范

在CCS项目中,规定产权的目的是为了确定谁已经或将来有权使用CCS项目站点。就我国而言,《物权法》《土地管理法》以及《矿产资源法》等法律法规当中对地役权和矿业权的规定能为CCS项目当中的产权问题提出一定的指引。

---

① 杜浩渺:《碳捕获与封存（CCS）的规范与政策研究》,重庆大学2012年硕士学位论文,第20页。

一是关于地下空间使用权的规定。在我国,根据《物权法》和《土地管理法》的规定,我国土地具有公有的性质,即土地只能属于国家或集体所有,因此,在我国 CCS 经营者只能以"用益物权"的方式来取得国家或集体所有土地的使用权。而在地下空间利用方面,我国尚无专门性的立法,目前只存在相关的单行法和一些地方性的法规,如全国人大常委会于 2009 年修订的《中华人民共和国防空法》、建设部于 2011 年修订的《城市地下空间开发利用管理规定》,均对地下空间的利用进行了一定规范,但却均未涉及对地下空间所有权的定性问题。

二是关于 CCS 项目的勘探使用权的规定。《矿产资源法》规定,勘查、开采矿产资源,必须依法申请,经批准取得探矿权或采矿权,并办理登记。国家严禁将探矿权、采矿权倒卖牟利,根据该法第 6 条的规定,除非符合以下转让条件,否则探矿权、采矿权不得转让:(1)探矿权人有权优先取得勘查作业区内矿产资源的采矿权,在划定的勘查作业区内进行勘查作业,而只有在探矿权人完成规定的最低勘查投入后,经依法批准,才能将探矿权转让他人。(2)对于已经取得采矿权的矿山企业,因企业合并、分立,与他人合资、合作经营或因企业资产出售以及其他变更企业资产产权的情形而需要变更采矿权主体的,在经得法律批准后,可以将采矿权转让他人。由于 CCS 项目的勘探使用权有可能与其他权利发生冲突,因此可以参照《矿产资源法》的规定,保障其优先使用的权利。

三是关于 CCS 引发的责任归属问题。由于 CCS 为一种带有高度风险性的作业,因此由它引发的责任分担可以参照《民法总则》《侵权责任法》等。其中,根据《民法总则》第 183 条,因保护他人民事权益使自己受到损害的,由侵权人承担民事责任,受益人可以给予适当补偿。没有侵权人、侵权人逃逸或者无力承担民事责任,受害人请求补偿的,受益人应当给予适当补偿。对此,《侵权责任法》第九章进行了细化规定。该法第 73 条规定,从事高空、高压、地下挖掘等活动造成他人损害的,经营者应当承担侵权责任,但如果能够证明损害是因受害人故意或者不可抗力而引起,那么经营者不承担责任;被侵权人对损害发生存有过失的,可以相应减轻经营者的责任。由此推之,作为一项具有高度风险性的作业,经营者对于CCS项目的运作应当承担"严格"的侵权责任,只有当损害系由受害人故意或不可抗力等情形造成时,才另当别论。

3. 现行危险废物运输法中与CCS相关的法律规范

由于CO_2在运输过程中极有可能发生大规模泄漏等情形,因此对其运输过程的规范也应当纳入法律规范之内。就我国而言,现行的法律法规体系中对危险物质的运输制定了相关的法律规则,主要有《危险化学品安全管理条例》《道路危险货物运输管理规定》《危险货物品名表》以及《道路运输危险货物车辆标志》的国家标准和《汽车危险货物运输规则》的行业标准。这些法律规范规定了从事水路、陆路危险货物运输单位的设立条件和申办程序,对危险货物的托运和运输、从事危险货物运输工具的维修和改造提出了办理程序和管理要求,还对事故处理、监督检查等做出了规定。但遗憾的是,这些法规、标准当中并未将CO_2列入危险货物清单,且根据《中华人民共和国固体废物污染环境防治法》(以下简称《固体废物污染环境防治法》)以及《国家危险废物名录》等对废物的规定来看,现行法律规范中的废物只限于固体废物和液态废物,以及置于容器中的气态物质。因此,根据当前的《固体废物污染环境防治法》,CO_2捕集设施排放的固体废物可以归为工业废物或危险废物,而CO_2本身不属于该法规制的范畴。为此,为确保CCS的安全运营,我国还应在未来进行CCS立法时为其制定相应的运输安全保障条款。

4. 现行地质灾害防治法中与CCS相关的法律规范

由于CCS的地质封存极有可能带来地质结构的改变,从而引发较大的地质灾害。因此,为了防止CCS带来的与地质作用相关的灾害,陆上 CCS 的运营主体应该按照《地质灾害防治条例》的规定进行地质灾害的防治，建立有效的地质灾害预防、应急处置机制，进而有效地避免和减轻由 CCS 引发的地质灾害风险，维护公众的生命和财产安全，促进经济、社会的可持续发展。

5. 现行采油、采矿法中与 CCS 相关的法律规范

我国 CCS 的监管在很大方面将涉及 CCS 的选址、勘探及许可申请方面的问题，在此方面，除了在提高石油采收率、提高煤层气层采收率以及水电工程方面的许可之外，我国在石油和天然气的勘探、放射性废物处理的许可等方面都有着丰富的经验。因此，有关 CCS 的操作程序也可参照相关立法。首先，我国早在 20 世纪 70 年代开始便一直在开展注入 CO_2 以提高石油采收率的研究工作。根据《中华人民共和国对外合作开采陆上石油资源条例》以及《中华人民共和国石油天然气管道保护法》，企业在开采石油时应该保证环境安全。如根据《对外合作开采陆上石油资源条例》第 22 条的规定，作业者和承包者在实施石油作业时，应当遵守环境法规，防止环境污染和损害，这就要求使用 CO_2 进行驱油作业时注重环境安全。其次，我国在《中华人民共和国海洋石油勘探开发环境保护管理条例实施办法》中强调了环境影响评估的重要性，这有助于为明确 CCS 的环境影响评价提供指引；此外，我国《矿产资源法》规定了相关勘探的条件，该法确定的条件和原则也可以为 CCS 的勘探许可程序提供指引。

（二）我国有关 CCS 技术法律规范的缺陷评析

由上可知，尽管我国在法律层面已经制定了《节约能源法》（2018 年修订）、《中华人民共和国可再生能源法》（以下简称《可再生能源法》）（2009 年修订）等用以规范能效与节能技术的提高以及替代能源的开发利用，但对于 CCS 项目的法律规范和监管制度我国目前仍未有相关的法律来加以规制，上述相关法律规范的建设尽管强调了 CO_2 在

使用过程中的环境保护问题，但它们却难以专门针对规模和风险较大的 CCS 项目进行规范，依然存在以下几个问题。

1. 政策性文件的约束力不足

自"十一五"规划以来，我国就开始把 CCS 技术的发展列入中国科技发展规划当中并出台了一系列与之相关的政策规范。目前，我国有关 CCS 发展的路线图已初步制定，相关指南也已经制定，但整体而言，这些政策性的规范主要是站在国家环境保护战略的角度对 CCS 的技术发展提供技术指引和经济支持，但就 CCS 所涉及的法律问题而言，仅现有的政策体系仍无法对相关的问题进行规定。一方面，这些政策具有不稳定性，难以对 CCS 的应用和实施提供常态化的指引；另一方面，这些政策的规定具有软约束性，无法给予 CCS 项目中的政府、企业以及其他利益参与者以"效力性"的指引。就此而言，我国应在不断完善有关 CCS 的政策性体系的同时，加强对它的立法指引工作，将这些相关的政策上升为法律。

2. CCS 的立法规范极为欠缺

我国 CCS 的政策和示范实践工作起步较晚，相应的法律法规体系不甚完善，有关 CCS 发展的法律框架尚未成型。有关 CCS 立法方面的缺陷主要体现为：一是专门的 CCS 法律规范尚未建立。我国目前并没有专门针对 CCS 的立法，有关法律规范只能参照一些现行的法律规范来对 CCS 进行管理和规制，无法体现 CCS 活动的特殊性，也无法对 CCS 涉及的法律问题进行全方位的调整。因为尽管相关法律规范的规定可以为 CCS 提供一定的参考，但对 CO_2 的地质封存而言，其本身就与有害物质、危险化学品以及放射性物品的封存存在很大的不同。目前，虽然所有的 CCS 工程在其他法律的安排下都需要经过许可程序的审批，但却无法体现对其捕获、运输及封存的特殊要求，因此理想的操作是为 CCS 项目制定专门的涉及环境、健康和安全的审批办法。① 二是 CCS 的法律定位尚未明确。从现有关于环境保护、低碳减排以及海洋环境保护的法律法规中可以看到，这些法律法规中既未将 CO_2 予以明确的法律定性，也未明确规定 CCS 活动为合法行为，法律定位的缺失将使我国在 CCS 技术的发展过程中面临无法可依的困境。以我国现有的《节约能源法》为例，尽管该法第四章明确规定县级以上各级人民政府有义务采取措施来鼓励和支持各单位和部门进行节能技术创新，但却并未明确将推广 CCS 技术作为节能减排的重要战略来实施。三是我国现行立法过于宽泛，缺乏可操作性。我国现行的 CCS 立法除了以上的缺陷外，还存在着一个共同的弊病，便是立法过于简单、宽泛和抽象，缺乏可操作性，在 CCS 项目运作层面的权利、义务配置方面立法模糊，不利于实施。

3. 关于 CCS 的法律制度尚未建立健全

从发达国家对 CCS 制度设计的核心内容来看，主要包括 CCS 的许可制度、CCS 的运行制度以及对 CCS 场所关闭进行约束的制度。这些制度设计贯穿着 CCS 发展的全过程，包括：(1) CCS 的许可制度。大部分发达国家均注重对 CCS 活动的开展设定行政许可以实现事前监管。CCS 的许可制度包括勘探和封存许可，封存地点及周边地貌的特性说明，封存地点的安全评估，封存的 CO_2 总量、来源，拟采取的运输方式，注入的速度、压力测试，发生异常时的补救措施等。对此，主管机关应对申请人是否满足法定条件，是否具备充裕的资金、技术和人员，是否具备有效控制风险的措施等进行审查，并以此为基础决定是否颁发许可证。当申请人不能遵守这些法律规定或违背许可授权时，主管机构有权不予颁发或撤销许可证。(2) CCS 的运行制度。运行制度则涉及 CCS 从注入到封存的全过程，其中，要求运营人满足 CO_2 流接受标

---

① D. Seligsohn, Y. Liu, S Forbes, Z. Dongjie, L. West, "CCS in China: Toward an Environmental, Health and Safety Regulatory Framework", WRI, 2010, p. 12.

准、进行监测和报告、采取矫正和补救措施的义务是 CCS 运行制度的主体内容。(3) 封闭和封闭后的制度保障。通常而言，封存场地存在以下三种情况时应当予以封闭：其一，封存许可证的条件已获得满足；其二，虽未满足，但经持证人的申请获得主管机构通过；其三，监管机构撤销许可证。大部分国家的 CCS 立法中均规定，在前两种情况下封闭封存场所的，持证人应当继续履行监测、报告、采取矫正措施、封闭封存场所和移除注入设施的义务；因第三种情况封闭封存场所的，则应由主管机构来承担上述义务，但经营者需要为此偿付必要的费用。

就我国而言，CCS 的制度建设一直处于滞缓状态。尽管现有法律的规定能为 CCS 技术的发展提供一定程度的参考，但由于 CCS 本身涉及一个庞大的法律问题体系，它既涉及项目的产权归属问题、勘探和运营的许可问题、过程的安全控制问题、不同阶段的责任归属问题等多方面，我国现有法律法规仍无法对 CCS 项目的运作提供针对性的指引，也无法对捕获、运输、封存等各个环节中的环境影响和风险进行有效监管。[①] 例如，根据我国相关民事责任法律制度的规定，有关风险责任应当归由私人主体来承担，但事实上，对于 CCS 这样的高成本、高风险的项目，完全把责任分配给私人主体是不合理的，这就需要尽快通过相关的 CCS 立法来制定相关的责任制度，考虑由政府来承担 CCS 项目的长期责任，并设立一定的责任保险制度用以分摊风险，以防止私人主体因过高的成本和过重的责任而对 CCS "望而却步"。就此而言，我国必须加快 CCS 的立法和制度设计进程，围绕 CCS 的所有技术环节来制定适用于 CCS 全过程的法律制度。

4. 与 CCS 相关的配套制度尚未建立健全

CCS 的运作不仅仅是政府单方面的需求，它的推行既需要企业的

---

① 王新：《我国碳捕获与封存技术潜在环境风险及对策探讨》，《环境与可持续发展》2011 年第 5 期。

热情参与，更需要公众的鼓励和支持。因此，有关 CCS 的运作仍需要多重配套制度的支持。从政府的角度来看，应加强对 CCS 的扶持，使企业在 CCS 的发展中享受到一定的税收减免、资金补助以及技术扶持，吸引企业参与 CCS 推广；从企业的角度来看，为了迎合市场化运作需求，则需要政府在投资、融资、保险方面为其创造良好的市场参与环境，使企业在参与 CCS 这一新兴技术发展的过程中获得实惠；从公众的角度来看，CCS 的发展要顾全大局，政府既要注重资源的节约、经济方式的转型、产业结构的调整，还要考虑到公众对 CCS 发展的态度，因此 CCS 的运作还需要建立公众健康保护制度，鼓励公众参与监督。但就我国而言，这些相关的制度都还处在初步建设阶段，难以为 CCS 的商业化运作提供有效的帮助和支持。

第三节　我国发展 CCS 技术的监管框架及问题评析

一、我国 CCS 技术的监管框架概况

监管是监管主体依据法律的明确规定对市场经济活动进行的微观干预和控制，其目的是解决市场失灵。就 CCS 的监管而言，根据监管主体的不同可将其划分为"政府监管"和"市场监管"两种方式，前者主要依靠国家公权力的作用来实施，要求有关国家机关根据职责分工对 CCS 的运营过程进行监督，这种监督带有较强的强制性和约束力；后者则主要依靠市场私权力的作用来进行，主要是通过一些社会公共机构、行业组织及其他非政府组织来对 CCS 的运营风险进行监督，这种监督的特征是灵活性较高，但缺乏相关的强制力和执行力。[①] 目前，

[①] 彭峰：《碳捕捉与封存技术（CCS）利用监管法律问题研究》，《政治与法律》2011 年第 11 期。

各国在 CCS 的商业化运行中，主要采取了以行政部门监管为主，非政府社会组织的行业自律为辅的综合监管模式。就我国而言，在以行政部门监管为主，非政府社会组织的行业自律为辅的双层体制之下，有关 CCS 技术的监管同样涉及纵向监管和横向监管两个层面。

首先，就政府监管来看，我国目前尚无法定的监管机构来主管 CCS 技术。根据《"十三五"控制温室气体排放工作方案》（国发〔2016〕61号，简称《工作方案》）以及《"十三五"控制温室气体排放工作方案部门分工》（发改办气候〔2017〕1041号，简称《部门分工》）的要求，相关部门在碳捕集试验项目当中的工作分工大体情况如下：其一，就横向分工来看，我国采取的是"以国家发展改革委牵头，跨部门监管协调"机制。其中，国家发展改革委是碳捕集试验项目的牵头机关，由其会同其他相关部门组织开展推动 CCS 试验示范的研究战略规划、制定政策法规、征集申报项目、提高公众意识、加强能力建设、扩大国际合作等方面的工作。其他各相关部门[①]应当加强协调配合，发挥各自优势，积极参与推动 CCS 技术的试验示范。工作的协调对接则由国家发展改革委来负责，由其加强与各部门的联系，整合公共资源，形成政策合力，共同推动 CCS 技术的发展。其二，就纵向分工来看，我国采取的则是"中央统一管理，地方分级、分部门"的监管模式。根据《工作方案》和《部门分工》的规定，地方发展改革委也应致力于应对气候变化、控制温室气体排放、推动产业改造升级的目标，重视开展 CCS 技术的试验示范工作。地方发展改革委员会应当摸清本地区相关行业、企业发展 CCS 技术的现状、潜力和政策需求，会同其他部门加大对本地区企业开展 CCS 试验示范项目的支持。尤其是，低碳试点地区要先行先试，重点结合本地区能源结构和高排放行业发展实际情况，探索和创新鼓励 CCS 试验示范的政策机制。

---

① 其他部门包括科技部、工业和信息化部、财政部、原国土资源部、原环境保护部、国资委、国家能源局等。

其次，从市场监管来看，由于 CCS 活动主要在火电、煤化工、水泥和钢铁等行业中开展示范和试验项目，因此，还必须发挥市场当中行业组织、企业的作用，对相关的 CCS 活动进行有效监管。对此，根据《工作方案》和《部门分工》的要求，碳排放量较大的火电、煤化工、钢铁、水泥、油气等重点行业和企业应根据自身实际情况，从控制温室气体排放、履行企业社会责任、提高企业技术竞争力的角度出发，加大对 CCS 试验示范项目的投入，积累项目建设、运行和管理经验。此外，我国还在这两个政策中鼓励相关社会研究机构参与 CCS 活动的管理，倡导它们踊跃参与 CCS 技术的研究以及相关标准、政策的制定。此外，我国还积极发动公众对 CCS 的试验示范活动进行参与，通过普及 CCS 技术的相关知识使公众正确认识该技术，鼓励公众为 CCS 技术的健康有序发展提出相关意见和建议。

二、我国 CCS 技术的监管框架及其问题

由上可知，囿于立法的滞后性，我国尚未明确 CCS 技术的监管主体机构，但从现有 CCS 示范和实验项目的推广来看，已经建立了以发展改革委为主导、其他部门共同参与的政府监管体制和企业、行业组织、研究机构和社会公众共同参与和市场自律监管体制。但是，现有 CCS 技术的监管框架仍存在一定程度的缺陷和问题：

第一，地方政府的监管自主性较低。目前，我国在环境领域普遍采取的纵向监管模式是统一监督管理与分级、分部门监督管理相结合的体制①。这种集中化监管体制的特点是有利于体现政策的统一性和有

---

① 例如，根据我国 2014 年修订的《环境保护法》第 10 条第 1 款的规定：国务院环境保护主管部门，对全国环境保护工作实施统一监督管理；县级以上地方人民政府环境保护主管部门，对本行政区域环境保护工作实施统一监督管理。县级以上人民政府有关部门和军队环境保护部门，依照有关法律的规定对资源保护和污染防治等环境保护工作实施监督管理。

效执行，也能够体现各地区进行 CCS 监管的共性需求，推动 CCS 的统一管理。但是，由于不同地方政府在经济发展层面的目标和选择不一，它们是否选择以及选择多大容量的 CCS 项目，发展 CCS 项目所需满足的条件均需根据各地方的实际情况予以考量。但在集中化的监管模式下，地方政府和部门对有关 CCS 项目的监督只有执行权，而没有较高的规则制定权，这种限制将无法满足它们对 CCS 项目监管的特殊需求。

第二，监管机构之间的权限划分不明确。从域外发达国家的横向监管来看，部门之间的监管职权可以划分为环境保护部门独享模式、行业性管理部门独享模式以及二者共享或分享三种模式，这些发达国家均根据选择模式的不同对 CCS 监管部门的职责进行了合理划分和明确。但就我国而言，尽管相关 CCS 的发展规划和方案当中已对部门的分工有所确定，但由于这些规定过于宽泛，过于分散，使得目前关于 CCS 示范工程的监管主体不仅过多，而且缺乏明确的职责分工和安排，导致监管权限划分的不合理。其一，目前我国确立的以国家发展改革委为主管机构的方式能够对 CCS 的发展进行主导，但却无法对 CCS 技术所涉及的法律风险进行有效评估。而就环境保护部门的作用来看，尽管《环境保护法》规定各部门应当各司其职来对相关的资源保护和污染防治问题进行监督管理，但因为这些部门在有关 CCS 的法律监管中的作用未予以法定，容易使得本应在 CCS 的监管中发挥重要作用的环境保护部门并未发挥出重要作用。其二，从政府与市场的分工来看，当前主要由环境保护主管部门和自然资源管理部门等政府部门来对 CCS 活动进行监管，私人主体（组织、协会）只能以提意见的方式来参与监督，而不能采取"听证""环境影响评价"等硬性的监管措施，进而难以发挥市场监管的重要作用。随着我国各地开展 CCS 示范项目日渐增多，现有的监管框架越来越难适应 CCS 的实施过程中所涉及的专门性法律问题。

第三，监管制度的建设不够健全。根据国际上有关 CCS 技术的监管经验，有关 CCS 技术的风险监管应围绕每一技术环节的风险展开设计，实现全过程的、综合性的监督和管理。在此方面，我国有关 CCS 技术推广的计划和工作方案当中虽然已将推动碳捕集、利用和封存相关标准规范的制定作为一项重要内容，但却未能对有关 CCS 的许可监管、CCS 的运行监管、关闭封存地的监管等主体性的内容制定更为细致的监管标准和规范，进而无法为 CCS 项目的长期安全、有效评估与全程监控奠定良好的根基。

因此，我国亟须通过改革和创新监管框架来有效规制 CCS。首先应进一步加强政府部门之间的监管协调，避免监管过度和监管真空现象的出现。其次应不断加大市场监管的作用，扩大行业组织和企业在 CCS 自律监管中的作用，通过市场主体的监督来防控 CCS 的风险。最后，我国还应进一步细化 CCS 技术的监管标准，加强对 CCS 技术的效果、安全和环境影响进行评价，强化长期安全和风险管控，构建并完善相关安全标准和环境监管规范体系。

第六章　本土与移植：我国 CCS 技术的立法构想

相较欧美发达国家而言，我国目前还没有关于 CCS 的专门法律制度，现有 CCS 技术的发展在很大程度上面临着"无法可依"的困境。鉴于此，本章旨在从宏观层面对我国 CCS 法律制度的设计提出初步构想，并就 CCS 运行当中存在的具体法律问题进行分析，通过微观制度的架构来为 CCS 的未来发展破除法律障碍。

第一节　我国 CCS 技术立法建制的宏观路径：融入国际与中国国情

一、国际法路径：CCS 立法与相关国际法内容的衔接

尽管站在国际法的角度，国际法领域对于 CCS 项目的认可与否并不能成为 CCS 活动在我国发展的准入性要件，但却能推动国际范围内对 CCS 技术的广泛认可和 CCS 的大规模商业化发展。诚如有的学者所言："国际法尤其是气候变化国际法对 CCS 技术的认可以至将 CCS 纳入 CDM 的项目类型，这对于 CCS 技术进入国际碳市场乃至其最终发展前景都有着至关重要的影响。但另一方面，这也可能在发达国家

与发展中国家之间带来新的不平等，使得 CCS 成为发达国家获取高额技术垄断利润的工具。"① 因此，我国在进行自身 CCS 法制建设当中的一个重要方面就是应借鉴国外先进经验来完善我国 CCS 技术的法律制度建设。在此方面，我国应顺应国际发展趋势，积极参与国际公约的谈判过程，使自身在未来的 CCS 国际法律秩序的构建过程中掌握有利地位，进而能够在后《京都议定书》时代为从容地应对来自国际社会的减排压力创造更大的空间。

就现有国际法来看，我国已于 1992 年正式加入了《框架公约》并在 2002 年核准了《京都议定书》。随着 2010 年坎昆会议上 CCS 被纳入 CDM 当中，我国应当直接适用《京都议定书》的相关规定来承担发展中的大国所应当承担的温室气体减排义务；在海洋环境国际公约方面也已于 1996 年批准了《联合国海洋法公约》，1985 年加入了《伦敦公约》并于 2006 年正式加入了《伦敦议定书》。我国《海洋环境保护法》第 96 条规定，中华人民共和国缔结或者参加的与海洋环境保护有关的国际条约与本法有不同规定的，适用国际条约的规定；但是，中华人民共和国声明保留的条款除外。因此，鉴于我国实施 CCS 项目有可能造成海洋环境污染，应当适用相关公约的规定。在跨境环境公约方面，我国于 1992 年参加了《巴塞尔公约》，保证危险废弃物和其他废弃物的处置符合人类健康和环境保护的目的也是我国的国际责任之一，但由于 CO_2 是否被列入废弃物之列还不甚明朗，因此该条约对我国而言仅具有一定的"软约束力"。

整体地看，目前国际上有关 CCS 项目操作的国际公约大多采用的是"框架公约"的模式，仅对缔约方在某一领域实行环境保护义务的任务和目标进行了原则性规定，而缺乏确定的、可执行性的法律义务

---

① 秦天宝、成邯：《碳捕获与封存技术应用中的国际法问题初探》，《中国地质大学学报（社会科学版）》，2010 年第 5 期。

规定,这就给国际法的国内适用带来了难题。因此,鉴于我国在 CCS 的立法方面尚处于真空状态,因而有必要在积极推动 CCS 国际立法、平等参与讨论国际条约的同时,积极履行现有国际义务,并通过国内立法的方式来对 CCS 立法进行统一或补充规定,为 CCS 项目在我国的推广和大力发展铺平道路。

二、国内法路径:契合中国语境和范式的专门 CCS 立法

(一)我国 CCS 立法的基础条件

要破除 CCS 项目实施和运用中的固有难题,为其提供有效的制度保障和监管,首先必须实现"有法可依"。当前,我国的政策制定者和管理者在有关 CCS 的立法事项上应从宏观上把握两个问题:一是法律环境的充分性;二是在现有法律环境下促进转化的可能性。

就立法的充分性基础来看,目前我国 CCS 示范项目的"无法可依"以及有关 CCS 政策性文件的软约束力要求尽快完善我国的 CCS 立法:一方面,我国已经出台了多个与 CCS 相关的政策性文件,这些政策文件的零散性、不确定性和软约束力要求我国应尽快制定全面的、确定的、具有强制力的法律规范对 CCS 予以约束;另一方面,我国实践当中有关 CCS 的示范项目共计 20 余项,处于运行和在建阶段的约 10 余项,此外,还有 7 个类似项目正在筹备,未来将可储存共 900 万吨 CO_2。① 这些项目的实施至今仍没有专门的法律规范来予以保障,进而无法对 CCS 的健康发展提供有力的指引。如果不能尽早建立 CCS 的相关规则体系,就无法适时消除公众对 CCS 技术的发展存在的疑虑,应对可能出现的环境风险,也无法通过有效的融资机制来促进

---

① 周辰:《碳捕集的作用意义重大但困难重重 原因到底是为什么?》,http://www.tanjiaoyi.com/article-22953-1.html,2018-02-25。

CCS 项目的商业化运作，这样不仅难以实现大幅减排的目标，也极有可能使我国错失发展低碳经济的契机。就此而言，扫清 CCS 技术应用过程中的法律障碍，建立和完善相关立法规范体系极为重要。

（二）我国 CCS 立法的模式选择

就立法模式的设计来看，关于 CCS 的立法是应在现有法律框架的基础上进行"小修小补"，将 CCS 的法律规则嵌入现有立法，还是制定一部统一、专门的 CCS 立法，目前尚存有争议。"嵌入型"模式主张，当前我国正在研究制定应对气候变化的全国性法律，可以考虑在有关气候变化的法律安排中引入 CCS 的立法，建立对 CCS 项目的专门管理制度，明确管理机关及管理权限。① 如此操作的立法优势是显而易见的，其不会破坏现有法律的体系，且能够实现气候法与 CCS 立法的融合，在立法成本方面也能最小化。但是，由于 CCS 的法律还涉及能源保障、海洋环境及环境影响评价等诸多方面，如将其直接纳入气候法的框架之中将难以涵盖与之相关的所有权制度、监管体制、行政许可制度、场地管理制度、风险评估制度、责任分担体制、信息公开与公众参与等诸多方面的内容，因此这种立法模式带有一定的局限性和狭隘性。相比而言，"专门性"的 CCS 立法更能满足当前 CCS 项目发展的需求，且这种做法已具备了充分的可行性。其一，目前我国已经在相关能源法领域制定了《节约能源法》、《可再生能源法》、《中华人民共和国煤炭法》（以下简称《煤炭法》）三部法律，CCS 技术作为新能源技术的三驾马车之一，也可以在能源法的架构下制定专门性的法律规范。其二，纵观域外，大部分国家在 CCS 的立法方面都出现了法典化倾向，即将调整 CCS 的法律规定统一到专门立法中进行规范，在重点领域确立起具有基本立法特点的 CCS 基本法，这种做法能够统领 CCS

---

① 焦艳鹏：《将碳捕获和封存管理纳入法律系统》，《中国社会科学报》2013 年 5 月 22 日。

的需求。以澳大利亚为例，2009年4月澳大利亚颁布的《近海石油与温室气体封存法案》就为经营者创制了一系列碳捕获与封存权利，它以许可证制度为主导来对CCS活动进行管理，成为澳大利亚碳捕获与封存系列立法的统领法。此外，欧盟的《CCS指令》以及美国的《CO_2捕集、运输与封存指南》也为我国制定专门的CCS制度提供了一定的参考。其三，就法律体系的划分来看，我国因循的是大陆法系的法律传统。就大陆法系国家的法律特点来看，其最大的特点就在于"法典化"，因此，在我国制定统一的CCS立法也符合大陆法系的历史传统。综上，笔者认为，在立法模式上打造全新的CCS立法是具备可行性的。因此，从国际层面来看，我们必须关注CCS在国际法中的地位，推动其纳入CDM等类似激励机制，参考先进国家之立法，建立法律法规及技术标准体系；而从国内层面来看，我国则应建立专门的CCS立法来激励该项技术的推广，将申请与核准、环境影响评估、场地关闭条件、事故应急处理等专门程序纳入规范的范畴。

与此同时，我国还应在现有的法律框架下，逐步加强CCS立法与其他法律部门的对接。一是应与其他环境法律部门紧密结合起来，打造以发展低碳经济为宗旨的系统性的环境法律规范体系。在此方面，我国应加快统一的能源法的建设，并对现有能源法领域的单行法律规范予以修改；我国大气污染防治法也应及时加以修订，从有关CO_2的排放总量控制和排放许可制度两方面加以完善。此外，环境保护部门可以针对CCS活动对地下水的影响，制定专门的管理规定；自然资源管理部门可以针对CO_2的海洋封存制定专门的管理办法。二是应当加强与行政法律的对接，通过排污权的监管、行政许可制度以及行政处罚机制在CCS领域的适用来加强对CCS的法律监管。最后，还应加强CCS立法与财政税收法律的对接，通过对CCS设备进行财政补助、退税补贴、CCS商业保险、信托基金等激励措施，为其大规模实施做好金融与财政上的准备。

（三）我国 CCS 的法律定性

就法律定性来看，本书建议将专门的 CCS 立法归入"促进型立法"的范畴。所谓促进型立法是与管理型立法相对应的概念，通常来说，"管理型立法"的特点在于强调法律的"国家干预"特性，它是指所调整的社会关系已经发展到一定程度，出现了市场失效或市场主体之间的过度竞争行为时，国家为加强管理和加紧干预所进行的立法。其主要目的在于解决社会和市场的需求问题，在整个社会运行和政府干预意义上属于"后置型"法律。与之不同的是，"促进型立法"则往往具有"积极促进"的特点，它所针对的是那些尚未发育成熟的社会关系，旨在促进尚未形成规模但急需给予鼓励的市场机制的发展，其主要目的在于解决社会与市场发展中的供给问题，是对社会发展具有积极引导意义的立法。① 就促进型立法的基本优势而言，它主要强调政府在经济社会中的促进和服务作用，而不会对市场经济主体设置过高的超越其基本义务的要求。因此，在规范模式上，促进型立法虽然也强调政府对社会事务的管理和监督，但并不具有严格的管控意义，也不会像管理型立法那样采取一一对应的"义务—责任"规制模式，而是通过大量的任意性、授权性以及鼓励性规范来鼓励社会主体的参与。因此，这种立法模式能够尽可能地推动社会公众对市场经济活动的参与。

就 CCS 技术本身而言，由于它在国际上仍然未形成大规模的商业化发展的趋势，在我国的发展也仍处于初期的推广示范阶段，但就其对于碳减排的重要性而言，又具有国际上已达成相对共识的、相比其他技术而言无可比拟的优势。在此背景下，我们可以利用"促进型立法"的优势，打消市场主体试行试用 CCS 技术的疑虑，并从政府主导的视角为 CCS 技术的商业化推广提供更多的财政、资金和政策支持，让更多的市场主体主动来监督 CCS 活动的开展和运营。当然，尽管促

---

① 李艳芳：《"促进型"立法研究》，《法学评论》2005 年第 3 期。

进型立法当中更多的是指导性和自愿性的法律规范，但这并不意味着强制性规范要求没有立法的空间。我国在 CCS 的专门立法中依然可以规定法律关系的主体及利益相关人必须按照法律规范的要求作为，否则将承担相应的法律责任，以增强市场主体的风险和责任意识。有鉴于此，本书将在结尾部分附上《中国碳捕获与封存（CCS）技术促进法（征求意见稿）》，以期推动专门性的 CCS 立法在我国的出现。

第二节　我国 CCS 技术立法建构的中观路径：理念支撑与原则指引

一、CCS 立法的理念支撑

（一）低碳经济的理念

当前，在受到气候变化日趋严峻的"碳约束"下，发展低碳经济已成为各国能源立法的重要理念支撑，从高碳能源向低碳能源转变是世界能源发展的大势所趋。而就我国来看，现有能源立法的低碳化程度并不显著，只有部分条款能够反映低碳经济立法的性质，我国能源立法从整体上仍未注入低碳经济的理念，难以担当起推动我国经济发展低碳化的重任。以我国 2018 年修订的《中华人民共和国电力法》为例，整部法律中仅有个别条款涉及低碳内容[1]，绝大多数条款都与低碳经济无关，《中华人民共和国煤炭法》亦如此。因此，在国外 CCS 的相关立法已明确了低碳理念的大背景下，完善我国低碳经济相关立法，

---

[1]《中华人民共和国电力法》仅在第 5 条规定了"电力建设、生产、供应和使用应当依法保护环境，采取新技术，减少有害物质排放，防治污染和其他公害。国家鼓励和支持利用可再生能源和清洁能源发电"。以及第 48 条第 2 款规定了"国家鼓励和支持农村利用太阳能、风能、地热能、生物质能和其他能源进行农村电源建设，增加农村电力供应"。

对现有立法进行梳理与修订极为必要。

（二）清洁生产的理念

作为一种典型的"公共资源"，大气资源历来被认为是"取之不尽、用之不竭"的，但随着全球气候变化效应的白热化，大气污染日趋严重，越来越多的国家开始重视对大气资源的保护，通过确立环境保护税费制度、污染防治制度来确保大气的"清洁化"。这实际上所推崇的是一种清洁生产的理念，通过市场机制的建立来防止大气资源被过度破坏。在此方面，我国于2012年修正的《清洁生产促进法》确立了为了促进清洁生产，提高资源利用效率的基本目标。因此，未来的CCS立法当中，也应将其纳入CDM机制当中，通过清洁生产理念的确立使CCS成为减排目标新的增长点。

（三）风险为本的理念

现代社会从本质上而言是风险社会，风险发生的不确定性要求我们通过法律制度的约束来防患于未然，以尽可能地降低风险带来的损失。从CCS的本质特征出发，该项技术带有不成熟、风险不可预测等特点，无论是在事前、事中、事后都可能会因某一环节的操作不当而引发风险。为此，我国在CCS立法当中应当植入风险为本的理念，通过风险控制、责任分担等法律条款设计来将CCS的风险规制在法律的范畴之内。

（四）利益平衡理念

法律的本质在于平衡人与人之间的利益。就CCS立法来看，其除了要对CCS运作过程中产生的风险进行规制以外，还需对各利益主体在此过程中产生的各种利益冲突和利益矛盾进行调和，以使利益主体的需求能够得到满足。对于市场主体而言，其参与CCS项目运作的目的在于获得可观的收益和回报；对于公众而言，他们则希望日常的生产生活不因 CCS 而造成困扰；对于政府而言，其目的则在于通过对 CCS 的监管来维系整个市场秩序的规范运行；此外，CCS 的运行过程还交杂着其他主体的利益。利益主体的多元化和各自的有限理性将不可避免地导致利益的冲突。对此，我国必须通过相关的 CCS 法律制度加以规范，通过树立利益平衡的理念来调节各个方面的利益冲突，进而推动 CCS 运行过程中各方利益关系的平衡。

二、CCS 立法的程序规范

所谓立法权，是指主权者所拥有的，由特定国家政权机关所行使的，旨在制定、修改和废止某一规范性法律文件对一定社会关系进行调整的综合性权力。通常而言，法律的制定权限与国家的政治属性密切相关，单一制国家通常由一国的最高立法机关来制定法律，而联邦制国家的联邦和地方皆具有对某一事项制定专门立法的权力。就我国而言，单一制国家的本性决定了我国的 CCS 立法属于中央专属立法范畴。而根据《中华人民共和国立法法》的相关规定，CCS 立法又分属非基本性法律的范畴，因此，对它的制定通常由全国人大常委会来行使。但是，在现实操作过程中，由于 CCS 的制定具有较强的专业性和技术性，如若直接由全国人大常委会来制定法律容易发生与现实脱节的情形，因此，可以在全国人大常委会之下建立一个专门的环境立法委员会的方式来起草《CCS 法律草案》；或由我国国务院牵头，由科技部、发改委、生态环境部、工信部、交通运输部及自然资源部等多个涉及 CCS 管理的相关部委来共同起草制定关于 CCS 的行政法规，在条件成熟之时再由全国人民代表大会常务委员会将其上升为法律。与此同时，在 CCS 法律的制定过程中，应尽可能地发挥公众的立法参与作用，通过《CCS 立法征求意见稿》的方式来汇集公众反馈的意见和问题，并对相关涉及环境安全和公众安全的问题展开立法听证，使有关 CCS 的立法设计更为科学、合理。

需要说明的是，由于目前我国 CCS 的发展仍处于不均衡的状态，因此笔者建议应分清立法的轻重缓急，根据 CCS 的发展阶段的不同，我们可以将 CCS 的发展分为规划阶段、示范阶段和商业化阶段来进行不同的立法要求，由此所进行的立法程序也可以进行相应的调整。首先，在规划阶段，我国可以利用在现有法律规范，如在《环境保护法》《大气污染防治法》中增加有关 CCS 运输和封存的许可要求，通过制定详细的示范项目计划交由环境保护主管部门审批，以明确 CCS 运输和封存的基本规范；其次，在示范阶段，我国则可以对 IEA 颁布的《CCS 示范法》进行深入研究，由我国的环境保护主管部门针对现有 CCS 示范的情况制定相应的示范标准，以为正在试点中的 CCS 项目提供法律支持；最后，在大规模商业化发展阶段，则应由全国人大常委会来制定专门的 CCS 立法，明确保障人类健康和环境安全的立法目标，并将主管机关和项目运营人的权利和义务进行详细规定。

三、CCS 立法的原则指引

（一）环境安全原则

环境安全与公众健康问题一直是 CCS 技术发展的最大瓶颈。由于大量 CO_2 泄漏将阻碍应对气候变化进程，弱化 CCS 技术的贡献，还可能危害人体健康、影响陆地和海洋生态系统、污染地下水、诱发地震等，因此，各国在对 CCS 进行立法之时，普遍都将环境安全作为首要的原则。目前已出台的 CCS 管理性文件当中，包括欧盟《CCS 指令》、美国的《CO_2 捕集、运输和封存指南》、澳大利亚《CO_2 捕集与封存指南》都尤为强调 CCS 技术的环境安全问题。这些国家均主张从"预防为主"的思想出发来制定相应的法律法规和管理政策以进行风险的调控，进而最大程度地保护环境的安全。目前，我国对于 CCS 的长期安全性和可靠性监测管理方面的法律规定还很薄弱，这一环节的制度缺失将成为阻碍我国 CCS 技术推广及发展的重大障碍。为此，我国在制定相关的 CCS 法律法规的过程中也应着重坚持环境安全的原则，用以指导我国 CCS 项目核准程序、工程监督检查、环境影响评估、项目检测、事故应急响应以及场地关闭管理等多个方面的制度建设。

（二）公众参与原则

目前国际上普遍要求有关 CCS 项目运作应当向公众提供透明开放的信息，并接受公众咨询。这是因为 CCS 项目与公众的健康和财产利益密切相关，而现实中大部分公众对之知之甚少，CCS 可能出现的风险难以为公众所认识和接受，这使得在一些国家公众的阻力成为发展 CCS 技术的主要障碍。有鉴于此，一些国家在 CCS 立法的过程中也将公众参与作为一项基本原则予以贯彻。例如，澳大利亚《CCS 技术环境指南》规定：在 CCS 项目的核准许可及正式运营阶段，CCS 项目对于管理者、公众、当地社区和媒体必须是开放、透明的，且必须接受来自社会的监督。IEA 发布的《CCS 技术发展路线图》制定了 CCS 教育和参与计划，要求 CCS 项目计划中包含公众咨询管理条例，并在项目运行过程中予以执行，借以形成公众参与的国际网络体系。我国 2014 年通过的《环境保护法》中的一大亮点就是设立了信息公开和公众参与的专章，这为公众参与制度在 CCS 项目当中的实践运行提供了重要机遇。[①] 鉴于当前我国的 CCS 项目已开始示范试点，CCS 项目在我国日渐增多且存在潜在的环境风险，但有关 CCS 项目的运作却未经公众检验和得到公众认可。因此，为确保 CCS 项目的建立具有法律正当性，我国应以《环境保护法》为指导在 CCS 项目运作中明确公众参

---

① 苑克帅：《以新环保法为视角探析 CCS 项目中的公众参与》，《法制与社会》2014 年第 25 期。

与的原则，尽可能地在立法和执行过程中体现公众利益。

（三）政府干预与市场自由并重的原则

在 CCS 技术的进步方面，政府的推动极为重要。这是因为，CCS 技术的实施是一个庞大的系统性工程，它的研究开发和利用涉及的领域非常多，包括化工、电力、地质等众多领域，如果任由市场自主发展，将会带来盈利方式和风险规制方面的非理性行为。因此，必须借助政府的资金扶持和法律监管来带动 CCS 技术的创新和安全发展。然而，如果以"指令式"的行政手段来推动技术进步，将可能扼制技术进步。因此，只有在市场机制失灵之时，才有必要通过政府的干预来减少市场主体的非理性行为，而当市场机制能够自主运行时，应当将其作为推动 CCS 技术发展最为理想的选择。以英国《2010 年能源法》为例，该法律对 CCS 技术所进行的制度设计均围绕市场机制展开：一是创设了 CCS 税收制度，但税收的额度需要根据电力供应商在电力市场上拥有的市场份额来确定，这种制度设计的优势在于 CCS 技术的发展不会遭到电力供应商的阻碍；二是在资金的拨付机制上，政府对 CCS 示范项目的资金支持均以签订合同的方式来完成，这种市场化的做法能够严格区分政府、市场运营商在 CCS 项目运行中的权利、义务及责任，保证了资金使用的效率；三是在 CCS 示范项目的选择上，确立了自由竞争的原则，只有最优技术的开发商才能获得项目资助，进而建立了有效的市场竞争机制。可以看到，尽管政府在 CCS 技术的发展中进行了制度性的铺垫，但这些制度的设计均是以不违反市场机制原则为前提的。因此，我国在有关 CCS 的立法过程中，也应坚持政府干预与市场自由并重的原则，在由市场来决定和选择优胜 CCS 技术的同时，发挥政府的调控和干预职能，以此确保 CCS 项目的顺利运行。

（四）国际合作原则

CO_2 引发的全球气候变化带有跨界性，根据 IEA《CCS 技术路线图》的设想，预计到 2020 年全球有 100 个大型 CCS 项目跨入商业化推广阶段，以共同攻克全球气候变化的难题。但就目前来看，国际合作这一目标的实现不仅面临着法制建设的难题，如许多国家以"集体责任"为借口来推托自身该承担的国际责任，而且还面临着资金和技术层面的合作困境，如一些 CCS 技术走在前列的国家故意制造有关 CCS 技术转移中的知识产权壁垒，意图通过技术垄断向其他国家出售 CCS 技术以获得收益。这就要求 CCS 的法律建设应当引入国际环境法中的国际合作原则，在法律的建设方面，通过谈判和磋商达成共识，将 CCS 技术认定为在全球推广的一项技术；在资金的建设方面，可以借助"绿色气候基金"的模式来加快 CCS 项目的长效融资；在技术方面，则可发动发达国家与发展中国家合作，通过广泛参与、合作研发的方式来促成 CCS 技术成果的收益共享。因此，我国应当在今后的 CCS 立法中秉持国际合作的原则，通过加强国际合作来共同推动 CCS 的发展。

四、CCS 的监管体制建构

在 CCS 的立法建设过程中，政府监管责任的确定对 CCS 极为重要，其目的在于确保 CCS 预期目标的实现和降低 CCS 的环境风险，在此方面首先要明确的就是 CCS 的监管体制及各部门的职责分工。

首先，在纵向层面，我国应当建立中央与地方政府机构的复合监管体系，以更好地划分监管职能。这就需要在"条块结合"的政府结构中，率先对中央与地方政府的 CCS 监管职责进行明确。对此，我国应该从理论上充分考虑"中国式分权"的优势，即将经济分权与垂直的政治管理体制结合起来，一方面，应发挥中央的集权性，立足于从宏观、战略的角度进行 CCS 的指导和规划；另一方面，在具体事项的管理方面，则应将权力下放到地方政府，由它们来确定如何进行具体的监管操作。① 就此而言，我国可以参照域外国家在中央与地方管理板块划分上的相关经验，在明确中央政府统一管理的前提下，尽可能地发挥地方政府的具体管理权限。其中，中央政府及其相关部门的主要职责在于确定有关 CCS 的监管职能，出台相应的指导全国 CCS 监管的政策或规划，并为 CCS 项目所应达到的最低绩效要求和技术标准进行确定。而地方政府及其相关管理部门则主要负责监管 CCS 活动的相关具体事务，包括项目的选址、生态及环境影响评估以及项目许可等。

其次，在横向层面，我国应当明确中央政府相关部门的监管职能。目前，在 CCS 的监管过程中，孰为 CCS 的监管主体以及国务院相关部门的监管职责为何并未得以明确。其中，就主要监管机构而言，我国可以借鉴《清洁生产促进法》以及《循环经济促进法》中所确立的监管模式，在国务院之下建立一个综合性的碳捕获与封存管理部门来负责组织协调、监督管理全国范围内 CCS 技术的推广工作，其他环境保护等有关部门则负责各自职责范围内 CCS 项目的监督管理。从 CCS 的整体过程来看，涉及 CCS 的监管职能的其他部门主要包括于 2018 年国务院机构改革后的国家发展和改革委员会、生态环境部、自然资源部、科学技术部、工业和信息化部、应急管理部、国家标准化管理委员会、地质调查局、国家能源局等部门。对此，可以建议我国根据 CCS 的规划确立、运输管理、监管标准的确立、环境影响的评估、地下勘探的进行等诸多方面，将这些部门的监管职能划分如下（表 16）。其中，工业和信息化部的职能应主要在于关注 CCS 的技术应用带来的新型产业和市场发展，并主导开展 CCS 技术与传统行业之间的合作；科技部则应重点关注对 CCS 技术研发和战略储备工作的推动，加强国

---

① 吕江：《社会秩序规则二元观与新能源立法的制度性设计》，《法学评论》2011 年第 6 期。

际合作和技术交流,并协调处理 CCS 发展过程中的产权问题;作为重大工程规划和建设的主管机构,国家发改委的职能在于制定 CCS 的长期发展规划,承担起协调政府部门之间、政府部门与能源企业之间关系的职责,它应明确将 CCS 技术作为一项重要的碳减排战略,综合考量 CCS 技术对能源供应安全、CO_2 减排以及经济结构转型的影响;自然资源部的主要职能应集中于为 CCS 项目划定地理边界,对土地利用规划的影响以及对封存地点进行筛选和潜力评估;交通运输部主要负责对 CO_2 的管道运输的监管;应急管理部的主要职责在于组织编制 CCS 的应急体系、指导 CCS 突发事件应急工作;生态环境部的职责主要在于对 CCS 的长期环境影响进行监测,通过制定环境影响和风险评估方法,为 CCS 的项目申请、核准和颁发许可证提供重要的参考指标,并针对 CO_2 的泄漏做好应急事故处理方案;中国地质调查局应当承担起对 CO_2 地质封存能力进行评估的职能;国家标准化管理委员会的主要任务在于制定相关的国家 CCS 技术标准。因此,整体而言,我国在横向监管上采用了统一监督管理和分部门监督管理的模式,由国家碳捕获与封存综合管理部门统一负责 CCS 的监管,其他相关部门配合 CCS 相关事项的管理。

表 16 中国 CCS 监管机构及其职能设计

监管机构	机构职能	对 CCS 的监管职能设计
碳捕获与封存综合管理部门	1. 组织协调、监督管理碳捕获与封存的技术推广	1. 会同国家发改委、环境保护、工业、科学技术部门和其他有关部门编制国家 CCS 技术推行规划 2. 制定 CCS 监管标准
国家发改委	1. 宏观经济计划 2. 制定宏观经济政策与规划 3. 审批重大工程	1. 协调宏观 CCS 政策制定 2. 制定 CCS 发展规划
国家能源局	1. 制定能源政策 2. 审批重大能源工程	1. 协调能源企业,包括煤电企业与石油天然气企业

续表

监管机构	机构职能	对 CCS 的监管职能设计
自然资源部	1. 管理土地使用与地下资源 2. 审批地质工程	1. 制定 CO_2 封存规划 2. 审批 CO_2 封存许可
中国地质调查局[1]	1. 地质调查和勘探	1. 评估 CO_2 封存能力
生态环境部	1. 环境政策制定 2. 污染防治 3. 环境影响评估	1. 主要 CCS 环境管理 2. 监管 CCS 涉及的地下水等环境风险
国家科技部	1. 制定科技政策与规划 2. 管理国家科技计划	1. 规制 CCS 研究和开发活动、解决产权问题
国家工业和信息化部	1. 提供产业支持	1. 负责为 CCS 技术应用产生的新型行业提供支持
交通运输部	1. 管理 CO_2 的管道运输	1. 制定 CCS 的运输安全保障条款
国家标准化管理委员会	1. 制定国家标准	1. 制定国家 CCS 技术标准
应急管理部	1. 负责应急管理工作 2. 组织编制国家应急体系建设 3. 牵头建立统一的应急管理信息系统	1. 组织编制国家 CCS 应急体系 2. 指导 CCS 突发事件应急工作

1. 2018 年国务院机构改革整合了原国土资源部等 8 个部、委、局的规划编制和资源管理职能，原国土资源部的中国地质调查局现为自然资源部直属的副部级事业单位。

第三节 我国 CCS 技术立法建制的微观路径：制度建设与风险管理

一、明确 CO_2 的法律定性

CO_2 的法律性质究竟为何，它的定性直接关系着国内 CCS 的立法和有关 CO_2 的跨境运输，而国际上关于 CO_2 的定性有：有毒物、废弃物、污染物和商品。换言之，CO_2 这一气体本身具有多面性的

特征，如对它运用不当则可能对环境带来重大的污染和损害，而如果对其运用得当又可以发挥它的商业价值，如制作碳酸饮料、安全灭火以及提高石油采收率等，这就给 CO_2 的定性带来了难题。笔者认为，将 CO_2 定位为废弃物是不准确的，因为这将限制 CO_2 作为工业商品使用的可能性；将 CO_2 定位为有毒物同样也是不科学的，因为 CO_2 本身是不具有毒性的，它是否对人体和环境有害跟它其中含有杂质的大小以及 CO_2 的纯度、压力、浓度以及体积等多重因素相关；CO_2 也不能当然地被视为污染物，因为 CO_2 本身就是大气的重要组成部分，只有当它在大气中的浓度超过一定范围才可能引发气候变暖的问题；最后，将 CO_2 定位为一种商品也是不恰当的，因为 CO_2 只能在某些领域和场合发挥它的商业价值，而在其他领域并不具备工业用途。

从《京都议定书》的规定来看，CO_2、甲烷、氧化亚氮、氢氟碳化物、六氟化硫以及全氧化碳这六种温室气体都属于"法律管制"的范畴，因此本书尝试将 CO_2 定性为"受法律规制的""将对大气环境带来质变影响"的气体将其纳入法律规制的范畴。但是，在具体操作中则应当根据具体情形不同对 CO_2 做不同的认定。当捕获的 CO_2 所含杂质气体或有毒气体超过一定百分比，或 CO_2 在大气中的浓度超过一定界限时，可直接将其认定为"污染物"来进行规制；而当 CO_2 经过提纯的方式用于工业用途时，则可用法律的形式来认可它的商业价值，而将不符合标准的杂质气体作为废弃物予以处置，以尽可能地保护大气环境。对此，我国环境保护主管部门可以对经营者的碳排放行为进行审核、批准，经营者应将每年的 CO_2 排放量、CO_2 气体的检验结果等书面材料提交环境管理部门，以此来确定 CO_2 的属性和用途。

二、明确 CCR 作为实施 CCS 的预备性制度

当前，我国正处在向低碳经济转型的历史拐点，我国在能源结构上

采取以燃煤发电为主的方式所形成的路径依赖将会导致大量的 CO_2 被"锁定"而无法减排的问题。因此，在 CCS 有待确证的前提下，我国应在 CCS 的立法设计中融入 CCR 的制度设计，以此为 CCS 的大规模推广预留一定的喘息空间。在立法的设计上，我国可以考虑在未来专门的 CCS 立法中强制性地推行 CCR 制度，明确规定任何可能带来 CO_2 污染源的工业生产、气体排放行为都应当遵循法律的规范，采用 CO_2 的捕获预留设施进行生产经营，凡是未运行治理空气污染的设备或未经主管部门批准而擅自拆除相关设施的，需要承担一定的法律责任。在制度条件的约束方面，我国应根据具体国情规定，凡是发电量达到一定条件（可以设为 300 兆瓦或以上）的新建燃煤电厂都必须进行 CCR 的预备工作，将大规模燃煤的发电厂纳入监管的范围。对此，监管部门可以从发电厂的位置、捕获装置、封存地点、运输条件等方面进行评估，以确定相关经营者是否具备实行 CCS 的前提条件，凡是未达到相应条件的，不仅不能获得有关新建发电厂的许可证，还要遭受一定的行政处罚。

三、完善 CCS 的安全管理法律制度

我国的 CCS 立法应将 CCS 的全过程监管作为主要内容，制度的设计应包括以下几个方面（如图 4）。

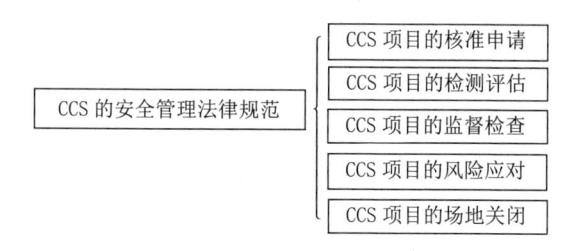

图 4　CCS 安全管理法律制度设计流程图

(一) 风险预防——实施 CCS 的申请核准管理

由于 CCS 项目存在潜在的环境风险和安全隐患，因此，在其实施之初应设置相应的许可制度。首先要进行 CCS 封存场地的勘探和许可审批工作。如同核设施一样，碳封存设施的选址必须安全才能尽可能地避免风险的发生，因此运营商在建设碳封存设施前应对碳封存设施的选址进行科学论证，并按照相关规定办理审批手续，获得相应的批准文件。[①] 为此，我国在办理碳设施选址手续前，应当由相关政府管理机构授权经营者对 CO_2 的封存地点进行勘探，并在勘探完成后对封存地点及相关区域是否存在风险进行综合评估，以确保相关场地的适应性和安全性。在场地的考量中，应着重考量以下几个方面的因素：(1) 场地的容量大小；(2) 场地地质结构的稳定性；(3) 封存场地与运输场地的距离；(4) 场地所处地层的封存能力；(5) 场地发生风险的可能性，应综合地震风险、泄漏风险和政局稳定等因素评价场地的风险系数。其次是对 CCS 项目的实施进行许可管理。《中华人民共和国行政许可法》规定，涉及公共安全、生态环境保护以及人身健康、生命财产安全的特定活动均可设定行政许可，CCS 作为一项对环境和居民生命财产安全具有较大影响的技术，理应通过行政许可制度来规范项目的核准工作。笔者认为，项目的核准必须经过三个阶段：第一阶段为申请资料的提交，项目经营者必须在申请书中写明项目的概况、捕集过程的相关参数 (包括捕集方式、捕集率、发电效率、其他污染物排放量等)、运输过程相关参数 (包括运输方式、管道铺设区域等)、封存地点特征 (包括封存地点类型、地质特征等)、监测网络设计、监测方案、环境影响评估报告、公众意见等信息。第二阶段是申请资料的核准，环境保护主管部门应委托具有相关资质的机构对该 CCS 项目基准线、减排贡献、监测、环境影响进行核准，在此过程中，应适当

---

① 焦艳鹏:《将碳捕获和封存管理纳入法律系统》,《中国社会科学报》2013 年 5 月 22 日。

地进行听证，以确保 CCS 项目的建设不招致利益相关者的反对。第三阶段，在全面听取意见的基础上，CCS 项目必须由应对气候变化的相关机构批准，其对减缓气候变化的贡献也应该由该机构予以核准确定。

（二）风险评估——做好 CCS 的环境影响评价

由于目前 CCS 的技术发展还不甚成熟，科学上对大量 CO_2 注入地下的后果认知不足，难以控制 CCS 可能引发的对地质、生态、环境和人类健康带来的影响。基于 CCS 技术存在的环境风险，CCS 项目理应纳入环境影响评价制度的管控。目前我国的 CCS 项目多为示范项目，但即便为示范项目，其仍属于建设项目，理应纳入环境影响评价范畴。① 对此，我国环境保护主管部门应当严格把好环境影响评价关以防范 CCS 项目存在的环境风险。其一，应当要求 CCS 的经营者做好项目的规划，明确 CCS 项目申请的必备条件，包括 CCS 项目的基本情况、相关参数、封存选址等方面。其二，环境保护部门应当严格实施 CCS 发展规划环评制度以及 CCS 项目的环评制度，充分考虑 CCS 项目对周边环境所带来的影响及其本身存在的各种风险。在进行监测和评估之前，应定期测量捕集过程中的相关参数，如能源使用情况、污染物排放情况、发电效率等；应根据相关的环境监测与影响评估标准对 CCS 项目进行监测，包括明确 CO_2 泄漏速率的上限，CO_2 泄漏对水、土壤等环境的压力，监测时间范围及频率，以及影响评估制度等；在地质封存背景下对监测技术的可靠性、分辨率和敏感性进行定期测试和评估。其三，我国环境保护部门应对 CCS 的申请书、环评报告等进行仔细核准和审查，经核准后发放许可证明。整体而言，CCS 的项目评估可以以可检测、可报告、可核查性作为具体的标准，以实现客观、公正的评估。

---

① 焦艳鹏：《将碳捕获与封存管理纳入法律系统》，《中国社会科学报》2013 年 5 月 22 日。

（三）风险管理——做好 CCS 的全过程监督管理

在 CO_2 捕获、运输和封存的每一个环节当中，都有可能因为 CO_2 泄漏而引发多重风险问题。对此，监管部门应充分考虑 CCS 项目实施期限较长的特性，在不同的阶段落实责任主体，通过制定统一的监督检查标准来对责任人进行约束。其一，应要求 CCS 项目的运营主体进行定期汇报，运营主体应对 CCS 项目运行中的各项指标进行实时监测，做好记录，并将相关数据定期上报监管部门；其二，建立 CCS 主管部门的定期和不定期检查制度，监测范围应涵盖安全检查、环境保护、公众健康、资源管理等多个方面，监测标准应该是可测量、可核实，以实现对 CCS 项目的长期、连续性监测。[①] 只有落实对 CCS 技术的严格监督管理，才能最大限度减少风险的发生。其三，在具体操作技术手段方面，对 CCS 的监督管理可以借鉴对石油、天然气管道的监督管理，对 CO_2 运输管道的抗压性、抗腐蚀性等内容进行工程标准的考核、质量的验收和监督，必要时可以要求经营者制定完善的补救措施。

（四）风险应对——CCS 泄漏事故与突发事件的处理

为了能够有效地管理封存场地，运营者应当做好充分的应对泄漏事故与突发事故的准备，CCS 监管机构也应当针对封存场地制定相应的场地管理规则、技术规则。一方面，CCS 的风险具有不可预知性，一旦发生 CO_2 泄漏等事故，将带来不可估量的损失。因此，CCS 的法律规范应当对 CO_2 泄漏的风险进行规定，以减少当监测到封存工程发生泄漏时的损失。笔者认为，我国除借鉴发达国家处理 CO_2 泄漏的相关经验外，还可以借鉴天然气存储过程中的泄漏处理规定，对泄漏的处理应包括以下内容：（1）当监测到 CCS 项目发生 CO_2 泄漏时拟采取的封堵泄漏方案；（2）当 CO_2 泄漏时采取措施不及时或不合理时的责

---

① 彭峰：《碳捕捉与封存技术（CCS）利用监管法律问题研究》，《政治与法律》2011 年第 11 期。

任追究;(3)当运营商无法及时采取措施时,相关监管部门需采取有效的措施,并由运营商承担产生的费用;(4)当 CO_2 泄漏后对环境损害的修复。①

另一方面,当 CCS 项目所发生的泄漏事故系因不可抗力或意外事件造成时,为了确保 CCS 项目能够安全有序地运营,还必须建立紧急情况下的应急管理机制,以便于人们积极妥善地应对 CCS 项目中的突发事故风险。笔者认为,有关 CCS 项目的事故应急处理方案应当包括但不限于以下几个方面:(1)设置危险防范区,根据 CO_2 的管道运输和封存地点的分布情况,向社会进行安全警示,避免在危险区域内建设施工;(2)设置危险警报监测器,实时监测 CO_2 浓度,及时发出泄漏警报;(3)针对不同的泄漏情况制定应急处置措施,以应对突发事故;(4)事故发生后应立即向相关部门报告,确保紧急汇报和援助体系畅通有序。

(五)风险转移——CCS 的场地封闭

通常而言,CCS 项目的场地关闭可划分为关闭和后关闭两个阶段。其中,场地关闭是指在封存工程施工完成后,施工人员及施工器械撤离现场,由运营商继续监测场地状况;后关闭阶段则是指在场地关闭后且由运营商进行了规定时间内的监测后,将监管责任移交给权力部门。要划分好两个不同阶段的法律责任,仍需要 CCS 立法对此作出回应。在此方面,我国可借鉴欧盟、美国、澳大利亚等关于 CCS 场地关闭的相关规定,对有关 CCS 的场地封闭进行如下制度设计:(1)明确场地关闭的条件;(2)规定运营商在场地关闭后的责任及其责任期限;(3)明确场地"后关闭"阶段相关部门对场地的监测责任及其责任期限;(4)场地关闭后发生泄漏时,运营商及相关部门的责任分担;(5)

---

① 气候组织:《CCS 在中国:现状、挑战和机遇》,2010 年,第 32—33 页。

运营商为责任的承担提供担保资金。

四、责任追究——明确 CCS 的责任约束

有风险必有责任，在 CCS 项目运营的过程中，周围的环境以及附近的居民都将承受极大的安全和健康风险，有关责任涉及场地运营责任、气候变化责任、人身侵权责任、海洋环境污染和地下淡水污染责任等诸多方面，为此必须建立相关的责任制度予以应对。[①] 对此，责任制度的构建应涵盖责任主体、责任方式、责任期间、归责原则、免责事由和责任保险等具体内容。一是要明确相关责任人的责任范围，分清各参与人的职责。对此，笔者认为，CCS 运营中主要的责任人应当包括 CCS 项目当中的运营者、运输者、注入者和储存者。例如，澳大利亚 2006 制定的《近海石油与温室气体封存法案》的计划三第二部分就明确了相关责任和义务主体的范围，包括 CCS 设施的所有者、控制者、雇主、工厂及其他设施的制造商、提供商、建造安装商及承担侵权责任的其他人员。对此，我国可以在《侵权责任法》的基础上对有关 CCS 项目运营中的责任进行细分，以增强公众对 CCS 技术的信赖。二是责任方式的明确，通常而言 CCS 项目运营主体所需承担的是民事赔偿责任，但如果违反了相关行政法律规范和刑事法律规范，还应承担特殊情形下的行政责任和刑事责任。三是要明确划分短期责任和长期责任，这涉及责任期限的划定。由于 CCS 的储存期限很长，因此如果由运营者来承担永久性的责任是不合理、不科学的。对此，欧盟为 CCS 运营者设定了责任转移制度，即运营者在 CCS 项目关闭后 20 年内要承担责任，但 20 年以后责任则可转移给相关监管部门。四

---

① 张志慧、王淑敏、潘岳：《完善碳捕获与封存技术立法的思考》，《党政干部学刊》2012 年第 12 期。

是明确责任的归责原则。由于 CCS 所涉及的民事责任属于公害性的民事责任，大部分国家对此所采取的是无过错责任原则，即除非发生了不可抗力，否则 CCS 项目的运营者即便没有过错依然需要承担法律责任。对此，我国《侵权责任法》对于高度危险作业的归责原则也明确为"无过错责任原则"，除非受害人故意或不可抗力，侵权人均须承担责任。五是建立 CCS 的责任保险制度。责任保险制度起源于 19 世纪的欧洲，是指以被保险人对不特定的第三方承担的侵权责任作为承保客体进行保险的一种特殊保险制度。就 CCS 项目的风险而言，它不爆发即可，一旦爆发就很可能将引起重大损害，CCS 项目运营者也将承担巨额的赔偿。对此，应当通过责任保险制度的建立为 CCS 项目运营者分摊巨额的赔偿，只要 CCS 项目运营者进行了投保，就可以在保障被侵权人的损失得到足额赔偿的同时降低自身的损失，这对于 CCS 项目的正常运营和其他利益关系人的权益保障而言都是双赢的。

五、完善 CCS 的公众参与法律制度

CCS 的公众参与不仅应当成为一项基本的立法原则，还应建设成为一项具体的法律制度。根据 WRI 在 2010 年发布的《二氧化碳捕集、运输、封存项目公众参与指南》，CCS 项目应使不同的利益相关者参与到项目的论证中来，监管人员、项目开发人员以及当地决策者都应当主动加强对 CCS 项目的宣传和论证，以尽可能地得到公众的理解和支持。具体而言，一项完善的 CCS 公众参与制度应涵盖以下几个方面的内容。

（一）完整详细的公众参与计划

在开展公众参与之前，应做好以下几个方面的准备工作，为 CCS 项目创造有效的公众参与环境：（1）了解社区背景；（2）交换项目的有关信息；（3）确定合适的公众参与方式；（4）讨论项目的潜在影响；

（5）在项目周期的每一阶段，持续进行公众参与活动。在具体操作之时，应根据项目本身的要求和所依托社区环境的不同进行不同的参数设计，使公众参与富有实效性。

（二）努力争取公众参与和支持

在影响碳捕获与封存技术的诸多因素中，公众对于碳捕获与封存技术的认知程度是最易被忽视的。调研表明，公众对碳捕获与封存技术多持怀疑态度，担心碳捕获与封存技术项目危及健康、财产及环境安全。[①] 根据国外的公众参与经验，要增强公众对 CCS 的了解，尽可能地争取公众支持，必须做好以下几个方面的工作：一是争取政府部门在 CCS 项目中的共识和协调，只有政府之间的协调不构成对项目的阻碍，才能给予公众以充分的信心；二是在项目的设计和执行阶段充分考虑当地的社会环境和当地对 CCS 项目的适应性，评估好场地选择方面可能存在的风险；三是在项目规划之初向公众提供透明开放的信息，及时接受公众的咨询；四是在项目初期引入专家参与到项目评审当中，以确保能够对这些事项予以充分的评估，给予公众较为客观的参考；五是努力与利益相关方进行互动交流，了解公众的顾虑并尽可能地吸纳公众对项目开展的意见；六是针对公众的顾虑进行解答，对于公众提出的要求采取适当的解决方案，以获取公众的支持，例如，加拿大就曾经在 Quest 项目中，通过改变 30 个管道的路线兑现了对社区反馈意见的承诺，最终在公众听证会上得到了社区大部分成员的正面回应；七是将公众参与贯彻到 CCS 项目实施的全过程当中，在项目周期的每一个阶段都持续开展公众参与活动，通过听取公众的意见和公众监督来减少项目运行的风险。

[①] 乔刚、苑克帅：《欧盟碳捕获便利原则的启示》，《中国环境报》2014 年 5 月 24 日。

（三）强化公众参与的实践效应

经济发展、信息技术的普及和教育水平的提升使公民参与政府项目的意识和需求都逐步增长，他们的"胃口"变得更大了，对政府的要求也越来越高。如果 CCS 这样的项目不理睬公众的意见，则很可能导致公众的抵制、反对甚至激发社会矛盾。因此，政府在进行公众参与的效应评估时，应根据公众的意见进行综合考量，如果反对意见占据大多数的，则应审慎评估该项目实施的正当性，必要之时应当停止该项目的实施；如果赞成意见居多的，则应可以在少数反对意见的基础上根据公众反馈的信息在项目和执行上做出相应的调整，充分考量公众的利益和需求。

就我国而言，尽管公众参与还未成为 CCS 的一个主要的障碍，但随着公民参与意识的不断提高，我国也应当在 CCS 的立法中未雨绸缪。一是要通过媒体加强对 CCS 技术的宣传，强调 CCS 技术在应对气候变化问题中的作用，加强公众对于 CCS 技术价值及其潜在风险的了解；二是及时公开 CCS 的项目信息，遵守公开、平等和便利的原则，鼓励公众参与，适时开展听证，广泛征求公众意见；三是设定对公众意见的处理机制和处理期限，及时向公众反馈处理意见，明确应对 CCS 技术风险的对策和措施。只有在 CCS 项目的实施过程中建立起充分的公众信任，才能确保它的后续商业化推广的顺利进行。

六、多元化融资机制的建立

CCS 技术的应用将使电力企业和工业生产增加较大的成本，因此，CCS 技术只有在适当的财政激励和监管强制力的要求下才能商业化，这就必然使得早期的 CCS 示范项目面临资金缺口。在此方面，国外已经有诸多关于 CCS 融资机制的成功案例，如美国、欧盟以及澳大利亚除了对技术研发进行资助以外，还采用了市场化的手段对其进行激励。

此外，有些国家还利用了相应的税收政策来缓解 CCS 运营时的资金压力。鉴于此，我国在 CCS 技术的发展过程中也应发挥政府与市场合力，打造多元化的融资机制，不断为 CCS 的发展拓展融资的渠道、降低投资风险。

首先，我国政府应发挥在融资政策、融资机制制定以及融资条件创造方面的重要作用，通过政府的直接投资和间接补贴，来为 CCS 技术的发展提供支持。第一，应加大政府补贴，在推动新建电厂依照强制性的标准运行的过程中，加大政府资金的支持，通过直接的资金支持来充实企业发展 CCS 的实力。第二，应加大政府直接投资环保产业的力度，使更多的国有企业加入投资 CCS 项目的队伍。我国于 2009 年 12 月投运的上海石洞口第二电厂的配套 CCS 装置，即由华能集团出资。因此，在 CCS 技术的后续发展中，可以借助国企的资金力量，助推 CCS 技术的发展。第三，应加强税收政策的运用，一方面，可以参考美国 2008 年《减碳科技桥梁法》当中的做法，通过税收减免的方式鼓励私营企业对 CCS 的投资及研发；另一方面，可以创立碳税这一新的税种，规定对一定吨位的 CO_2 的排放征收碳税，将其中的一部分用于专门的 CCS 事业，以此来为 CCS 的发展提供财政支持。

其次，我国还应善用市场的力量，通过市场化的手段来为 CCS 筹集一定的资金。第一，应发挥大型企业进行直接融资或合作融资的作用，来为 CCS 的运作提供资金支持。通常而言，支持 CCS 项目运作的大型企业往往是与 CO_2 的排放密切相关的高耗能企业、电力公司、石油天然气公司等利益相关企业，由于这些企业自身在消耗、提供能源的同时面临着巨大的减排压力，因此它们愿意通过 CCS 来进行技术的改造和升级，寻求可靠的方法来降低企业的单位成本，最终获得竞争优势。在融资机制方面，既可以由一个实力雄厚的大型企业来负责项目的前期资金供应，或由其来对整个 CCS 项目的运作提供建设和经营管理资金，也可以通过大企业之间的合作来推动项目的共同出资、共同建设和共同管理。第二,可以参照美国和澳大利亚在 CCS 项目当中设立环保基金和共同基金的模式来为 CCS 项目筹集资金,通过一个专门的基金管理公司从不同渠道获得资金,并将这些资金集中起来用于 CCS 项目,由专门的管理机构来对资金进行管理,负责项目的筹划和开发,再由减排企业来建立设施,负责 CO_2 的捕集和埋存,进而实现资金运用效率的最大化。第三,我国还可以发挥公私合营融资模式的优势,在政府直接投资之外适当引入民间资本参与 CCS 的项目融资和建设。在这种模式下,政府、国有机构、私营企业共同投资、共同建设、共同管理、相互监督,共同助推项目的运行,进而打造多元化的投融资格局。第四,我国还可以发挥 CCS 国际合作的优势,通过引入其他国家、国外企业或者国际组织资金来实现跨国合作融资,不仅可以借助资金的融通来降低国内企业的生产成本,还可以在技术开发上推动国际合作。因此,跨国合作融资也是我国应当推崇的一种融资模式。

七、加强 CCS 与排污权交易等法律制度的衔接

目前,CCS 的跨国实施和国际合作的力度正在加强,但 CCS 是否可以作为《框架公约》以及《京都议定书》之下的合法减排手段尚不明确。对此,笔者认为,作为一项温室气体减排的手段,CCS 的实施应努力实现与国际上相关法律制度的衔接,针对近海 CCS 项目削减的 CO_2 排放量创设一定的"碳封存信用单元",并通过与 CDM 之下的核定减排量、排污权交易机制下的分配数量单位、联合履行机制下的排放减量单位以及项目发展机制下的清除单位的衔接,使 CCS 的运作日益市场化。

需要指出的是,当前 CCS 制度在与这些制度的衔接上还存在一定的难题。其一,在排放配额交易的制度设计上,CCS 的项目操作存

在一定的不确定性。首先，为 CCS 项目分配免费排放配额依赖于排放配额分配的整体设计，包括有多少用于拍卖、多少用于免费发放、给 CCS 项目的免费配额占多大比例等；其次，这种配额还依赖于各国整体减排目标的大小，减排的目标在很大程度上决定了碳市场的需求[①]，换言之，减排的目标越高，市场需求越大，碳价格就越高，这样才能给 CCS 项目免费配额筹集更多的资金，反之，减排目标较小，筹集的资金就少。就此而言，在 CCS 市场的不确定下，碳排放配额交易也很难为 CCS 创造稳定的资金来源。其二，CDM 机制的不确定性也存在。尽管《框架公约》相对地承认了 CCS 项目在 CDM 领域的应用，但也抛出了很多未解的难题，包括封存的永久性、测量、报告和验证，环境影响，项目活动边界，长期责任分配，潜在风险因素等。此外，在 CCS 被正式纳入 CDM 的前提下，如果 CCS 提供的减排配额极为巨大但缺乏有效减排目标，市场将难以消化减排配额，带来的结果将是碳价格的下降，一旦较低的碳价无法弥补 CCS 技术所需耗费的高成本时，CDM 交易对于 CCS 开发者的吸引力也将极为有限。因此，只有逐步打通 CCS 项目与国际法律制度方面的隔阂，才能较好地推动 CCS 技术在市场当中发挥潜力，更好地实现 CCS 技术的商业化、全球化。

[①] 中国 21 世纪议程管理中心：《碳捕集、利用与封存技术：进展与展望》，科学出版社 2012 年版，第 150 页。

结论及建议

目前，全球范围内的 CCS 技术仍处于商业化应用的起步和示范阶段，要推动 CCS 技术的全面商业化运用，依然需要承受科技发展的不确定性、环境风险、资金不足、社会共识以及法律的确认等多方面的压力和挑战，这就迫切需要从国际、国家和行业的法律法规及准则发展的角度，对 CCS 作业所涉及的法律规范、技术规范以及成本效益评估等多个方面进行立法，以加快 CCS 技术的发展及其在全球范围内的认同和普及。为了确保 CCS 技术能够安全、顺利地运用，一些国际组织和国家政府正在逐步改善法律法规的制定体系以及 CCS 的实施机制，借以建立有利于 CCS 的认同和安全快速发展的法治环境。从我国 CCS 技术发展的整体视角出发，由于国内 CCS 仍在研究测试阶段，笔者认为国内有关 CCS 的立法建构应把握好以下发展方向：

第一，明确 CCS 的法律地位，强调其作为碳减排技术的重要性。应密切追踪 CCS 技术在相关国际法律法规以及协议中的法律地位，确保 CCS 技术能够与其他气候变化减缓技术一样平等发展，努力将 CCS 技术纳入以市场为考量因素的排污权交易体系以及清洁生产体系当中。

第二，加强 CCS 的专门立法，奠定 CCS 商业化发展的基础。随着我国建成或在建的示范项目日趋增多，开展有关 CCS 的专门性立法迫在眉睫，我国应充分借鉴国外相关立法经验，尽早出台专门性法律，逐步建立适合于我国的 CCS 法律和标准体系，为 CCS 的商业化发展奠定良好的法律基础。[①]

第三，发挥政府的服务主导作用，加快激励性机制的建设。收集先进国家现有示范法案当中有效规范和奖励CCS技术发展的机制和案例，建立起与国内外机制接轨的法律规范，推行与市场机制相符的奖励政策。

第四，制定与国际通用技术标准接轨的指南，如CO_2封存场址的确定、监测作业准则、长期监督检查机制等，推动CCS监管标准的合理运用。

第五，立足协同监管，建立权责明晰的监管体制。建议建立统一的碳捕获与封存综合协调机构，发挥监管龙头作用，充分考虑CCS的技术特点和有关部门职能，建立协调统一、分工明确、全面有序的监管体制。

第六，强化风险追踪，建立全方位的监管制度。一要提前预防，将碳封存纳入环境影响评价体系，引入公众参与，对其环境影响进行分析、预测和评估。二要严格论证，建立公正的项目许可制度，全面审核和综合评估运营主体的准入条件、技术能力、风险承受能力等。三要实时护航，建立风险跟踪监测制度。四要妥善防范，建立事故应急处理机制，设置一定的危险防范区，制定应急预案，使政府能够在紧急情况下快速处置风险。

第七，落实赔偿责任，建立完善的责任补救机制。首先，应具体规范运营商的责任，规定其必须采取适当补救措施以终止危害，造成损害的还应承担赔偿责任；其次，应建立损失分摊机制，强制运营商投保；最后，还应以责任推动监管，通过监督和问责切实保障监管有序、有效、持续地进行。

第八，建立充分的信息公开和公众参与机制。通过法律规范的管

[①] 乔刚：《温室气体收集存储如何立法》，《人民日报》（海外版）2014年8月11日。

制，要求公共部门和私人企业向公众公开有关 CCS 项目作业的信息，提高 CCS 技术运用的透明度，以增强公众对 CO_2 封存工作的了解和认可。

第九，积极协商谈判，主动参与国际 CCS 立法。在有关海底储存 CO_2 的法律规范方面，应积极研讨和推动外交部门与各国进行协商谈判，明确 CO_2 海底封存的基本领域，遵守《伦敦公约》等国际海洋公约的基本规定，化解政府之间的利益冲突，推动 CCS 进入海洋储存 CO_2 的阶段。

第十，把握国际 CCS 技术发展趋势，积极开展国际合作。基于国际视野推动我国 CCS 技术研发和国际先进技术的引进、消化和再创新，统筹推动我国 CCS 技术创新体系跨越发展。

《中国碳捕获与封存（CCS）技术促进法草案（征求意见稿）》

第一章　总则

第一条　为了促进二氧化碳的捕获封存，缓解温室效应，减少和控制二氧化碳的产生，保护和改善环境，保障公众健康，促进经济社会全面协调可持续发展，制定本法。

第二条　本法所称的碳捕获与封存技术，是一项能够减缓气候变化的中间措施，是指能够将二氧化碳从能源或产品生产或其他工业排放源中分离出来，经过捕集、压缩后运输到特定地点进行安全封存以使其与大气长期分离的技术。

第三条　在中华人民共和国领域和管辖的海域内，从事生产和服务活动的单位以及从事相关管理活动的部门依照本法规定，组织、实施碳捕获与封存技术。

第四条　国家通过制定法律规范碳捕获与封存技术的许可和运营，推动碳捕获与封存市场交易体系的建立和发展。

国家鼓励各种所有制经济主体参与碳捕获与封存技术的开发利用，依法保护运营人和利益相关者的合法权益。

第五条　国务院碳捕获与封存综合管理部门负责组织协调、监督管理全国范围内的碳捕获与封存技术的利用工作。国务院有关部门在各自的职责范围内负责有关碳捕获与封存技术的监督管理工作。

县级以上地方人民政府碳捕获与封存综合管理部门负责本行政区域内碳捕获与封存技术利用的组织协调和监督管理工作。县级以上地方人民政府有关部门在各自的职责范围内负责有关碳捕获与封存技术利用的监督管理工作。

第六条 企业事业单位在应用碳捕获与封存技术的过程中应当建立健全管理制度，采取措施减少二氧化碳的产生量和排放量，提高二氧化碳的再利用和资源化水平。

第七条 国家鼓励和支持行业协会在碳捕获与封存中发挥技术指导和服务作用。县级以上人民政府可以委托有条件的行业协会等社会组织开展促进碳捕获与封存发展的公共服务。

国家鼓励和支持中介机构、学会和其他社会组织开展碳捕获与封存技术的宣传、推广和咨询服务，促进碳捕获与封存技术的发展。

第二章 申请与许可

第八条 新建火电、煤化、钢铁、水泥、油气等二氧化碳排放量超过XX的企业，碳捕获与封存综合管理部门必须对其能否利用碳捕获与封存技术进行评估，评估应包括以下内容：

（一）是否具有适当的封存地点；

（二）未来进行碳捕获与封存技术改造的经济可行性；

（三）未来进行碳捕获与封存技术改造的技术可行性。

第九条 碳捕获与封存经营者应当向县级以上碳捕获与封存综合管理部门事先申请勘探许可，对二氧化碳的封存地点进行风险评估。

碳捕获与封存综合管理部门应当遵循客观、公开、平等的原则对申请人的申请进行审查，授权经营者进行相关的勘探和选址活动。

第十条 碳捕获与封存经营者应及时向县级以上碳捕获与封存综合管理部门申请碳捕获与封存许可证。申请书应包括以下内容：

（一）预备封存的二氧化碳的基本情况，包括封存二氧化碳的来源、总量、气体结构、运输方式等；

（二）对二氧化碳进行封存的存储设备符合相关技术标准，经营者已满足必要的技术资质要求，并对员工进行了必要的技术培训；

（三）制定针对封存地点进行运营和闭合的计划，明确发生二氧化碳泄漏事故和危害环境和人类健康时的补救措施。

碳捕获与封存经营者必须提供相应的经济担保，以确保其能够承担项目运营期间、封存地点闭合后到责任转移前所必须消耗的必要费用。

第十一条 碳捕获与封存综合管理部门在收到建立二氧化碳储存设施的申请后，应对以下事项进行公平、合理的审查：

（一）供二氧化碳注入和封存的储存设施是适当可行的；

（二）二氧化碳封存经营者已经善意地取得了其财产利益将受到该储存设施影响的多数业主同意或该运营商打算借由征用权或法律允许的其他方式收购剩余的利益；

（三）供二氧化碳封存的储存设施不会污染其他的含淡水或石油、天然气、煤的地层或其他商业矿床地质；

（四）拟批准的碳捕获与封存不会过度危害公众健康与环境且符合公共利益。

第十二条 碳捕获与封存技术的实施必须依照《中华人民共和国环境影响评价法》规定的环境影响评估制度和相关程序进行评估。

批准实施碳捕获与封存项目前，应当征求有关单位、专家和公众的意见，鼓励有关单位、专家和公众以适当方式参与碳捕获与封存项目的环境影响评价，对是否侵害公共利益进行科学论证。

第十三条 碳捕获与封存综合管理部门应在十五个工作日内对运营人是否满足进行碳捕获与封存的条件进行审查，审查合格后，应向申请人颁发碳捕获与封存许可证书。

碳捕获与封存经营者必须按照主管机关许可的条件和范围进行操作，对经营许可的范围进行随意变更和调整的，主管机关有权撤销经营许可并进行行政处罚。

第十四条 碳捕获与封存经营者应当维护碳捕获与封存设施的运营安全，一旦发生碳泄漏或其他危险情形的，有义务采取必要的补救措施。

第十五条 第三方在获得碳捕获与封存经营者同意的条件下可以使用碳捕获与封存的基础设施，并按照约定支付必要的使用费用。

第三章 监督与检查

第十六条 碳捕获与封存经营者应当真实、完整地记载和保存有关碳捕获与封存技术运营的有关资料，接受碳捕获与封存综合管理部门的检查和监督。

碳捕获与封存综合管理部门进行检查时，应当依照规定的程序进行，并为被检查单位保守商业秘密和其他秘密。

第十七条 碳捕获与封存经营者应当每年至少一次向碳捕获与封存综合管理部门汇报碳捕获与封存项目的运营情况、是否存在风险以及是否有持续性的资金保障等事项。

在发生碳泄漏或其他重大危险时，碳捕获与封存经营者必须及时向碳捕获与封存综合管理部门报告。

第十八条 碳捕获与封存综合管理部门应当制定碳捕获与封存项目的监督计划书，每年至少对所批准的碳捕获与封存项目进行一次定期检查，并在必要时进行不定期的检查。

碳捕获与封存综合管理部门应当对检查的情况制作报告并在检查

后的两个月内向社会公众公布。

第十九条 碳捕获与封存综合管理部门可以要求经营者对碳捕获与封存项目中的风险采取补救措施，运营主体没有采取相关措施的，监管机构应当及时进行补救，对产生的费用有权事后向经营者追偿。

第二十条 经营者在决定关闭封存场地之前，必须提交关闭计划书以接受碳捕获与封存综合管理部门的审查。

碳捕获与封存综合管理部门应对经营者提供的关闭计划书进行审查，不符合条件的，应退回经营者进行必要的修改。

第二十一条 经营者在获得闭合封存地的许可证之后的二十年内，应当继续为其运营的碳捕获与封存项目的风险状况承担法律责任。

经营者必须满足以下基本条件，为碳捕获与封存项目闭合期间的安全性提供保障：

（一）封存场地已经封闭，且相关的二氧化碳注入设备已经撤离封存场地；

（二）封存场地的状况较为稳定，且已经过至少二十年的观察期；

（三）运营主体已为监管机构提供必要的监管费用。

封存场地关闭二十年后，封存场地的风险责任发生转移，由监管机构来承担相关责任。特殊情况下，在征得监管机关许可的前提下，风险责任也可提前转移。

第二十二条 经营者对封存场地的运营风险存在过错的，监管机关可以向经营者追偿，要求其承担一定比例的法律责任。

第四章 激励机制

第二十三条 中央财政和省级地方财政安排碳捕获与封存专项资金，为碳捕获与封存技术的示范与推广提供财政补贴。

第二十四条　国家实行有利于碳捕获与封存技术推广的税收政策，对于使用碳捕获与封存技术的企业提供适当的税收优惠。

第二十五条　国家引导金融机构增加对碳捕获与封存项目的信贷支持，为符合条件的碳捕获与封存技术的研究开发、设施设备的生产以及技术改造等项目提供优惠贷款。

第二十六条　国家依托碳定价机制，赋予碳捕获与封存项目以一定的碳信用，建立碳排放交易制度。

第五章　责任制度

第二十七条　国务院碳捕获与封存综合管理部门和县级以上碳捕获与封存综合管理部门和其他有关部门在碳捕获与封存运营的监督管理工作中，违反本法规定，有下列行为之一的，由本级人民政府或者上级人民政府有关部门责令改正，对负有责任的主管人员和其他直接责任人员依法给予行政处分；构成犯罪的，依法追究刑事责任。

（一）不依法做出行政许可决定的；

（二）发现违法行为不予查处的；

（三）有不依法履行监督管理职责的其他行为的。

第二十八条　违反本法第十一条规定，碳捕获与封存经营者未经碳捕获与封存综合管理部门的审批或超过碳捕获与封存综合管理部门的授权范围实施碳捕获与封存技术造成第三方损失的，应当承担赔偿责任，并由国家能源监管机构责令限期改正；拒不改正的，处以第三方经济损失额一倍以下的罚款。

第二十九条　违反本法第十二条规定，碳捕获与封存经营者未采取必要补救措施造成第三人经济损失的，应当承担赔偿责任，并由县级以上人民政府碳捕获与封存综合管理部门责令限期改正；拒不改正的，处以第三人经济损失额一倍以下的罚款。

第六章 附则

第三十条 本法所称的二氧化碳是指人类生产活动中所产生的具有充分纯度与质量的，能够供碳捕获与封存技术使用的气体。

本法所称的能源企业包括能够大量排放二氧化碳的煤电企业与石油天然气企业。

本法所称的储存设施是指用于储存作业的地面建筑物与设备、地下储槽和地下设备，但不包括由一处或多处捕集设施至储存与注入场址用来输送二氧化碳的管线。

本法所称的储存运营者是指被环境保护主管部门授权来运营一个储存设施的任何个人、公司、合伙企业或其他实体。

本法所称的地质储存是指二氧化碳在一个储槽永久或短期地进行地下储存。

第三十一条 本法自 X 年 X 月 X 日起施行。

参考文献

一、中文文献

(一) 著作类

1. 奥尔森:《集体行动的逻辑》,陈郁、郭宗峰、李崇新译,上海人民出版社1996年版。
2. 常纪文:《中瑞气候变化法律论坛》,中国环境科学出版社2010年版。
3. IPCC:《气候变化2007综合报告》,政府间气候变化专门委员会2008年版。
4. K.哈密尔顿,J.迪克逊:《里约后五年:环境政策的创新》,张庆丰等译,中国环境出版社1998年版。
5. 科学技术部社会发展科技司、中国21世纪议程管理中心:《中国碳捕集、利用与封存技术发展路线图研究》,科学出版社2012年版。
6. 科学技术部社会发展科技司、中国21世纪议程管理中心:《中国碳捕集利用与封存技术发展路线图研究》,科学出版社2017年版。
7. 拉克利:《碳捕获与封存》,李月译,机械工业出版社2011年版。
8. 李传轩、肖磊、邓炜等:《气候变化与环境法理论与实践》,法律出版社2011年版。
9. 李政、许兆峰、张东杰等:《中国实施CO_2捕集与封存的参考意见》,清华大学出版社 2012 年版。

10. 骆仲泱等:《二氧化碳捕集、封存和利用技术》,中国电力出版社 2012 年 5 月版。

11. 吕江:《气候变化与能源转型:一种法律的语境范式》,法律出版社 2013 年版。

12. 绿色煤电有限公司:《挑战全球气候变化——二氧化碳捕集与封存》,水利水电出版社 2008 年版。

13. 庞德:《通过法律的社会控制》,沈宗灵、董世忠译,商务印书馆 1984 年版。

14. 乔刚:《生态文明视野下的循环经济立法研究》,浙江大学出版社 2011 年版。

15. 萨缪尔森、诺德豪斯:《经济学》,萧琛等译,华夏出版社 1999 年版。

16. 邵沙平:《国际法》,中国人民大学出版社 2007 年版。

17. 王铁崖:《国际法》,法律出版社 2004 年版。

18. 王曦:《国际环境法与比较环境法评论》(第 2 卷),法律出版社 2004 年版。

19. 王献红:《二氧化碳捕集和利用》,化学工业出版社 2016 年版。

20. 吴秀章:《中国二氧化碳捕集与地质封存首次规模化探索》,科学出版社 2013 年版。

21. 肖钢、马丽:《还碳于地球——碳捕获与封存》,高等教育出版社 2011 年版。

22. 亚当·斯密:《国民财富的性质和原因的研究》(下卷),郭大力、王亚南译,商务印书馆 1974 年版。

23. 中国 21 世纪议程管理中心:《碳捕集、利用与封存技术进展与展望》,科学出版社 2012 年版。

24. 中国法学会能源法研究会:《中国能源法研究报告 2010》,立信会计出版社 2011 年版。

（二）论文类

25. 陈维春:《论危险废物越境转移的法律控制——〈巴塞尔公约〉和〈巴马科公约〉比较研究》,《华北电力大学学报（社会科学版）》2006 年第 1 期。

26. 程礼龙:《解决外部效应的庇古方法与科斯方法的比较研究》,《新西部》2007 年第 10 期。

27. 丁民丞、吴缨:《碳捕集和储存技术（CCS）的现状与未来》,《埃森哲卓越绩效研究院报告》2009 年第 5 期。

28. 杜浩渺:《碳捕获与封存（CCS）的规范与政策研究》,重庆大学 2010 年硕士学位论文。

29. 范英、朱磊、张晓兵:《碳捕获和封存技术认知、政策现状和减排潜力分析》,《气候变化研究进展》2010 年第 5 期。

30. 甘志霞、杨乐、刘学之:《我国碳捕集与封存技术发展的政策建议》,科技信息资源共享促进国际会议论文, 2011 年。

31. 高玉冰、宋旭娜、王可:《高度关注碳捕获与封存技术潜在环境风险》,《WTO 经济导刊》2011 年第 7 期。

32. 韩文科、杨玉峰等:《当前全球碳捕集与封存（CCS）技术进展及面临的主要问题》,《中国能源》2009 年第 10 期。

33. 何璇、黄莹、廖翠萍:《国外 CCS 政策法规体系的形成及对我国的启示》,《新能源进展》2014 年第 2 期。

34. 黄亮:《碳捕获与封存（CCS）技术的法律制度构建探析》,《政法学刊》2014 年第 4 期。

35. 李丽红、杨博文:《我国碳捕获与储存技术（CCS）二维监管法律制度研究》,《科技管理研究》2016 年第 23 期。

36. 李小春、刘延锋、白冰等:《中国深部咸水含水层 CO_2 储存优先区域选择》,《岩石力学与工程学报》2006年第25期。

37. 李小春、魏宁、方志明、李琦:《碳捕集与封存技术有助于提升我国的履约能力》,《中国科学院院刊》2010年第2期。

38. 李艳芳:《"促进型"立法研究》,《法学评论》2005年第3期。

39. 李宗录:《碳封存侵权责任研究》,山东科技大学2012年博士学位论文。

40. 林志英:《论碳捕获与封存之诱因与管制发展》,台湾海洋大学2010年硕士学位论文。

41. 刘奂成:《低碳经济视阈下我国利用碳捕获与封存技术的对策分析》,《南华大学学报(社会科学版)》2013第10期。

42. 刘兰翠、曹东、王金南:《碳捕获与封存技术潜在的环境影响及对策建议》,《气候变化研究进展》2010年第4期。

43. 刘晔:《可再生能源技术分类及发展方向概述》,载《可再生能源开发利用研讨会论文集》,2008年。

44. 刘志琴:《我国CCS发展的融资模式研究》,湖南大学2012年硕士学位论文。

45. 洛根·韦斯特:《碳封存:风险与未来》,《中国三峡》2010年第3期。

46. 吕江:《社会秩序规则二元观与新能源立法的制度性设计》,《法学评论》2011年第6期。

47. 马建英:《美国气候变化研究述评》,《美国研究》2010年第1期。

48. 彭峰:《坎昆气候大会碳捕捉与封存技术国际规则新发展》,《环境经济》2011年第1期。

49. 彭峰:《碳捕捉与封存技术(CCS)利用监管法律问题研究》,《政治与法律》2011年第11期。

50. 秦天宝、成邯:《碳捕获与封存技术应用中的国际法问题初探》,《中国地质大学学报(社会科学版)》,2010年第5期。

51. 秦天宝、张萌：《碳捕获与封存活动对现行国际环境法的挑战及其回应》，《武汉大学学报（哲学社会科学版）》2012 年第 6 期。

52. 区建升、曾静静：《国际 CO_2 捕集与封存法规体系建设的重点与发展方向》，《科学研究动态监测快报》2007 年第 16 期。

53. 师怡：《环境权、航权与国家主权：欧盟航空排放指令的合法性反思》，《甘肃政法学院学报》2013 年第 3 期。

54. 汤道路、苏小云：《美国"碳捕捉与封存"（CCS）法律制度研究》，《郑州航空工业管理学院学报（社会科学版）》2011 年第 5 期。

55. 唐钊、乔刚：《航空碳税争议及我国的应对》，《湘潭大学学报（哲学社会科学版）》2014 年第 2 期。

56. 滕兆娜：《我国 CCS 环境法律问题研究》，昆明理工大学 2013 年硕士学位论文。

57. 王慧、魏圣香：《国外陆上碳捕获和封存的立法及其启示》，《气候变化研究进展》2012 年第 1 期。

58. 王慧、魏圣香：《国外陆上碳捕获和封存的立法及其启示》，《气候变化研究进展》2012 年第 8 期。

59. 王慧、魏圣香：《欧盟的碳捕获与封存立法及其启示》，《江苏大学学报（社会科学版）》2014 年第 2 期。

60. 王慧：《碳捕获和封存技术与 UNFCCC 和〈京都议定书〉的关系》，《资源与人居环境》2010 年第 17 期。

61. 王慧：《英国〈气候变化法〉述评》，《世界环境》2010 年第 2 期。

62. 王新：《我国碳捕获与封存技术潜在环境风险及对策探讨》，《环境与可持续发展》2011 年第 5 期。

63. 王勇：《碳捕获：昂贵的拯救》，《中国企业家》2009 年第 11 期。

64. 王钰阳：《碳捕捉与储存的国际法规制与风险防范研究》，大连海事大学 2013 年硕士学位论文。

65. 王志强：《欧盟和德国碳捕获与封存技术发展现状及展望》，《全球科技经济瞭望》2010 年第 10 期。

66. 王仲成、宋波：《英国发展 CCS 战略及加强与中国合作的原因简析》，《北京大学学报（自然科学版）》2011 年第 5 期。

67. 王众：《中国二氧化碳捕捉与封存（CCS）早期实施方案构建及评价研究》，成都理工大学 2012 年硕士学位论文。

68. 吴益民：《二氧化碳海洋封存的国际法问题探析》，《法学》2014 年第 2 期。

69. 吴益民：《论碳捕捉与储存技术对气候变化国际公约的影响》，《企业经济》2011 年第 7 期。

70. 相震：《碳封存发展及有待解决的问题研究》，《环境科技》2010 年第 2 期。

71. 杨泽伟：《发达国家新能源法律与政策：特点、趋势及其启示》，《湖南师范大学社会科学学报》2012 年第 4 期。

72. 寅晨：《减排计划新技术的烦恼》，《华东科技》2010 年第 9 期。

73. 苑克帅：《以新环保法为视角探析 CCS 项目中的公众参与》，《法制与社会》2014 年第 25 期。

74. 张志慧、王淑敏、潘岳：《完善碳捕获与封存技术立法的思考》，《党政干部学刊》2012 年第 12 期。

75. 赵绘宇：《美国国内气候变化法律与政策进展性研究》，《东方法学》2008 年第 6 期。

76. 赵鑫鑫：《CCS 技术应用的环境侵权责任问题研究》，《重庆大学学报（社会科学版）》2015 年第 5 期。

77. 朱磊、张建兵、范英：《碳捕获和封存技术认知、政策现状和减排潜力分析》，《气候变化研究进展》2010 年第 5 期。

（三）法律、公约类

78.《大气污染防治法》

79.《联合国气候变化框架公约》

80.《民法总则》

（四）其他

81.《捕碳者说碳捕获与封存》,《时代周报》2010年3月23日。

82.《发展改革委气候司与亚行签署碳捕集利用与封存项目合作备忘录》, 中华人民共和国中央人民政府网站: http://www.gov.cn/xinwen/2017-06/07/content_5200528.htm, 2018-02-24。

83.《强化应对气候变化行动——中国国家自主贡献》, 中央政府门户网: http://www.gov.cn/xinwen/2015-06/30/content_2887330.htm, 2018-02-23。

84.《2011全球CCS发展现状报告》

85.《2012全球碳捕集与封存现状报告》

86. 北极星电力网: http://news.bjx.com.cn/html/20171012/854723.shtml, 2018-02-15。

87. 陈臻、杨卫东:《碳地质封存国内法规制的若干重要问题》, http://www.ems86.com/lunwen/html/22526.html, 2014-01-04。

88. 崔玉成、陈赛:《环境法律制度利益平衡观》, http://www.docin.com/p-1682919495.html, 2014-03-25。

89. 郭爽:《大气二氧化碳浓度月均值破历史最高纪录》,《科技日报》2014年5月10日。

90. 焦艳鹏:《将碳捕获和封存管理纳入法律系统》,《中国社会科学报》2013年5月22日。

91. 匡双礼:《CCS发展的法律环境分析》, http://www.ditan360.com/News/Info-77452.html, 2014-05-28。

92. 吕琳瑗、倪丽君:《中国火电应借鉴英国清洁煤技术》,《潇湘晨报》2013年3月25日。

93. 聂资鲁、李跃勇：《推进低碳经济立法刻不容缓》，《光明日报》2010年12月21日。

94. 气候组织（The Climate Group）：《CCUS在中国：18个热点问题》，2011年4月，https://www.theclimategroup.org/what-we-do/news-and-blogs/Report---CCUS-in-China-18-Key-Issues。

95. 气候组织：《CCS在中国：现状、挑战和机遇》，2010年。

96. 乔刚、苑克帅：《欧盟碳捕获便利原则的启示》，《中国环境报》2014年5月24日。

97. 乔刚：《温室气体收集存储如何立法》，《人民日报·海外版》2014年8月11日。

98. 清华大学核能与新能源技术研究院网站：http://www.tsinghua.edu.cn/publish/inet/index.html，2014-03-01。

99. 沈岱波：《二氧化碳捕集和封存技术与实施指南》，中国碳排放交易网：http://www.tanpaifang.com/tanzhonghe/2012/0618/3128.html，2014-08-31。

100. 王淏：《掩埋温室气体：碳存储引争议》，http://news.163.com/06/0711/14/2LOO4ADI0001124J.html，2014-06-05。

101. 徐建中：《加快制定CCS发展路线图》，http://news.sciencenet.cn/sbhtmlnews/2011/5/244867.html，2014-05-20。

102. 中国节能产业网：http://www.china-esi.com/Article/59883.html，2018-02-15。

103. 中国碳捕集利用与封存网：http://chinaccus.com/getNews.aspx?mId=3&nId=10335，2018-02-15。

104. 中国碳排放交易网：http://www.tanpaifang.com/CCUS/201305/1820465.html，2014-01-20。

105. 周辰：《碳捕集的作用意义重大但障碍重重 原因到底是为什

么？》，http://www.tanjiaoyi.com/article-22953-1.html，2018-02-25。

106. 朱敏：《政府在节能减排中的作用：构建三大支持系统》，《中国经济时报》2007年8月6日。

二、外文文献

（一）著作类

107. Ann Campbell Keller, *Science in Environmental Policy*, Boston: MIT Press, 2009.

108. Bert Metz. etc., *IPCC Special Report on Carbon Dioxide Capture and Storage*, Cambridge University Press: Cambridge, UK, 2005.

109. B. Metz, O. R. Davidson, P. R. Bosch, R. Dave, L. A. Meyer (eds), *Climate Change 2007: Mitigation of Climate Change*, Cambridge University Press: Cambridge, UK, 2007.

110. EPHC (Australia), *Environmental Guideline for Carbon Dioxide Capture and Geological Storage*, Adelaide, 2009.

111. Helmut Breitmerier, *The Legitimacy of International Regimes*, Farnham: Ashgate Publishing Limited, 2008.

112. Ulrich Beck, *Risk Society: Towards a New Modernity*, London: Newbury Park, Calif. Sage Publications, 1992.

（二）论文类

113. A. Boute, "Carbon Capture and Storage under the Clean Development Mechanism — An Overview of Regulatory Challenges", *Carbon & Climate Law Review*, vol. 2, issue 4, 2008.

114. Bode Sven and Jung Martina, "Carbon Dioxide Capture and

Storage (CCS) -Liability for Non-Permanence under the UNFCCC", *HWWA Discussion Paper,* no. 325, Aug., 2005.

115. C. Ansell, and A. Gash, "Collaborative Governance in Theory and Practice", *Journal of Publicadministration research and theory*, 2008 (4).

116. C. R. Palmgren, M. G. Morgon, Wändi Bruine de Bruin, etal., "Initial Public Perception of Deep Geological and Oceanic Disposal of Carbon Dioxide", Environment Science &Technology, 38 (24), 2004.

117. Colin Sayers and Tom Wilson, "An introduction to this special section CO_2 sequestration", *The Leading Edge*, vol. 29, no. 2, 2010.

118. C. W. Schmidt, "Carbon Capture & Storage: Blue-Sky Technology or just Blowing Smoke?" *Environmental Health Perspectives*, 115 (11), 2007.

119. D. Singha, E. Croiseta, P. L. Douglas and M. A. Douglas, "Techno-Economic Study of CO_2 Capture from an Existing Coal-fired Power Plant: MEA Scrubbing vs. O_2/CO_2 Recycle Combustion", *Energy Conversion and Management*, vol. 44, 2003.

120. D. Seligsohn, Y. Liu, S Forbes, Z. Dongjie, L. West, "CCS in China: Toward and Environmental, Health and Safety Regulatory Framework", WRI, 2010.

121. Elinor Ostrom, James Walker, Roy Gardner, "Covenants with and without a Sword: Self-Governance is Possible", *The American Political Science Review*, 1992 (2).

122. Elizabeth J. Wilson, "Research for Deployment: Incorporating Risk, Regulation and Liability for Carbon Capture and Sequestration", *Environment Science and Technology*, 2007.

123. Elizabeth J. Wilson and Alexandra B. Klass, "Climate Change, Carbon Sequestration, and Property Rights", *University of Illinois Law Review,* vol. 2010, Minnesota Legal Studies Research Paper, no. 09- 15, April 1, 2009.

124. Haan-Kamminga Ave lien, Roggenkamp Martha and Woerdman Edwin, "Legal Uncertainties of Carbon Capture and Storage in the EU: The Netherlands as an Example", *Carbon and Climate Law Review*, vol. 4, no. 3, 2010.

125. Huang Bin, Xu Shisen, etal., "Industrial test and techno-economic analysis of CO_2 capture in Huaneng Beijing Coal-Fired Power Station", *Applied Energy*, vol. 87, issue 11, Nov., 2010.

126. John P. Weyant, "Accelerating the Development and Diffusion of New Energy Technologies: Beyond the Valley of Death", *Energy Economics*, 2011 (4).

127. Klaus S. Lackner, Sarah Brennan, "Envisioning Carbon Capture and Storage: Expanded Possibilities Due to Air Capture, Leakage Insurance, and C-14 Monitoring", *Climatic Change*, 2009.

128. Live science staff, "Rocks Found That Could Store Greenhouse Gas", *Live Science*, March 9, 2012.

129. S. Bachu, "Sequestration of Carbon Dioxide in Geological Media: Criteria and Approach for Site Selection", *Energy Conservation and Management*, 41(9), 2000.

130. Svante Arrhentus, "On the Influence of the Carbonic Acid in the Air upon the Temperature of the Ground", *The London, Edinburgh and Dublin Philosophical Magazine and Journal of Science*, 1896.

（三）法律、公约类

131. Australian Regulatory Guiding Principles

132. Carbon Capture and Storage Funding Act 2009 (Canada)

133. Carbon Reduction Technology Bridge Act of 2008

134. Carbon Capture and Storage Statutes Amendment Act

135. Convention for the Protection of the Marine Environment of the

North-East Atlantic

136. Energy Act 2008 (UK)

137. Energy Act 2010 (UK)

138. Environment Impact Assessment Directive 85/337/EC

139. Environmental Guidelines for Carbon Dioxide Capture and Geological Storage May 2009

140. Large Combustion Plant Directive 2001/80/EC

141. Lieberman-Warner Climate Security Act

142. The Offshore Petroleum Amendments (Greenhouse Gas Storage) Act 2008

143. The Storage of Carbon Dioxide (Access to Infrastructure) Regulations 2011

144. The Storage of Carbon Dioxide (Termination of Licenses) Regulations 2011

145. United Nations Framework Convention on Climate Change (UNFCCC)

（四）其他

146. Alexandra B. Klass and Elizabeth J. Wilson, "Climate Change and Carbon Sequestration: Assessing a Liability Regime for Long-Term Storage of Carbon Dioxide", 58 Ejnory LJ. 103 (2008), August 7, 2008, https://scholarship.law.umn.edu/cgi/viewcontent.cgi?article=1040&context =faculty_articles.

147. C. Mariz, D. Chapel, J. Ernest, "Recovery of CO_2 from Flue Gases: Commercial Trends", Canadian Society of Chemical Engineers, 1999, http://www.canadiancleanpowercoalition.com/pdf/AS10%20-%202b3.pdf.

148. "Directive 2009/29/EC of the European Parliament and of the

Council of 23 April 2009, Amending Directive 2003/87/EC So As to Improve and Extend the Greenhouse Gas Emission Allowance Trading Scheme of the Community", https://eur-lex.europa.eu/eli/dir/2009/29/oj.

149. Directive 2008/1/EC of the European Parliament and of the Council of 15 January 2008 (Concerning Integrated Pollution Prevention and Control), https://eur-lex.europa.eu/legal-content/EN/TXT/?qid=1548575283815&uri=CELEX:32008L0001.

150. GCCSI, "The Global Status of CCS: 2010", https://hub.globalccsinstitute.com/sites/default/files/publications/12776/global-status-ccs-2010.pdf.

151. GCCSI, "The Global Status of CCS: 2011", https://hub.globalccsinstitute.com/sites/default/files/publications/22562/global-status-ccs-2011.pdf.

152. GCCSI, "The Global Status of CCS: 2012", https://hub.globalccsinstitute.com/sites/default/files/publications/47936/global-status-ccs-2012.pdf.

153. GCCSI, "The Global Status of CCS: 2014", https://hub.globalccsinstitute.com/sites/default/files/publications/180923/global-status-ccs-2014.pdf.

154. IEA, "Carbon Capture and Storage Legal and Regulatory Review Edition 1", 2010, https://www.iea.org/publications/freepublications/publication/191010IEA_CCS_Legal_and_Regulatory_Review_Edition1.pdf.

155. IEA, "Energy Technology Perspectives 2010", Executive Summary, 2010, p. 3, https://www.iea.org/publications/freepublications/publication/etp2010.pdf.

156. IEA, "Technology Roadmap: Carbon Capture and Storage, 2009", https://www.iea.org/publications/freepublications/publication/CCSR-

oadmap2009.pdf.

157. IEA, "The International CCS Regulators Network", https://www.iea.org/topics/ccsarchive/.

158. IEA/CSLF, "Report to the Muskoka 2010 G8 Summit Carbon and Capture and Storage Progress and Next Steps", http://www.iea.org/media/workshops/2011/wpffbeijing/04_diczfalusy.pdf.

159. IEA/OECD, "CO_2 Capture and Storage: A key carbon abatement option", https://www.iea.org/publications/freepublications/publication/CCS_2008.pdf.

160. IEA, "World Energy Outlook 2007", https://www.iea.org/publications/freepublications/publication/weo_2007_cpt20.pdf.

161. IEA, "Carbon Capture and Storage: Model Regulatory Framework", IEA Energy Papers 2010/12, OECD, https://www.iea.org/publications/freepublications/publication/model_framework.pdf.

162. International Marine Organization, "London Convention and Protocol Convention on the Prevention of Marine Pollution by Dumping of Wastes and Other Matter 1972 and 1996 Protocol Thereto", http://www.imo.org/OurWork/Environment/SpecialProgrammesAndInitiatives/Pages/London-Convention-and-Protocol.aspx.

163. International Marine Organization, "Risk Assessment and Management Framework for CO_2 Sequestration in Sub-seabedgeological Structures", 2006, http://www.imo.org/en/OurWork/Environment/LCLP/EmergingIssues/CCS/Documents/CO_2SEQUESTRATIONRAMF2006.doc.

164. IPCC, "Fifth Assessment Report (AR5)", IPCC 40th Copenhagen, Denmark (27-31 Oct 2014), http://www.ipcc.ch/.

165. J. Yan, H. Jin, etal., "Roadmap for the Demonstration of Carbon Capture and Storage (CCS) in China," Asia Development Bank, 2010,

http://hub.globalccsinstitute.com/sites/default/files/publications/190173/roadmap-demonstration-carbon-capture-storage-ccs-china.pdf.

166. Marilyn A. Brown, "Carbon Lock-in: Barriers to Deploying Climate Change Mitigation Technologies", 2008(1), https://www.acs.org/content/dam/acsorg/policy/acsonthehill/briefings/solarenergy/report-carbon-lock-in.pdf.

167. Mckinsey, "Climate Change initiative, Carbon Capture & Storage: Assessing the Economics", Mc Kinsey&Company, UK, 2008, https://hub.globalccsinstitute.com/sites/default/files/publications/49611/424-alstom-sub3.pdf.

168. N. H. Darman, A. Harun "Technical Challenges and Solutions on Natural Gas Development in Malaysia", The Petroleum Policy and Management Project, 4th Workshop on the China-Sichuan Basin Case Study, Beijing, 2006, http://www.ccop.or.th/ppm/document/CHWS4/CHWS4DOC08_nasir.pdf.

169. Rachel Amann, "A Policy, Legal and Regulatory Evaluation of the Feasibility of a National Pipeline Infrastructure for the Transport and Storage of Carbon Dioxide", September 10, 2010, http://www.secarbon.org/files/pipeline-study.pdf.

170. The Climate Group, "Towards Market Transformation CCS in China", July 2010, https://www.theclimategroup.org/news/ccs-towards-market-transformation-china.

171. The Liberal Democrats Party Policy Paper, "Zero Carbon Britain-Taking a Global Lead", 2009.

172. The Second European Climate Change Program, "Carbon Capture and Storage: European Union", 2006, https://ec.europa.eu/clima/policies/eccp/second_en.

173. The UK DTI, "Meeting the Energy Challenge", London: TSO, 2007.

174. WRI, "Guide Lines for Carbon Dioxide Capture, Transport and Storage", http://pdf.wri.org/ccs_guidelines.pdf.

175. WRI, "CCS and Community Engagement", https://www.wri.org/sites/default/files/pdf/ccs_and_community_engagement_executive_summary.pdf.

后　记

自2009年哥本哈根世界气候变化大会召开以来，全球气候变暖问题日益受到国际社会的关注。在经济发展与碳减排的数次博弈中，碳捕获与封存技术作为低碳策略的优选方案之一，日渐为各国所青睐。2013年，在申报国家社会科学基金过程中，我扎堆书稿，在纷繁复杂的讯息之间辗转反侧、苦苦思索选题，凭借当时对环境法学科的热爱和对气候变暖问题的关注，我偶然发现，尽管碳捕获与封存技术在应对全球气候变化中扮演着越来越重要的角色，但法律风险和规制难题也与之相伴而生，制约了该技术在世界范围内的推广和运用。如何依托法律制度实现对碳捕获与封存技术发展的立法规制、引领和促进成为一道重要的法学命题。幸运的是，我对该选题的浓厚兴趣和问题梳理换来了2013年度国家社会科学基金的成功立项。

借着这份学术自信，在接下来的三年时间里，我开始扎根碳捕获与封存法律问题的研究，本书便是在我主持的国家社科基金一般项目《我国碳捕获与封存立法研究》（项目批准号：13BFX133）研究报告的基础上修改而成的，是本人承担的国家社科基金报告的精华成果。

本书的字里行间，无不折射出本人对碳捕获与封存技术的困惑和思考。法律与科技之间的关系是什么？技术变革与法治文明协同发展的路在何方？伴随着现代科学技术的突飞猛进，通过技术的力量来治理环境污染、扼制日益严重的全球变暖问题的可行空间逐渐增大，然而法律制度的相对滞后必然难以适应快节奏的技术发展，反映为现行法律框架无法为碳捕获与封存项目提供完善的许可管理制度，法律制度的信息闭塞也难以为处于示范运用阶段的碳捕获与封存项目提供科学的环境影响评价机制，更无法预知与之相伴随的环境和社会风险并予以合理规制。因此，如何推进碳捕获与封存技术的变革与法治文明之间的协同发展，使得法律制度能够在动态平衡中寻找化解风险、调和矛盾的方法和路径成为本书的主要研究目的。

然而，尽管碳捕获与封存技术已较早地进入环境治理视野，但如何对其实行有效的监管和约束，无论从国际层面还是从各国国内层面来看，其所面临的法治课题都是全新的。因此，本书对碳捕获与封存的立法研究也一度陷入资料匮乏和语言障碍的困境。庆幸的是，凭借对问题的深入探究和对真理的不懈追求，在课题组成员的一致努力下，本书借助资料翻译、文献整理、实践调研、问卷分析等方式，在对真理的探索过程中不懈努力，使问题尽可能得到充分和全面的论证。从2013年的课题立项到2015年的顺利结项，课题研究历时近三年。在长达三年的课题写作和持续两年多的书稿修订之后，书稿终于画上了最后一个句号。

本书遵循"理论探讨—实证考察—本土分析—制度构建"的研究逻辑与路径，通过对碳捕获与封存问题的立法和实践考察，综合考量立法对碳捕获与封存的规制基础，并借助对世界各国碳捕获与封存立法的现状及问题，从立法理念、立法原则、标准体系建设、基本制度框架等领域提出了系统性的对策建议。本书的研究认为，对碳捕获与封存进行立法规制的核心和关键在于处理好项目的所有人、执行人、征管者和第三方的利益关系，需要做到各利益主体法律地位和权利归属明晰、各方利益平衡、责任分配合理。而在具体的制度建构层面，则应将碳捕获预留制度、申请许可制度、环境影响评估制度、风险预防制度、责任追究制度、责任转移制度、融资激励制度等作为主要范畴。或许，这一简短的总结和归纳仍无法勾勒出本书的全部学术思想和观点，亦无法涵盖我和所有课题组成员对本书所倾注的感情和付出的努力，但我想，"积小流方能成江海，积跬步方可至千里"，本书哪怕只有某一方面能够助力于建构碳捕获与封存的法律框架体系，能够推动碳捕获与封存项目在我国的广泛认同、观念普及和有效实施，便已是一个了不起的"一小步"。

本书虽是一个偏理论性的课题成果，却也尝试尽可能地"接地气"。在课题写作和资料采集过程中，课题组成员曾集中或分次前往重庆、天津、连云港等地调研重庆合川双槐电厂、华能绿色煤电天津IGCC电厂示范工程项目、连云港清洁能源科技示范项目相关碳捕集装置的配置情况与监管状态，确保本课题的相关建议能够直接助力于碳捕获与封存技术在以火电厂为代表的相关产业中的实践运行。我始终认为，在科教兴国作为国家战略的背景下，我们对法律问题的研究不能故步自封，应找到法律、技术与实践问题的契合点，使得法律在对技术风险进行规制的同时，也发挥其在促进技术研发和示范、加强部门合作推广运行、强化协同监管中的作用。就此而言，让碳捕获与封存立法问题引起国家、政府部门和相关组织的重视，亦是本书想要达到的目标之一。

每一项技术的发展都需要法律的推动，而法律制定的背后则离不开专家学者的周密论证和社会公众的广泛参与。在本书最后，笔者试图站在"促进型"立法的视角，综合世界各国关于碳捕获与封存技术的立法例以及中国法律规范的实际情况，提出我国应尽早出台碳捕获与封存专门性法律制度的观点，并在此基础上拟写了《中国碳捕获与封存（CCS）技术促进法草案（征求意见稿）》，主张我国应逐步建立适合于我国的CCS法律和标准体系，为CCS的技术发展、风险管理和法律责任提供完善的法律制度体系。尽管如此，本书对碳捕获与封存问题的研究仍然可能挂一漏万，需要持续耕耘和改进。

庆幸的是，本书的研究思路和主要观点能够获得国家社会科学基金评审专家的肯定和赞许，在最终的评审结果中，课题结项报告获得"四优一良"的优异成绩，最终被评定为国家社会科学基金优秀结项课题。尤为庆幸的是，经过重重评审和筛选，本书最终得以入选"西政文库·教授篇"由商务印书馆结集出版，并获得西南政法大学对出版费用的全额资助。这些认可和荣誉，既是对我学术努力的肯定，也成为我继续前进的动力。

本书虽最终由本人独立完成，但自始至终离不开全体课题组成员、诸多师友的支持和帮助。感谢西南政法大学经济法学院徐以祥教授对课题申报、提纲拟定、成果内容提出的宝贵意见，在本书后期编辑修改过程中，他还专门组织西南政法大学西部生态法研究中心成员为本书修改提供建议，本书的出版离不开他的敦促和辅助。感谢西南政法大学经济法学院王婷婷副教授在文献整理、资料翻译过程中对本课题的无私付出，她为课题写作和书稿修改贡献了自己的智慧和努力。感谢西南政法大学周骁然博士为本书写作提供的宝贵资料和对书稿的细心校正。本书得以最终出版离不开他们的关心和帮助。本书后期修改中，还受到西南政法大学西部生态法研究中心专项课题《环境公益诉讼的理论和实践问题研究》（项目号：XB2017001）的资助，在此一并致谢。最后，还要感谢商务印书馆和魏雪平编辑的大力支持，你们为本书出版认真审校、费心编辑，是你们的辛劳和付出让本书得以面世。

当然，在本书写作和修改过程中，曾经帮助、支持和关心过的师友还有很多很多，恕不能一一提及，在此一并表示感谢、致敬。

从歌乐山畔到宝圣福地，历经六年的韶华，本书对碳捕获与封存的立法研究终告一段落。蓦然回首，时光已一去不复返！眼前二十余万字的书稿至少能成为我长时间内思考碳捕获与封存问题的一份答卷。然而此刻的我并没有如释重负，我深以为碳捕获与封存法律问题是一个横跨经济法与环境法、在国内法与国际法之间存有交叉的多学科命题。当下，有关碳捕获与封存法律问题的讨论越来越多，但碳捕获与封存的立法规范与日渐广泛的示范实践之间仍存在相当长的距离，碳捕获与封存如何在制度护航中落地仍值得笔者和学界同仁继续追踪研究。囿于碳捕获与封存法律问题自身的跨界性、复杂性和本人知识水平的有限，本书的写作仍存在不少问题需待读者检验，也期待更多的专家和学者进行批评指正，本人不胜感激！

乔　刚
2018 年 12 月 17 日于西南政法大学